수상할 만큼
완벽한
결혼식

수상할 만큼 완벽한 결혼식

소비 경쟁 시대의 K-웨딩 르포르타주 이소연

돌고래

추천의 글

언젠가부터 내가 결혼식을 허례허식이라 깔보면서도 욕망해 왔음을 깨달았다. 내가 나보다 더 큰 무언가의 일부가 되기를, 그 시작이 타인에게 목격되기를 원한다는 것도. 긴 동거를 이어오던 나는 배우자와 논의 끝에 결혼이 인생에서 중요한 의례라는 걸 받아들였다. 마침내 치른 결혼식은 생각했던 것보다도 훨씬 뜻깊고 벅차오르는 일이었다. 그리고…… 한동안 기진맥진했다. 반지도 스튜디오 촬영도 하지 않았고, 부케와 헤어도 주변 도움을 받고, 이래저래 꽤 많은 걸 생략했는데도 신경 써야 할 게 지나치게 많았던 탓이다. 나는 그 기진맥진이 현명한 소비 주체로서의 감각이라고, 돈을 아껴서 잘 쓰려다 보니 얻은 긴장 때문에 소진되어 느끼는 감각이라고 생각했다. 하지만 이 책을 읽다 보니 다른 생각이 든다. 내가 정말로 소비의 주체이기는 했을까? 어쩌면 나는…… 소진된 게 아니라 소비된 게 아니었을까? 『수상할 만큼 완벽한 결혼식』은 결혼식이라는 의례를 통해 웨딩 산업의 구조 그리고 현대사회의 소비주의적 문화를 낱낱이 비춘다. '취향을, 가치관을, 너를 증명해라', '남들과 다르기 위해 돈을 써라'…….

사람들은 남달라지고 싶을수록 늪에 빠진다. 소비라는 단어가 써서 없앤다는 의미라는 걸 생각해 볼 때, 소비를 장려하는 문화야말로 우리를 소비한다. '진짜'야말로 쉽게 산업과 결합하고, 도처에 널린 '나다움'의 가능성 앞에서 개인은 순식간에 취약해진다. 인생에 중요한 순간이라면 더더욱. 웨딩 산업은 그 취약성을 이용해 개인이 끊임없이 소비하도록 몰아붙인다.

문제는 이 모든 게 공기 같은 나머지 눈치채기 어렵거나, 안다고 해도 남다른 무언가를 갖고 싶은 바람을 우리가 끝끝내 버리지 못한다는 것이다. 그래서 누군가는 결혼식에 막대한 재화를 들인다. 혹은 나처럼 현명한 소비 주체로서 변별력이라도 가져보려 한다. 최소한으로만 휩쓸리겠다는 다짐을 주체적이라고 할 수 있다면 말이다. 그런데 그게 사람의 마음 아닐까? 돌이켜 보면 내가 한때 결혼식을 얕봤던 이유 역시 그와 맞닿아 있지 않나? 사회에 속하길 원하는 한편, 그 사회의 다른 이들과 구별되는 '무언가' 또한 갈망하며 자라나는 저항감……

이 책의 근사함은 결혼식과 개인을 비난하는 대신, 자신 안에 도사린 저항감으로 변화의 가능성을 모색한다는 데 있다. 저자에 따르면 저항감은 분투하는 사람의 것이다. 그는 우리가 끝내 중요한 순간을 위해 분투하고자 한다면, 저항조차 소비로 귀결시키는 이 사회의 거대한 장력을 응시하며 함께 고민해야만 한다고 설득한다. 웨딩 산업과 함께 결혼식이라는 인생 의례가 왜곡되는 방식을, 현대사회의 소비문화적 공기를, 거기 놓인 한 개인이 어떻게 소비하고 또 소비되며 그럼에도 할 수 있는 시도란 무엇인지를 진득하게 파고들면서 말이다. 그 시선에선 여전히 나름의 '무언가'를 만들 수 있다고 믿는 진지한 희망이 느껴지고, 나는 나를 반하게 한 그 희망이 일종의 탁월함이라 느낀다.

— 임지은 작가, 『이유 없이 싫어하는 것에 대하여』 저자

가볍게 읽기 시작한 책은 충격적 재미를 안기더니 이윽고 깊은 울림이 된다. '완벽한 결혼식'을 향한 1년여의 '소비 이어달리기' 끝에 만나는 것이 고작 욕망의 '붕어빵 거푸집'에서 찍어낸 평범한 자신이라니! 현대사회와 우리 자신에 대한 발랄한 고발, 깊이 있는 분석을 넘어 균형 잡힌 성찰이 여기 있다. 저자는 완벽한 삶을 살아내라는 세상의 압력에 맞설 힘을 감사해야 할 벗과 사람들에게서 찾는다. 그래서 더 좋다.

— 조형근 작가, 『앎과 삶 사이에서』 저자

좋은 글을 마주하면 묻게 된다. 나라면 어떻게 썼을까? 지금 한국사회에서 결혼식만큼 다루기 까다로운 주제도 없다. 갈망하는 자와 주저하는 자, 떠미는 자와 거부하는 자의 욕망이 한데 엉겨 붙어 들끓고 있기 때문이다. 저출생이 시대정신이 된 와중에도 웨딩 산업의 매출은 연일 최고치를 경신한다. 함부로 조소할 수도, 온전히 축복할 수도 없는 역설 앞에서 나는 길을 잃는다. 저자는 냉소로 회피하는 대신 모순의 정중앙으로 발을 디딘다. 쉽사리 비웃지도, 섣불리 낭만화하지도 않는 외로운 자리에서 정직하게 보고 정확하게 쓰려 분투한다. 분열하는 저자만이 쓸 수 있는 책이 있다. 분열은 자신과 세계를 모두 변화시키려는 자에게만 허락된 인장이기 때문이다. 설득을 위해 자랑을 포기한 책. 정답 대신 질문을 택한 책. 이런 책은 끝내 자기만의 결론에 도착한다. 그 눈부신 오답 속에서, 저자의 빛나는 자긍심을 보았다.

— 김지효 작가, 『인생샷 뒤의 여자들』 저자

차례

2 결혼식의 주인공은 정녕 신부인가?

3 결혼식은 죄가 없다

4 그럼에도 결혼

프롤로그

어둑한 실내, 북적이는 사람들, 굳게 닫힌 검정 문 앞에 순백의 드레스를 입고 선 여성. 인생에 한 번뿐인 바로 그날을 위해 신부는 여기까지 달려왔다.

결혼식은 속삭였다. 소중한 이들이 모두 모인 이 자리에서, 지금까지의 너의 삶이 얼마나 완벽한 것이었는지 마음껏 뽐내라고. 깨끗한 피부, 날씬한 몸매, 화려한 드레스, 자랑스러운 크기의 반지……. 그 모든 성취를 모두에게 보여주라고. 꼼꼼한 아내, 든든한 남편이 서로의 훈장이 되어줄 테니 정상성으로의 진입을 성대하게 축하하라고. 그러나 그 결혼식이 남은 삶에서 비교적 자유롭게 결정할 수 있는 시기라는 것은 모르는 채였다. 미래를 약속하면서도 우리가 살 미래는 전례 없는 속도로 파괴되는 중이었다.

대한민국은 이례적인 속도의 경제성장을 이끌어냈다. 인구의 5분의 1이 한 도시에 몰려 살고, 인구의 2분의 1이

11

수도권에 거주한다. 열심히 뛰어야만 겨우 제자리를 지킬 수 있는 자본주의 세렝게티에서 결혼을 한다는 것은 결혼식장 예약을 1년 전에 하고도 늦었다고 핀잔을 듣는 것을 뜻했다. 뒤이어 산후조리원, 유치원 입학, 학원 등록을 위한 시험 예약까지 또다시 치열한 경쟁이 이어지는 것을 뜻했다. 10대는 선행 학습과 수능 입시, 20대는 대학 진학과 취직, 30대는 결혼과 출산, 이 모든 규격화된 삶의 과정들을 하나하나 밟아온 성실한 대한민국 성인들은 이제 결혼의 과정마저도 컨베이어 벨트의 공정 위에 올려 두고 그 절차를 밟아나가고 있다. 그런데 더 절망적인 것은 심지어 그것을 아주 잘, 능수능란하고 효율적으로 해낸다는 것이다! 그리고 마침내 결혼식을 통해 우리 사회가 그동안 개인에게 강요하고 있던 모습을 가장 노골적으로 또 가장 아름다운 방식으로 드러냈다.

그러나 몰랐다. 결혼식장을 나간 이후, 혹은 신혼여행지의 올 인클루시브 풀빌라 리조트를 체크아웃하는 순간 이후부터 그토록 갈망하던 정상성에 철저히 복종해야 한다는 것을. 식이 끝나고 손도 대지 않은 뷔페의 음식물이 오물처럼 쏟아져 나오는데 그러는 동안 전 세계 인구 열 명 중 한 명은 죽음을 위협하는 수준의 심각한 굶주림에 시달리고 있다는 것을. 1시간이 채 되지 않는 결혼식을 꾸미기 위해 바다를 건너온 화려한 수입 꽃들이 남긴 어마어마한 양의 탄소 배출을, 그것들이 꽂혀 있던 플라스틱 플로럴폼과 나의 화려했던 웨딩드레스는 둘을 구분도 할 수 없는 형태로 분해되어 앞으로 500여 년이 넘는 시간 동안 녹지도 않은 채 바다에 둥둥 떠다닐 것이라는 것을.

　두 사람이 하나의 가족으로 거듭나는 첫 시작, 결혼. 그 중대한 시작을 앞두고 두 부부에게 가장 먼저 주어지는 것은 무엇인가. 식을 준비하는 신부들은 서로 "추가금 방어 성공하길" 응원하고 식을 마친 신부들은 그날은 정신이 없어 아무 기억도 안 나니 "DVD 영상을 필수로 추가"하라고 조언한다. 하객들은 동시에 십여 개의 식이 진행되는 대형 웨딩홀에서 신부 대기실을 찾지 못해 발을 동동 구르고 식사를 하다가 다음 예식이 준비됐다는 말을 듣고 허겁지겁 뷔페를 빠져나온다. 식장 직원들은 신랑 신부가 버진로드를 채 다 걷기도 전에 포토 테이블의 사진을 빼내고 다음 신랑 신부의 사진으로 갈아 끼운다. 방금 치른 완벽한 결혼식처럼 또 하나의 완벽한 결혼식을 만들어낸다. 완벽한 결혼식의 향연에 초대받는 하객들은 자신의 결혼 상대에 대해 혹은 결혼식에 대해 고민하며 잠 못 이루다 또 다른 청첩장 모임에 초대받는다. '인생에 단 한 번뿐'이라는 그날을 위해 마찬가지로 인생에 한 번뿐인 다른 날들을 기꺼이 희생하고 소모하며, 오로지 그날 하루만을 위해 1년여 간의 소비 이어달리기가 시작된다. 그리고 마침내 결혼도, 사랑도, 삶도, 모두 소비의 대상이 된다. 가장 쓸쓸한 것은 심지어 이 모든 소비를 해내도 우리는 결혼식을 온전히 즐길 수 없게 됐다는 것이다.

　결혼식을 위한 소비에는 끝이 없다. 무한하다. 여기가

13

출구일까, 하고 벗어나면 그다음 단계에서 소비해야 하는 여러 옵션들이 개미굴처럼 끝이 없이 펼쳐져 있다. 결혼식이라는 최종 목적지까지의 여정에 도사리고 있는 각 소비는 끝없이 확장된다.

드레스요? 렌탈, 구매? 숍 투어는 몇 군데나? 당일 계약, 홀딩? 실국제 갤러리 오간자? 변형은 있게, 없게?
스튜디오? 단품, 토탈, 세미? 실내, 실외? 오전, 오후? 메인 작가, 서브 작가, 둘 다?
메이크업? 지정, 랜덤? 원장, 실장? 출장, 방문? 오전 7시 이전, 이후?
청첩장은? 약도 추가, 없이? 접이식, 엽서식? 트레이싱 봉투? 리본은?

무한히 펼쳐지는 웨딩 옵션의 세계에 당신을 초대한다.
이 책은 사실 처음 결혼식이 환경에 미치는 악영향 정도를 다루겠다는 포부로 시작했다. 그러나 이내 깨달았다. 우리가 사는 지구뿐 아니라 우리 자신에게 치명적인 영향을 미치고 있는 것이 바로 웨딩 산업이었다. 이 책은 "인생에 한 번뿐"인, "좋은 게 좋은 것"이라는, "남는 건 사진"이라는, 그 모든 마법 같은 주문들에 대항하고자 하는 또 다른 주문이다. 저주에 가까운 이 주문들은 결혼을 준비하는 신부들을 쉽게 매혹한다. 그러나 두 사람이 하나 되는 그 역사적인 순간에 우리에게 필요한 것은 수천만 원의 꽃 디렉팅도, 수

억 원의 웨딩홀도, 부유방을 가려주는 웨딩드레스도 아니라는 것을 누군가 한 번쯤은 이야기해 주어야 하지 않을까. 언어화되지 않은 것이 언어화되었을 때 생기는 힘을 믿으며 책을 써 내려가기 시작했다. 2010년부터 2025년 사이에 결혼을 했거나, 하려다 말았거나, 할 예정인 신랑 신부 이십여 명을 만났다. 40년 차 웨딩 업계 관계자부터 6개월 차 플래너에 이르기까지 결혼식을 둘러싼 다양한 업계 관계자 십여 명도 만났다. 소중한 날이니 아낌없이 자신을 위해 소비하고, 오신 분들에게도 하나라도 더 편히, 더 많이 대접하고 싶었다는 '풀소유' 신부가 있는가 하면, 결혼 이후 두고두고 후회하는 것이 있다면 남들 다 한다는 호텔 프러포즈를 해버린 것이라는 '노 웨딩' 신랑도 있었다. 이익을 내기 위해서는 가격과 정보를 꽁꽁 감추고 소비자를 통제할 수밖에 없다는 웨딩 컨설턴트가 있는가 하면, 그 기형적인 구조 안에서도 누군가에게 도움을 주는 것이 좋다는 이유 하나만으로 웨딩 산업으로 창업을 선택한 컨설턴트도 있었다. 다양한 이야기가 오간 와중에 공통적인 특징이 있다면 그 어떤 이도 동반자와 인생을 함께할 그 시작인 하루에 진심이 아닌 이는 없었다는 것이다.

자본주의의 시장 논리가 극도로 발달했을 때 우리 개인은 어떻게 파편화되고, 그것이 어떻게 소비의 폭발로 이어지는가? 이것은 비단 결혼식만의 문제는 아닐 것이다. 한국의 급격한 경제성장, 정부 규제의 허점, 여성에게 주어진 외모 강박과 완벽주의, 일상을 빛내는 듯 사실은 좀먹는 소셜 미디어의 폐해까지. 결혼식은 가장 극적으로 드러나는 한 사건일 뿐, 그 안에는 사람들의 욕구와, 그 욕구를 자본으로 치환하여 막대한 부를 창출하고 그 대가는 환경오염과 사회적 불평등으로 탈바꿈시키는 산업의 민낯이 녹아 있다. 결혼식은 우리가 대한민국에서 살아온 방식 그대로를 닮아 있다. 모든 부부가 저마다의 '인생에 한 번뿐인 특별한 하루'를 꿈꾸지만 그 하루는 지독하게 틀에 박힌 방식으로 균질화되는 하루이기도 하다. 새하얀 웨딩드레스(그것이 A라인인지 벨라인인지와 상관없이), 틀어 올린 머리(그것이 가시형 로우번인지, 헤어 변형을 통한 하이번인지와 상관없이), 우리는 신랑 신부라는 붕어빵 거푸집에 자신을 밀어 넣고 찍어내고 있었다. 기후위기, 불평등, 가부장제, 성차별, 우울증, 저출생 ……. 결혼은 지극히 개인적인 사건인 동시에 지극히 사회적인 것의 총집합이었다.

본격적인 논의를 시작하기 앞서 밝히고 싶은 것이 있다. 이 책은 '공장형 결혼식'에서 결혼식을 한 부부도, 5성급 호텔에서 샤넬 가방을 프러포즈 선물로 준비한 남성도, 그 사진을 인스타그램에 올린 여성도, 그 누구의 선택도 그저 간단히 개인의 기호로 단정 짓거나 그것을 비판하려는 것은 아니라는 점을 명확히 하고 싶다. 화려한 스튜디오 촬영을 하는 취향이 좋지 않고, 소박한 스몰 웨딩을 하는 취향이 좋다는 이야기도 아니다. 그러나 그 모든 선택이 정말 자기 자신의 의지대로 되는 것인지는 확인해 봐야 할 것이다. 나아가 묻고 싶다. 우리는 왜 그런 결심과 욕구를 갖고 행동하게 되었는가? 산업은 어떤 구조로 소비자를 착취하는가? 그 결과 우리의 삶은, 우리가 살아가는 지구는 어떻게 파괴되고 있는가? 왜 그러한 역할들을 스스로 망설임 없이 껴안았는지, 그것이 우리가 정녕 진정으로 원하던 것인지, 그러한 무수히 많은 소비가 우리 삶에 미친 영향은 무엇인지에 대한 논의를 풀어나가고자 한다.

당부하고 싶은 이야기도 있다. 이 모든 것이 다 의미 없으니 결혼식을 하지 않으면 되는 걸까? 식을 모두 생략하고 서류 작업만 하고 넘어가면 되는 것일까? 미리 답하자면 그렇지 않다. 인간을 인간답게 만드는 순간이 있다면 크고 작은 슬프고 기쁜 일을 의례라는 행사를 통해 함께 나누는 때일 것이다. 결혼식, 나아가 삶의 중요한 희노애락을 어떻게 함께 슬퍼하고 기뻐하고 축하할 것인지에 대한 제안까지 나름대로 준비했다. 우리에겐 더 다양한 결혼식이, 더 다양한 신랑과 신부의 모습이, 더 다양한 삶에 대한 정의와 탐구가 필요하다.

"예신님, 성함이 어떻게 되세요?"

그날이 오고야 말았다. 그 블랙홀 같은 물음 뒤에 내 이름 석 자를 답해야 하는 그날이. 책을 쓰기 시작한 중반부 즈음에 나는 결혼을 결심했고, 책을 전개해 나가며 나의 식을 준비했다. 그제서야 비로소 깨달았다. 멀리서 팔짱 끼고 '이건 문제야.'라고 지적하는 일이 얼마나 쉬운 일이었는지를. '예비신부'라는 새로운 자아의 역할을 부여받은 순간부터 눈앞의 개미지옥 같은 '해야 할 일들'을 완벽하게 해치우려 드는 나 자신과 싸워야 했다. 웨딩 산업에 대해 핏대 높여 이야기하면서도 그 모든 것들을 나는 왜 하면 안 되는가 하는 울컥 차오르는 모순적인 욕구와 스스로 씨름하고 되묻기도 했다. 이런 책을 쓰는 것에 대한 회의감이 재채기하듯 튀어나왔다. 그 혼란과 모순의 과정을 담은 개인적인 이야기이기도 하다.

결혼이라는, 지극히 개인의 상징적인 사건은 어쩌다 광기 어린 집단 소비라는 사회문제로 전락했을까? 결혼식을 계기로 시작되는 정상성에 대한 요구는 언제까지 우리 삶을 얽맬까?

이 책은 결혼마저 소비하게 되어버린 이 시대의 예비신부, 신랑들을 위한 책이다. 모든 축하와 응원, 기쁨과 소망의 감정마저 소비 옵션으로 소비하게 되어버린 시대에 우리의 삶을 되찾기 위해, 우리의 낭만을 되찾기 위해.

마지막으로 이 책은 결혼을 이성애 규범성의 틀 안에서 여성과 남성 간 제도로, 고정된 성 역할을 전제로 삼았다는 점에서 분명한 한계를 가진다. 사랑과 결속의 형태는 훨씬 더 다양하고 다채로워야 할 것이다. 어떤 형태의 사랑도 공동체 안에서 존중받고 축하받을 수 있어야 한다. 이 책이 미처 다루지 못한 수많은 '결혼'과 사랑의 방식이 부디 더 많은 언어와 기록으로 이어지기를 바란다.

1

결혼 준비의
풍경들

"이제 뭐 뭐 남았어?" 이 밑도 끝도 없는 놀라운 질문을 신랑 신부에게 해보자. 그럼 시원한 음료수가 덜컹 하고 나오는 자판기처럼 신기하게도 답이 쏟아져 나올 것이다.

"스튜디오 촬영 했고, 모청(모바일 청첩장) 만들었고……
청모(청첩장 모임)하고 본식 드레스 셀렉하러 가면 끝이야."
"이제 힘든 거 다 끝났네. 본식 메인 작가 연락 왔어?"
"아니, 아직 안 왔는데……."
"일주일 전쯤 올 거야. 안 오면 네가 꼭 해. 동선 같은 것 카톡으로라도 안 맞추면 당일에 진짜 정신없다. 네가 먼저 연락해 봐. 아이폰 스냅은 했지? DVD도 꼭 해야 돼."

결혼을 막 마친 친구와 결혼을 앞두고 있는 친구, 둘의 대화는 틱틱탁탁 끊이지 않고 이어지는 탁구공 랠리처럼 저녁 식사 테이블 위를 빠르게 오갔다. 그 대화를 반쯤 뜬 눈으로 지켜보고 있는 다른 친구 둘은 고개를 내저었다. "내가 이거 할 자신이 없어서 결혼을 못 해. 나 맨날 남친이랑 내년에 하자고만 하잖아. 저런 것들을 다 할 자신이 없어서……. 어떻게 회사 다니면서 그렇게 다 하냐?" 결혼식 준비를 위해 결혼을 미루는 기현상은, 저출생으로 국내 초유가 아닌 전 세계 초유의 나라 멸종을 앞둔 대한민국 2030 젊은이들의 실제 상황이다.

인생에 한 번뿐이라는 그날, 신부들은 주인공으로서 가장 아름답고 우아한 모습을 보이면서도 뒤로는 드레스의 핏을 완벽하게 하기 위해 승모근 주사를 맞고, 어깻죽지에 올라간 머리카락은 포토샵 의뢰로 깔끔하게 삭제하며, 결벽증에 가까운 수준으로 결혼식이라는 행사를 진두지휘한다. 그렇게 완벽하게 수행된 결혼식은 '박수를 치는 하객들'이 있어야 완성되는데(하객이 없으면 옵션으로 구매할 수도 있다.) 안타깝게도 식에 초대된 하객들은 그 완벽한 결혼식을 보는 것만으로도 '결혼 준비 지옥'의 문턱에 발을 한 걸음쯤 내딛게 된다. 아니, 청첩장 모임을 참여하는 것만으로도 지옥을 미리 맛보기도 한다. 웨딩 산업은 도대체 어쩌다 이 지경이 되었을까?

뒤틀린 결혼식의 시작과 끝

결혼식장 근처 북적이는 대형 프랜차이즈 카페 안. 저마다 결혼식장에서 받은 생화 꾸러미가 손에 들려 있지만, 시끌시끌 인파가 가득한 카페에서 하객들은 뿌리가 잘린 꽃들보다도 기운이 더 없어 보인다. 아이스 아메리카노를 쭈욱 들이켜며 한 친구가 말한다. "누가 이 미친 결혼식들 좀 어떻게 해봐."

저마다 나름대로 한마디씩 말을 얹었지만 끝내 답은 내지 못했다. 다른 의견 속에서 한 가지 궤를 같이하는 것이 있었다. 결혼식이 어디서 이루어지든(공장형이라고 불리는 동시 진행 홀이든, 단독 홀이든, 호텔이든), 누구를 위하든(신랑 신부의 취향이 듬뿍 담겼든, 부모님의 손님을 모시기 위한 좋은 위치이든, 하객을 위한 '맛집'이든) 다 다르겠지만 그 모든 결정 끝에 발생하는 수익은 '웨딩'이라는 이름을 앞에 붙인 산업에 흘러 들어가고 있다는 것이었다. 그러는 동안 현대의 사랑은 자기 성취와 사회적 자본의 도구가, 현대의 결혼식은 자기 과시의 장이 되어 있었다. 결혼식은 지극히 개인적인 의례처럼 보이지만 사실은 사회 구조의 축소판이다. 부모의 재력에서 비롯된 자원의 불평등, 남녀에게 부여된 역할, '개성'이라 불리는 문화 자본이 한데 뒤섞인다. 결혼은 공공연하게 그러나 가장 아름다운 방식으로 서로의 자원을 교환하는 사회경제적 거래가 되었다.

한 결혼정보회사가 결혼 1~5년 차 기혼자 1000명을 대상으로 진행한 설문조사에 따르면 2024년 총 결혼 비용은 평균 3억 474만 원이다.[1] 그중 가장 많은 비율을 차지하는 신혼집 비용 2억 4176만 원을 제외하면 혼수가 평균 2615만 원, 예식장 990만 원, 신혼여행 744만 원, 예단 566만 원 순이었다. 단순히 과도한 비용 지출의 부담 문제만은 아니다. 이산화탄소 배출량을 규제하는 기관 클라이밋케어에 따르면, 한 번 결혼식을 치를 때마다 평균 14.5톤의 이산화탄소가 배출된다. 한 사람이 1년 내내 배출하는 이산화탄소 배출량이 12톤인 것을 감안한다면, 한 사람의 1년 몫만큼의 이산화탄소가 결혼식을 치를 때마다 방출되는 것이다. 버려지는 쓰레기의 양도 어마어마하다. 일반적인 결혼식 하나당 발생하는 쓰레기는 약 180킬로그램.[2] 수백 장의 청첩장, 화환, 수명이 짧은 웨딩드레스, 뷔페형 식사에서 나오는 음식물 쓰레기까지 생각하면 부부의 앞날을 축복하기 위해 많아도 너무 많은 것들이 낭비되고 버려지고 있다. 십여 년간 웨딩 업계에 몸 담아온 웨딩 컨설팅 업체 대표는 업계 일을 하고 나서야 화려한 결혼식의 이면을 알게 되었다고 털어놨다. "결혼식이 끝나고 난 뒤, 호텔 앞 편으로는 아름다운 신랑 신부가 웨딩카에 탑승하지만 호텔 뒤편으로는 종량제 쓰레기봉투를 가득 실은 1톤짜리 트럭들이 줄을 지어 빠져나가요. 몇 대인지 세지도 못할 만큼 많아요."

해외 유명 관광지에 가본 경험이 있다면 버스나 기차에서 내리자마자 '500원!' 하고 다짜고짜 티켓이나 물건, 관광피켓을 들이미는 호객 행위자들을 본 적이 있을 것이다. 당황스럽다. 뭘 사라고 하는 거지? 모르겠지만 일단 됐다고 한다. 슬그머니 돌아서서 '뭘 파는 거야?' 하고 살펴보니 우비다. 그러고 보니 하늘이 좀 흐린데? 여기는 비가 자주 오나? 하나 살까? 얼마예요?

웨딩 업계는 이와 굉장히 비슷한 방식으로 작동한다. 이것도 사야 한다고요? 저것도요? 얼만데요? 그게 왜 필요한데요? 화이트톤 인테리어의 테이블에 앉아, 다이아몬드 모양 플라스틱 장신구가 박힌 핑크색 펜이 눈앞에서 휘날리는 동안 설명을 듣다 보면 의문은 금세 사라진다. 이내 마법 같은 일이 일어난다. "헤어 변형 선생님과 이모님, 오간자 리본* 없이 도무지 어떻게 결혼을 할 수 있겠어!" 하는 지경에 이르는 것이다.

결혼식이 기득권에 편입되기 위한 하나의 통과의례여서일까. 우리는 좁디좁은 문을 뚫고 들어가기 위해 모두 같은 모양의 열쇠를 얻으려고 부단히도 노력한다. 결혼을 위한 프러포즈, 프러포즈를 위한 대행 업체 계약, 상견례용 원피스 구매, 예물·예단 리스트는 시작일 뿐이다. 하객을 초대하기 위한 청첩장, 청첩장을 만들기 위한 스튜디오 촬영, 스튜디오 촬영을 위한 드레스 대여, 드레스 대여를 위한 숍 투어, 숍 투어를 위한 메이크업 예약, 메이크업 예약을 위한 테스트 메이크업, 테스트 메이크업 할인을 받기 위한 패키지 계약…… 끝없는 소비의 향연, 그 중간 어딘가에 우리의 소

---

* 반투명하고 매끈한 시스루 원단의 리본. 주로 청첩장을 장식할 때 쓴다.

중한 결혼식이 놓여 있다.

업체들은 앞다투어 더 나은 선택지를 예신(예비신부의 줄임말)과 예랑(예비신랑의 줄임말) 앞에 내놓는다. 분명 이 모든 것이 인생에 단 한 번뿐인 결혼을 축하하기 위한 것이었는데, 신랑 신부가 걸어나가야 할 길목마다 올가미 혹은 덫이 되어 놓여 있다. 당연히 해야 하는 것들을 하나씩 해나가다 보면 예비부부는 그저 결혼식이 무사히 그리고 얼른 끝나기만을 두 손 모아 바라게 된다. 1년에서 1년 반 동안 투자했던 모든 것이 30분이면 지나가고, 웨딩 스냅과 DVD 영상이라는 아름답고 비싼 결과물로 (추가금까지 곁들였지만 다시는 열어보지 않을 파일들로) 남게 된다.

사전에 공개된 원고 일부를 보고 한 독자는 "이 책 장르가 호러였냐."는 한줄평을 남겼다. 결혼이 아직 먼일로 느껴지는 독자에게는 호러에 가까운 이야기로 느껴질지 모르겠다. 하지만 앞으로 다루게 될 내용들을 유난히 부지런한 몇몇 신랑 신부의 특이한 사례로 받아들이지 않기를 바란다. 한국에서 결혼 준비라는 세계에 개인의 선택은 거의 없다. 대한민국에서 '정상'적인 삶을 살아가기 위해 내린 많은 선택이 그러했듯, 그저 떠밀리는 대로 걷고 선택하다 보면 자신도 모르게 극도로 효율화된 컨베이어 벨트 위에 올라가게 될 뿐이다. '에라, 모르겠다. 결혼은 포기한다!'라고도 생각하지 말자. 신발이 무겁다는 이유로 걷기 자체를 포기해서는 안 될 일이다. 다 같이 무거워진 신발만 벗으면 그만이다. 결혼으로 향하는 길에 우리 발목을 무겁게 잡고 있는 신

26

발, 아니 족쇄의 정체를 차근차근 살펴보자.

프러포즈 대신 해드립니다

2023년, 《월스트리트저널》 1면에 한국의 프러포즈 문화를 다룬 기사가 등장했다.[3] 아쉽게도 낭만성에 대한 찬탄은 아니었고 기괴한 프러포즈 문화를 '결혼 전 비싼 장애물'이라고 빗대며 현실을 꼬집은 기사였다. 우리나라의 혼인율 및 출산율이 사상 최저를 기록하고 있는 현실이, 인스타그램에 올릴 청혼 장면에 570만 원을 쓰는 프러포즈 문화와 무관하지 않다고 기사는 지적했다. 도심이 한눈에 내려다보이는 5성급 호텔과 명품 가방, 주얼리의 조화는 결혼의 진입 장벽을 더욱 높이고 있었다.

　결혼의 시작이 프러포즈라는 것도 이제 옛말이다. 오늘날 우리나라에서 프러포즈는 결혼 '제안'이라는 의미를 상실했다. 프러포즈는 결혼 준비가 한참 진행되는 과정 중에 이루어진다. 2025년을 기준으로 가장 트렌디한 (일명 K-프러포즈라고 불리는) 프러포즈는 이런 식으로 이뤄진다. 결혼식장 예약 후 계약금을 지불하고, 상견례를 끝냈으며, '청첩장 모임'이라는 과제도 얼추 마무리해 제법 일정이 여유로운, 식을 한두 달 정도 남겼을 즈음에 공공연하면서도 나름대로 은밀하게.

　서울 시내가 한눈에 내려다보이는 곳에 위치한 호텔에

묵은 적이 있다. 로비에서 앉아 있다 보니 특이한 현상이 눈에 띄었다. 체크아웃을 하는 손님들이 둘 중 하나꼴로 손에 한 아름 큰 꽃다발을 가지고 나가는 것이었다. 친구들과 나는 상황을 추측해 보았다. "결혼식이 막 끝났나? 요새 결혼식 끝나면 꽃 선물로 주잖아." "아냐, 그런 것치고 꽃이 너무 크고 화려한데. 호텔에서 무슨 이벤트로 주나?"

품에 한 아름 안은 꽃다발의 종류와 크기는 저마다 달랐다. 결국 궁금증을 참지 못한 나와 친구들은 가위바위보를 해 진 사람이 호텔 로비를 지키고 있는 경비 직원에게 여쭤보기로 했다. "혹시 저 꽃들, 호텔 어디에서 주는 거예요?" 경비 직원은 친절하게 답해주었다. "아마 프러포즈를 받으신 분들일 거예요. 여기가 뷰가 좋아서, 프러포즈 장소로 되게 유명하거든요."

호텔 프러포즈는 인스타그램 피드에서 종종 보았기에 익히 알고 있었다. 그러나 하루에도 이렇게나 많은 여성들이 같은 곳에서 프러포즈를 받는 줄은 몰랐다. 그 배경에는 호텔에서 제공하는 프러포즈 패키지가 있었다. 호텔 측은 객실에 'Would You Marry Me?'라는 문구를 적은 풍선이나 벽 장식까지 달아주고 적당한 생화와 LED 양초로 방을 꾸며주는 구성의 프러포즈 서비스를 상품으로 판매한다. 돈을 더 지불하면 예비부부가 미리 준비한 선물을 보기 좋게 세팅해 주기도 하는데, 5성급 호텔의 프러포즈 서비스 가격은 최소 80만 원대에서 최고가로는 2000만 원이 넘는다. 서울 남산에 위치한 호텔 반얀트리 클럽 앤 스파 서울은 레스

토랑 및 바에서 진행되는 '로맨틱 테라스 프러포즈' 상품을 100만 원에 판매한다. 숙박할 수 있는 객실은 포함되지 않은 가격이다. 레터링 풍선 15만 원 추가를 시작으로, 고급 옵션을 추가할수록 가격은 비싸진다. 프러포즈의 성지라고 불리는 시그니엘 서울 호텔에서는 '이터널 프로미스(영원한 약속)'라는 이름의 프러포즈 상품이 가장 기본 객실 가격으로 약 180만 원부터 시작한다. 하지만 이마저도 가장 기본 금액일 뿐, 객실 입구에 꽃길이나 침대 위 꽃잎 장식은 각각 60만 원, 20만 원 정도의 추가 금액이 붙는다. 영원한 약속을 위해 기본금을 180만 원부터 지불해야 하는 것이 정말 우리의 결혼에 꼭 필요한 것일까? 그 물음에 누구도 답할 수 없겠지만, 시그니엘 서울의 프러포즈 서비스의 월 평균 예약은 38회에 달한다. 이런 프러포즈 상품은 2010년대 중후반까지만 하더라도 일부 고급 호텔에서만 볼 수 있던 차별화된 상품이었지만, 2025년에는 5성급 호텔이라면 패키지를 준비하지 않는 곳이 없을 정도로 보편적인 상품이 됐다.

단순히 돈을 많이 쓴다고 문제가 되는 것이 아니다. 프러포즈를 포함한 일련의 준비가 경제적 착취를 넘어 의미의 착취가 되어버렸다는 것이 문제다. 사랑은 서비스로 구매 가능한 대상이 되어버렸고 모든 감정은 가격이 매겨져 시각화됐다. 이것이 바로 소비주의의 가장 교묘한 폐해다. 소비주의의 핵심은 소유하는 것이 곧 자아라는 착각이다. '나는 이런 드레스를 입은 사람', '이런 시계를 차는 사람', '이런 식장을 선택한 사람'이라고 생각하며 자아를 소비 시스템에 위탁한다. 사회학자 에바 일루즈는 이런 현상을 감정 자본주의emotional capitalism라 부르며, 감정이 경제의 언어로 환원된다고 지적했다. 사회철학자 에리히 프롬의 언어로는 '존재보다 소유'를 통해 자신을 증명하는 사회가 된 것이다. 우리는 소비함으로써만 사랑과 존재를 확인하게 됐다.

"프러포즈 제대로 안 하면 평생 고생한다!"는 말은 예비신랑들 사이에서 오래된 속담처럼 돌고 있다. 하지만 1980년대 후반까지만 하더라도 프러포즈는 '결혼 의사 전달'을 목적으로 구두로 하는 의사 표현인 경우가 많았고 비싼 물건 등을 구매하여 하는 프러포즈는 드라마나 영화가 본격 보급되기 시작한 1990년대 중후반에 들어서 늘어났다. 그러니까 엄밀히 살피면 명품 가방으로 프러포즈 하지 않았다고 평생**씩**이나 고생한 세대는 아직 존재하지 않으니 예비신랑들은 너무 염려하지 않아도 되겠다. 동시에 이를 예비신부가 가진 허영의 문제로 개인화하고 싶지도 않다. 굳이 귀책 대상을 찾자면 명품 가방과 시계가 아니고서는 사랑과 존재를 말할 수 없게 된 우리 사회의 감정 언어 빈곤일 것이다.

1980년대로 돌아갈 것도 없이 2014년 결혼정보회사 듀오가 미혼 인구를 대상으로 결혼 프러포즈에 대한 설문조사를 실시한 결과를 살펴보면 프러포즈에 지출할 것으로 예상하는 비용의 평균값은 남성이 108만 원, 여성이 72만 원이었다.[4] 2026년 결혼을 앞두고 있는 한 예비신랑을 만나 해당 설문조사 결과를 이야기하니 "웬 호랑이 담배 피던 시절 이야기냐?"고 되물었다. 그러고는 "프러포즈 하려면 샤넬 가방 정도는 준비해야 하는데 그 가방만 1000만 원이 넘는다."고 호소했다. "가방이 너무 비싸서 최근에는 가격이 적당한 (700만 원대) 반클리프 아펠 목걸이가 유행"이라고도 했다. 그는 결혼 준비가 거의 끝나가는 시점이지만 아직 프러포즈를 하지 않은 상태였다. 왜 처음 결혼을 제안하는 단계에서 프러포즈를 하지 않았는지 이유를 물으니 "결혼 자체가 결정되기도 전에 그런 고가의 물건을 사는 게 리스크기 때문"이라고 설명했다. 가장 낭만적이어야 할 순간에 '리스크'를 따지게 된 것이 서럽다는 생각이 들었다가도, 결혼이라는 현실로 들어가기 위해 마땅히 거쳐야 하는 타당한 손익 계산의 과정인가 싶기도 했다.

　"브랜드나 모델 같은 것들을 내 맘대로 정해 함부로 샀다가 마음에 안 들어 하면 큰일이니, 아예 여자친구가 받고 싶은 물건을 정해서 알려준다는 친구들도 주변에 많아요." 이처럼 프러포즈가 진행되기 전에 일정과 형식, 심지어 브랜드나 디자인에 대한 선호도 조사가 이뤄지고 있음에도, 소셜 미디어에는 "알고는 있었지만 이렇게 눈물이 날 줄은 몰랐다"는 프러포즈 간증 후기가 쏟아진다. 눈에 자주 띄는 게시물이 이렇다 보니, 이런 모든 것에 관심이 없고 심지어 신물이 난다고 생각했던 사람도 누군가의 깜짝 서프라이즈를 은근히 기다리게 됐다. 그러고는 그 역시 이런 서프라이즈라도 받는 날엔 "내가 이런 걸 받게 될 줄은 몰랐는데"라는 (진심 어린) 피드를 올리기를 반복한다.

백화점 1층에서 본 브랜드의 쇼핑백이 한 겹, 박스가 한 겹, 박스 안의 더스트백 한 겹, 그렇게 양파 까듯 겹겹이 벗겨낸 그 가운데에 주인공 알맹이 '명품 가방'은 당당하게 자리하고 있다. 주얼리 등 다른 명품도 있다면 들러리처럼 옆에 가격 순서대로 자리하고 있다. 선물 꾸러미 옆에 앉은 여성이 꽃다발로 얼굴을 반쯤 가린 채 눈을 내리며 웃고 있다. #프로포즈 #눈물안날줄알았는데 #오빠고마워 #구남친 #현남편

프러포즈는 내가 가장 사랑하는 사람, 그러니까 '예랑'이 마땅히 센스 있게 해내야 할 첫 번째 과제로 여겨진다. 고가의 브랜드 가방과 'Would You Marry Me?'가 인쇄된 종이, 그 사이에 쭈그리고 앉아 눈물을 닦았는지 조금 부은 듯한 얼굴 사진이 종종 올라오는 걸 보면 대개 그런 식으로 원만하게 해결되는 듯 보인다. 또 화려한 프러포즈는 '답프러포즈'로 이어지는데, 답프러포즈는 프러포즈 이벤트를 받은 사람이 상대방에게 그에 준하는 선물 혹은 서프라이즈 이벤트를 보답하듯 선사하는 행사다.

프러포즈는 결혼의 포문을 여는 첫 번째 관문이자 통과 의례이면서, 동시에 방식이 본질을 흐려놓는 첫 번째 사례이기도 하다. 2025년 9월 결혼한 한 신부는 명품 브랜드의 시계와 목걸이를 프러포즈 선물로 받았고 남편에게 명품 브

랜드의 시계를 선물했다. 분명 평소 남편이 좋아하는 브랜드였기에 선물할 만할 가치가 있다고 회상하면서도 "기브 앤 테이크라고 표현하고 싶지는 않지만 그래도 제가 받은 게 있으니까 그 정도는 줘야겠다고 생각했다."고 털어놨다.

상황이 이렇다 보니, 프러포즈 혹은 답프러포즈의 부담으로 결혼을 미루는 사례가 심심치 않게 등장하기 시작했다. 《월스트리트저널》의 인터뷰에 응한 한 예비신랑은 "여자친구가 샤넬 가방과 함께 호텔 프러포즈를 받은 친구의 사진을 보여줬다."며 프러포즈를 여름에서 연말로 미뤘다고 답했다. 업체들은 결혼을 앞두고 인생에 한 번뿐인 날을 잘 해내고 싶은 순진한 바람을 부추기고 그 바람과 욕구를 가장 아름다운 방식으로 완벽하게 충족시켜줌으로써 지나치게 큰돈을 받아간다. 2024년 기준 국내에서 예식장, 스드메(스튜디오 촬영·드레스·메이크업), 혼수 등 결혼 준비에 드는 평균비용이 6000만 원이 넘어가고, 호텔 프러포즈 서비스와 명품 선물 등 패키지까지 더해지면 결혼을 앞둔 커플이 치르는 총지출은 신혼집을 포함해 통상 2억~3억 원 수준으로 불어난다.[5]

끝을 모르고 고공행진하는 웨딩 물가를 가만히 놓아둘 자본주의가 아니다. 또 다른 저가형 서비스가 구세주처럼 등장하는 것이 인지상정. 바로 5성급 호텔 객실을 예약하고 프러포즈 세팅을 도와주는 사설 업체다. 이런 업체를 통하면 비교적 합리적인 가격에 호텔 프러포즈 서비스를 이용할 수 있다. 사설 업체의 서비스 비용은 가장 저렴한 것이 20만 원, 평균 60만 원을 웃돈다. 이처럼 고급화된 결혼 문화에서는 지나치게 비싼 가격을 대체할 수 있는 커스터마이징 '틈새 시장'의 세계가 무한하게 열리는데, 과연 이것이 신랑 신부를 위한 것일지는 앞으로 결혼 준비의 실태를 살펴보며 3장에서 더 자세히 논의하도록 하겠다.

과시적인 프러포즈가 문화로 자리 잡게 된 배경에는 여러가지 사회적인 요인이 있겠으나, 《월스트리트저널》은 코로나19가 더욱 불을 지폈을 것이라고 분석했다. 해외여행을 떠나지 못했던 신혼부부들이 국내에 머물며 값비싼 프러포즈 문화를 즐겼고, 이제는 그것이 '뉴 노멀'이 되어 결혼을 위한 필수 통과의례이자 기본 과제로 자리하게 됐다는 것이다. 그러나 여기에는 근본적으로 소셜 미디어를 통해 자신의 결혼식이 얼마나 성공적이었는지를 드러내고 싶은 과시적인 욕구와 함께 '남들이 하는 것은 모두 하고 싶은' 한국인의 심리와 부지런한 근성, 완벽주의에 대한 욕구가 내재돼 있는데, 이 역시 프러포즈뿐 아니라 결혼 준비 전반에 걸쳐 드러나고 있으므로 차차 하나씩 그 원인을 살펴보도록 하자.

결제하면 제공되는 '현대식 프러포즈'에 대해 덮어놓고 비판하고 싶은 것이 아니다. 아니, 비판할 수 없다. '다 부질없어!'쯤을 염불로 외워가며 위풍당당 글을 써 내려가던 나 역시, 정작 내 결혼식을 앞두고는 이런 생각에 휩싸였기 때문이다. 왜 나는 그러한 프러포즈 서비스를 받아선 안 되는 것이며 그것을 받는 것이 뭐 그리 나쁜 일이기만 하겠냐는 서러움이 일렁인 것이다. (무엇보다 프러포즈 형태가 무슨 상관인가? 그 떨리는 순간만큼은 두 당사자가 그 누구보다 진심이지 않았을까? 준비해 온 한 명은 떨리는 마음으로 한마디씩 건네었을 것이고 놀란 한 명은 벅차게 기뻤을 것이다. 깜짝 놀라 눈물도 뚝뚝 흘렸을 것이다.)

　　그러나 철저한 합의와 밑작업이 소거된 채 화려한 사진으로 남은 '5성급 호텔의 샤넬 가방 프러포즈'의 문제는 이것이 두 사람만의 달콤한 속삭임에서 끝나지 않는다는 것에 있다. 좋은 프러포즈는, 아니 좋은 프러포즈일수록 잘 보정되어 소셜 미디어에 진열된다. 2026년 2월 기준, 인스타그램에만 '#프로포즈(#프러포즈)'라는 해시태그를 단 게시글이 150만여 개가 넘는다. '예신', '예랑'이 된 이들의 유튜브 알고리즘에는 "프로포즈(프러포즈) 받았어요"라는 제목의 브이로그가 연일 자동 재생된다. 자본화된 결혼과 소셜 미디어의 환상의 콜라보는 결혼 준비 과정의 면면 대부분에 깊게 스며들어 작동하는데, 결혼의 상징적인 시작이라고 볼 수 있는 프러포즈에서부터 그 힘을 발휘하기 시작한다. 이런 콘텐츠들은 또 다른 예비신부들의 잠 못 이루는 밤, 어둠 속 빛나는 인스타그램 화면에 찾아가 어스름한 욕망으로 스며든다. 한 번도 바란 적 없는 욕구가 순식간에 우리 모두의 몫이 되어버린다. 일상의 단면을 소셜 미디어에 공유하고 그것을 다른 사람이 기꺼이 관찰하고 소비하게 둠으로써, 우리는 왜곡된 욕망을 가장 가까운 친구들의 머릿속에 집어넣고 있다. 이 과정이 반복되며 결혼식은 통과의례에서 통과**소비**의례로 변질되고 있는데, 이는 비단 같은 프러포즈를 꿈꾸게 만들 뿐 아니라 완벽한 웨딩드레스의 쉐입을, 유행하는 지역으로의 올 인클루시브 신혼여행을, 커뮤니티 시설이 마련된 신축 아파트에서의 일상을 꿈꾸게 한다는 지점에서 대한민국 사회 전반의 문제와 연결된다. 소셜 미디어의 영향에 대해서도 2장에서 자세히 살펴보도록 하겠다.

예비신부 A는 2023년 겨울, 시그니엘 서울 99층 스위트룸에서 '세상에서 가장 멋진 프러포즈'를 받았다. 그러나 그로부터 몇 달 후, 친한 친구에게 받은 청첩장에 시그니엘 79층 홀이라는 장소와 함께 "축의금은 정중하게 거절합니다."라는 문구가 적혀 있는 것을 보고 그날의 아름답던 기억이 한순간에 알 수 없는 감정으로 뒤섞였다고 털어놨다. 구체적으로 어떤 기분이었는지 묻자 "잘 모르겠지만 부러움에 가장 가까운 것 같다"고 답했다. "그냥 기분이 이상하더라고. 나한테는 그 프러포즈가 정말 특별하고 인생에 한 번밖에 없는 거였거든. 내가 이런 곳에 다 와보는구나, 싶고 진심으로 고마웠고. 근데 친구는 그 좋은 곳에서 결혼을 한다니까 뭔가 충격이었달까. 그날 집에 가서도 계속 생각나는 거야. '그 친구는 결혼을 참 잘했네.' 이런 생각도 들고. 사실 나도 정말 좋은 남편을 만나 잘 살고 있는데도 이런 감정이 드는 것 자체가 남편한테도 미안했지. 말도 못 하고." 복잡한 감정의 화살은 돌고 돌다 '친한 친구를 진정으로 축하하지 못하다니.' 하며 스스로에 대한 잘못된 실망감으로 돌아오기도 했다.

마음껏 축하하고, 마음껏 기뻐하는 것이 가장 필요할 결혼의 순간. 온전한 축하와 기쁨의 감정마저 누릴 수 없게 되는 것은 당신 혼자만의 문제가 아니다. 물건이나 서비스를 소비하고 있는 줄 알았지만 우리는 어느덧 우리 자신까지 소비의 대상으로 전락시키고 있었다. 결혼의 자본화가 감정에까지 미치는 영향은 이제부터 시작이다.

꼭 해야 하는 것은 아니지만 꼭 해야 하는, 브라이덜 샤워

"나는 브라이덜 샤워가 정말 싫거든? 상술인 거 알거든? 근데 친구들이 깜짝 브라이덜 샤워를 해줬으면 좋겠어."

결혼을 앞둔 친구는 한 손으로 앞 머리칼을 쓸어 올리며 한숨을 내뱉었다. 결혼을 했거나 곧 할 친구들은 이해한다는 듯 고개를 끄덕였다. 결혼이 아직 먼 이야기인 친구들은 눈을 동그랗게 떴다. '받고 싶은 거면 받고 싶은 거고 아니면 아닌 거지, 안 받고 싶은데 받고 싶은 건 뭐야?'라고 물으려는 듯한 표정이었다.

그래, 나도 몰랐다. 프러포즈, 브라이덜 샤워 같은 것은 하지 말자고 진작 이야기하고 다녔으면서 '……혹시 오늘인가?' 하고 기대하고 실망하기를 반복할 줄은. 내 취향이 아닌 것을 은근히 바라면서 사실 아주 오래전부터, 아니 처음부터 바라던 것이라고 합리화하게 될 줄은.

화사한 꽃들, 야경이 펼쳐진 호텔, 가장 예뻐 보이는 각도에서 찍힌 수십 장의 사진. '결혼 적령기'*에 접어 들며 인스타그램에는 "친구들이 해준 깜짝 브라이덜 샤워, 생각지도 못했는데⋯⋯ 너무 너무 고마워."라는 게시글이 하루걸러 하루씩 보이기 시작했다. 치밀하게 짜인 완벽한 브라이덜 샤워 콘텐츠의 대상은 처음에는 '친구'로 한정되지만 만약 "⋯⋯그리고 이 모든 비용을 대준 남편! 너무 고마워."라는 문구라도 함께 올라온다면 평화롭기만 했던 '예랑'에게도 불똥이 튀는 것은 시간문제다. 2026년 2월 기준, 인스타그램에는 140만 개의 '#브라이덜샤워' 게시글이 올라와 있다. 프러포즈 게시글이 얼마나 좋은 남편을 만났는지에 대한 것이라면 브라이덜 샤워 게시글은 얼마나 좋은 친구들을 가졌는를 보여준다. 그러니 이 모든 과정을 총망라하는 종지부인 결혼식은 그간 내가 인생을 얼마나 잘 살아왔으며 괜찮은 남편감 혹은 신붓감을 선택했는지 최종적으로 또 공개적으로 보여주고 평가받는 자리임에 틀림없게 됐다.

과거에는 브라이덜 샤워를 생각하면 구릿빛으로 멋지게 태운 피부의 '서양 언니'들이 화려한 드레스를 입은 모습이 떠올랐다. 어깨에 'Bridal Shower'가 써진 띠를 두르고 샴페인이 든 잔을 부딪치고⋯⋯. 우리나라에 브라이널 샤워

---

* 결혼 적령기는 일정한 나이 구간에 결혼해야 한다는 사회 통념을 담은 나이다. 평균 초혼 나이로 유추해 볼 수 있는데, 1990년까지는 남녀 모두 20대에 결혼하는 것이 평균이었지만 2015년 이후부터 남성의 평균 초혼 나이가 30세를 넘어섰고 2019년 평균 초혼 나이는 여성과 남성 모두 30세를 넘겼다.[6]

가 본격적으로 소개된 것은 2000년대 초「섹스 앤 더 시티」, 「프렌즈」같은 미국 드라마를 통해서라고 알려져 있으니 그런 이미지가 떠오를 만도 하다. 말 그대로 영화나 드라마에서나 보던 장면이었다.

그런데 언젠가부터 우리나라에도, 아니 보다 정확히 말하면 나의 인스타그램 피드에 브라이덜 샤워가 등장하기 시작했다. 그리고 브라이덜 샤워에 대한 독보적인 이미지를 만들어가기 시작했는데, 바로 'Sold Out'이 적힌 수제 케이크, 하얀색 혹은 검은색 드레스를 입고 삼삼오오 뭉쳐 선 친구들, 파티룸 배경으로 펼쳐지는 도시의 야경이 그것이다.

브라이덜 샤워는 신부 친구들의 준비로 이뤄진다. 화사한 꽃다발, 예쁜 병에 담긴 술이나 음료, 함께 두고 사진을 찍을 용도의 케이크나 소품 등이 주요 준비물이다. 사진에는 함께 찍혀서는 안 되지만 또 절대 빠질 수 없는 떡볶이와 치킨, 피자 등의 '소울 푸드'까지 배달 주문하면 대강의 준비는 끝난다. 이런 틀에 박힌 준비에도 그날의 의미 자체가 훼손되는 것은 아니다. 신부와 신부 친구들은 언제나처럼 깔깔 울고 웃으며, 과거를 곱씹으며, 얼마 남지 않은 싱글로서의 나날을 새삼스레 마음껏 즐길 수 있다. 거기에 다시는 돌아오지 않을 이 시절의 순간을 사진으로도 남길 수 있으니 어찌 보면 그 자체로도 큰 의미가 있는 하나의 의례라고 볼 수 있다. 그러나 문제는 브라이덜 샤워를 준비하는 과정이 의미 자체를 훼손하기 시작하는 순간 발생한다.

주변에 결혼 **적령기**에 접어든 친구가 많은 B는 자신이

39

여러 모임에서 총대를 메고 브라이덜 샤워 행사를 진행하는 역할을 맡고 있다고 했다. 그는 "너 그 친한 고등학교 친구들 있지. 걔네가 브라이덜 샤워 해준대?"라는 질문을 한다. "만약 다른 친구들이 해준다고 하면 우리 그룹에서는 그냥 지나갈 것이고 만약 해주지 않으면 우리 그룹이 반드시 해줘야 하는 상황이기 때문에 아주 중대한 사안"이라고 B는 자신의 역할을 설명했다. 물론 브라이덜 샤워를 몇 번이고 진행할 의사가 있고 각각의 게시글을 올리는 것이 중요한 신부인 경우에는 이러한 질문은 유효하지 않았다. 무조건 해야 한다고 했다. '나 ○○ 호텔에서 받고 싶어.'라는 식으로 신부가 취향이 확고한 경우에도 마찬가지였다. B와 친구들은 브라이덜 샤워를 두고 다음과 같은 대화들을 하며 고민하고 준비한다고 했다.

"비용은 어떡하지? 각출할까?"

"호텔에서 받고 싶어 하는 것 같던데. 너무 부담스럽지 않아?"

"우리도 나중에 받을 거잖아."

"그러긴 한데…… 축의도 해야 하잖아. 너네 축의는 얼마 할 거야?"

"몰라. 난 결혼도 안 할 거란 말이야……."

"신부한테는 미리 알리지 말고 깜짝으로 해줄까?"

"그래도 슬쩍 알려줘야 되지 않아? 화장도 안 하고 오면 어떡해."

비용부터 언급하게 되는 것은 어쩔 수 없는 현실이다. 복사꽃 핀 공원에서 도원결의라도 하듯 손만 맞대고 브라이덜 샤워를 진행할 순 없기 때문이다. 다행히 브라이덜 샤워의 경우, 에어비앤비 등 공간 대여 플랫폼을 통해 합리적인 가격의 파티룸을 예약할 수 있기에 프러포즈만큼의 지출은 없다. 하지만 공간 대여 사업자는 드레스, 베일, 조화 꽃다발, 플라스틱 샴페인 잔, 가짜 케이크 등 다양한 웨딩 소품을 유행에 맞춰 빠르게 준비해야 한다. 이때 등장하는 1등 공신이 바로 초저가 쇼핑 플랫폼이다.

온라인 플랫폼 중에서 압도적인 기록을 세우고 있는 알리와 테무의 거래액은 최근 3년 새 급속도로 성장했다. 지난 2021년 1조 1103억 원이었던 결제 추정 금액이 불과 3년 만에 286.4% 성장한 것이다.[7] "테무에서 사면 가성비 좋게 꾸밀 수 있어요. 조화 같은 경우에도 퀄리티가 좋을 필요가 없어요. 사진만 잘 나오면 그만이라 손님들도 애초에 퀄리티를 크게 기대하지 않거든요." 서울에서만 브라이덜 샤워 고객을 타깃으로 하는 두 곳의 공간 대여 사업을 운영 중인 한 사업자는 계절마다 소품을 주문하는데 망가진 것을 수리하거나 다시 쓰는 것보다도 새로 구매하는 게 훨씬 편하다고 했다. "애초에 망가져 와도 괜찮은 정도의 가격대이긴 하죠. 초 장식만 봐도 매번 디테일이 조금씩 달라져요. 예를 들어 몇 년 전에는 좀 통통한 쉐입이 인기였는데 요새는 길쭉한 형태에 샹들리에 붙은 디자인을 좋아하시더라고요. 그럼 새로 주문해 보는 거죠." 그는 소셜 미디어의 사진을 보며 두

세 달에 한 번씩 새로운 이벤트 소품을 주문한다고 했는데, 이처럼 인스타그램과 핀터레스트와 같은 이미지 중심의 플랫폼은 일회용품이 되어버린 저가 이벤트 상품의 소비를 촉진하는 주요 경로가 되어 있었다.

문제는 제품 가격이 저렴해도 너무 저렴하다는 것. 철저한 자본주의 논리 앞에 이제 더 이상 철 지난 1000원짜리 조화, 2700원짜리 플라스틱 샹들리에와 가짜 초 장식을 재활용하지 않아도 되는 풍요사회가 도래하고 말았다. 매주 전 세계 약 25억 명의 소비자가 매일 온라인으로 쇼핑한다. 이는 전년보다 약 8% 증가한 수치다.[8] 2024년 글로벌 전자 상거래 소비액 역시 약 4조 1200억 달러로 전년 대비 14.6% 증가했다. 전 세계에서 점점 더 많은 사람들이, 더 많은 물건을, 계속해서 주문하고 있다.

가성비를 앞세운 초저가 이커머스 플랫폼의 위력은 '의례'로 여겨지는 날들과 맞닿을 때 더욱 강하게 발휘된다. 결혼과 직접적으로 연결된 프러포즈, 브라이덜 샤워, 리마인드 웨딩뿐 아니라 생애 주기에 따라 반복되는 수많은 의례에서도 마찬가지다. 특히 결혼식을 '성공적'으로 마친 부부가 임신과 출산을 맞이하는 경우, 소비는 더욱 가속화될 가능성이 크다. 초음파 사진, 젠더 리빌 파티, 만삭 사진, 뉴본아트,* 백일잔치, 돌잔치와 같은 행사가 그들을 기다리고 있기 때문이다. 이를 기념하기 위한 소비 역시 테무와 같은 초저

---

* 태어난 지 2주 이내의 신생아 모습을 촬영하는 콘셉트 사진.

가 온라인 쇼핑 플랫폼을 중심으로 확대되고 있다.[9]

　　그러나 이러한 소비는 축하받아야 할 사람들을 위한 것들이 결코 아니다. 그들의 건강에 직접적인 악영향을 미치기 때문이다. 해외 플랫폼에서 판매되는 일부 제품에서는 안전 기준을 크게 초과한 유해 물질이 반복적으로 검출되고 있다. 서울시와 한국소비자원 조사에 따르면 일부 어린이 제품에서는 프탈레이트계 가소제, 납, 카드뮴 등이 기준치의 수십 배에서 수백 배, 많게는 수천 배까지 검출되기도 했다.[10] 프탈레이트는 대표적인 환경호르몬으로 장기간 노출될 경우 내분비계 교란과 생식 기능 저하를 유발할 수 있으며, 카드뮴은 국제암연구기관이 지정한 1급 발암물질이다. 납 역시 신경계와 신장, 생식계 등에 손상을 일으킬 수 있는 중금속이다. 특히 저가 어린이 완구나 장식용 플라스틱 제품은 피부 접촉이나 흡입을 통해 장기간 노출될 가능성이 높다는 점에서 더 취약하다.

　　악영향은 지구에도 이어진다. 전 세계 플라스틱 소비량은 지난 수십 년간 급격히 증가했고, 현재 발생하는 플라스틱 폐기물 중 실제 재활용되는 비율은 약 9% 수준에 불과하다.[11] 나머지는 소각되거나 매립되거나, 혹은 그마저도 제대로 처리되지 못한 채 자연 생태계에 버려져 바다거북과 돌고래, 앨버트로스의 수명을 앗아간다. 특히 5년 이하로 수명이 짧은 일회용 혹은 저가형 소비재가 플라스틱 폐기물의 상당 부분을 차지하는데, 이벤트용 장식처럼 짧은 시간 사용 후 버려지는 제품이 전형적인 예다.[12] 파티에서 사용되는 제품들을 떠올려보자. 빳빳한 종이 위에 다양한 꾸밈 요소가 붙어 있는 영어 알파벳, 전구와 전선이 섞여 있는 플라스틱 가짜 초 장식, 형형색색의 다양한 조화까지. 플라스틱 장식 제품은 사용 주기 자체가 매우 짧고 서로 다른 소재가 결합된 특성상 분리 재활용이 거의 불가능하다. 결국 값이 싸다는 이유로 쉽게 소비되는 물건일수록 더 빠르게 쓰레기가 되고 그 부담은 장기간에 걸쳐 환경과 기후로 되돌아오는 것이다. 우리는 단 몇 시간의 '기념'을 위해, 수십 년에서 수백 년 동안 분해되지 않을 물질을 우리 몸과 지구에 남기고 있다.

한국의 공식 플라스틱 재활용률은 73%이며 전 세계 평균인 9%에 비해 월등히 높아 재활용 선진국이라는 이미지를 자랑하고 자축한다. 하지만 업체 관계자들은 각 가정에서 나온 플라스틱 재활용품 중 실제 활용 가능한 자원으로 재탄생하는 비율은 56.7% 수준에 그친다고 말한다.[13] 2023년 충남대학교 연구진이 유럽의 산출 기준을 적용해 한국의 재활용률을 계산해 본 결과, 재활용률은 16.4%에 불과했다.[14] 그간 플라스틱 폐기물이 재활용 선별 시설에 도착하는 순간을 '재활용'으로 간주해 왔지만 그 이후 실제로 재활용되는지, 소각되는지, 매립되는지는 추적되지 않았던 것이 괴리의 원인이었다.

국제환경단체 디펜드뎀올은 재활용 통계의 함정 자체를 지적한다. 국제사회에는 재활용의 정의도, 계산 방식도 통일된 게 없다.[15] 수거된 플라스틱을 재활용으로 볼 것인지, 실제로 새로운 제품으로 전환된 경우만 재활용으로 볼 것인지 등에 대한 기준이 나라마다 다른 것이다. 예컨대 미국은 플라스틱 재활용률을 5% 수준으로 보고하는데 오히려 이 수치가 다른 국가들의 높은 보고치보다 현실에 가까울 수 있다. 국제적 기준조차 정리되지 않은 혼란의 상황에서, 기업들은 '지속 가능성'과 '친환경'을 내세우며 ECO 라벨을 붙이고 홈페이지를 초록색으로 장식한다. 그 사이 하루 쓰이고 버려질 예쁜 쓰레기들은 날개 돋친 듯 팔린다.

　브라이덜 샤워는 신부 친구들의 우정이 비처럼 쏟아진다는 말에서 유래했다고 한다. 사정이 어려워 결혼식을 치르지 못하는 신부를 위해 생활용품과 자금을 모아 선물로 건네던 것에서 유래했다는 이야기도 있다. 그런데 오늘날, 결혼을 앞둔 이들 그리고 그들을 축하하기 위한 친구들에게는 과연 어떤 마음이 비처럼 쏟아지고 있을까? 사랑하는 이들이 만들어갈 앞날을 축복하기 위해 수백 년간 썩지 않고 생태계를 훼손할 수많은 플라스틱과 함께 사진을 찍어 남기는 것이 정말 우리에게 필요한 축하 방식일까?

웨딩 박람회에 가다

프러포즈와 브라이덜 샤워를 무사히 마쳤다면, 혹은 둘을 가볍게 건너뛴 부부일지라도, 결혼 준비를 시작할 때 가장 먼저 찾게 되는 곳은 웨딩 박람회다. (혹은 웨딩 박람회를 다녀온 블로그 후기 글을 찾아보거나 주변 '선배' 부부들에게 이야기를 듣는 것으로 이 단계가 대체되기도 한다.)

나 역시 처음 결혼을 결심하고 나서 인터넷에서 우연히 웨딩 박람회 소식을 접하고 바로 신청했다. 마침 우리가 결혼식 이야기를 시작하자마자 이번 주에 웨딩 박람회가 열린다는 광고를 접하다니? 설계된 알고리즘인지 혹은 기막힌 우연인지 무엇이든 크게 상관없었다. 행여나 마감될까 재빠르게 신청했다. 그러나 '박람회'라는 이름의 이 행사는 사실 매 주말 열리는 것이며, 여러 업체가 참석해 자사의 제품과 서비스를 소개하고 체험하게 하는 보편적인 박람회 형태가 아니라 넓은 웨딩 중개업 사무실에 닭장 같은 간격으로 테이블을 따닥따닥 놓아두고 웨딩 플래너와 마주 앉아 계약 속행 여부를 결정 짓게 하는 자리라는 사실은 뒤늦게 알게 됐다.

웨딩 박람회에 가보면 중앙에 놓인 상담 테이블 주변으로 스튜디오나 예복, 한복, 웨딩홀 등 업체가 자리한다. 하지만 업종별로 한두 곳 정도로 구색 맞추기 수준에 불과하다. 실제 제품을 볼 수도 없고, 인스타그램 계정을 팔로우하면 커피 쿠폰을 주는 정도로만 부스를 운영하는 곳도 많다. 박람회의 핵심은 웨딩 플래너와의 계약, 즉 웨딩 컨설팅 계약에 집중되어 있다. 「국내 웨딩박람회에 대한 문화사적 연구」에서 오윤정은 "이런 공간 배치는 웨딩 박람회가 상품 전시와 판매보다는 웨딩 플래너와의 계약 성사에 더 큰 비중을 두고 있음을 보여준다."고 지적한다. 공간 배치부터 의도하고 있는 바와 같이, 결국 결혼식에 필요한 계약 전반을 도맡아 설명해 주고 추천해 주는 웨딩 플래너와의 만남이 성사되는 것이 '박람회'의 제1목적이다. 그렇다면 웨딩 플래너란 도대체 무슨 일을 하는 사람이고 그 과정에서 악명 높은 '스드메(스튜디오 촬영·드레스·메이크업)'가 탄생하게 된 배경은 무엇일까?

웨딩 중개업이 등장하게 된 배경은 1980년대 후반으로 돌아간다. 1980년대에 결혼식이 우리가 알고 있는 보편적 형태를 갖추기 시작하면서 예식장에서 신랑 신부에게 소비를 강매하는 분위기가 형성됐다. 이에 2001년 공정거래위원회는 예식업에 대한 표준약관을 제정·공시했다. 예식장을 운영하는 사업자가 예식장 이용을 조건으로 식당, 신랑 정장, 신부 드레스, 신부 화장, 사진 및 비디오 촬영 등 부대시설·서비스·물품의 이용을 강요하지 못하도록 금지한다는 조항이었다. 이 제도는 분명 예비부부를 보호하고 적정한 가격으로 식을 치를 수 있게 하기 위함이었을 것이다. 그러나 상황은 오히려 정반대로 흘러가기 시작했다.

예식장에서의 강매가 금지되자 웨딩드레스, 메이크업, 촬영 등의 서비스는 본격적으로 가지치기를 하며 별도의 업체로 우후죽순 늘어났다. 그러면서 예비부부가 처리해야 할 정보의 양도 기하급수적으로 늘어났고 지금 우리 세대가 너무나 잘 알고 있는 현실이 펼쳐지기 시작했다. '평생 단 한 번뿐인 결혼식'이라는 특수성, 가장 아름다운 모습으로 보이고 싶다는 무결한 아름다움에 대한 압박, 그리고 하나의 중요한 프로젝트로서 잘 해내고 싶다는 완벽함에 대한 추구는 예비부부(특히 예비신부)의 어려움을 가중시켰다. 다양한 업체들에 대한 정보를 비교하고 선택하려는 수요가 증가하면서, 바로 이때 예비신부를 도와줄 결혼 준비 대행 업체와 웨딩 플래너가 혜성처럼 등장하게 된 것이다.

웨딩 중개업은 겉으로는 소비자에게 다양한 선택지를 제공하는 것처럼 보이지만 실제로는 정보 비대칭이라는 무적의 구조를 토대로 소비자를 착취하는 시장이다. 자신이 소비한 것에 대해 값을 지불하는 것은 자명한 자본주의의 원리다. 그러나 웨딩 서비스는 자신이 소비하는 것이 무엇인지도 모른 채 값을 지불한다. 자신이 지불하는 대가와 그 대가로 얻게 되는 재화의 내용을 수상할 정도로 모르는 상태다.

일반적으로 소비재는 두 가지로 나눌 수 있다. 높은 가격, 위험 부담, 개인적 중요성 때문에 많은 시간과 노력을 들여 정보를 탐색해야 하는 고관여high-involvement 제품, 그리고 가격이 낮고 구매 위험이 적어 비교적 습관적으로 구매하는 저관여low-involvement 제품이다. 자동차, 가전제품, 부동산은 전자에, 생필품이나 의류, 과자 같은 상품은 후자에 속한다. 웨딩 서비스는 높은 가격, 위험 부담, 개인적 중요성이라는 고관여 제품의 조건을 모두 갖추고 있음에도 투명한 정보가 제공되지 않는다. 설명서, A/S 정책, 에너지소비효율 등급표시까지 볼 수 있는 가전과의 비교는커녕, 원산지, 성분, 소비자 권리가 고지되는 500원짜리 새콤달콤보다도 못한 것이 현실이다.

　이러한 현상은 웨딩 서비스가 가진 소비재로서의 특성과 밀접하게 연결되어 있다. 대부분의 소비자, 그러니까 신랑 신부에게 결혼은 생애 처음이고, 마지막일 것이라고 기대된다. 그 결과 소비자는 가격 구조나 마진 체계를 적극적으로 이해하려 하기보다, 전문가라 불리는 중개자에게 판단을 위임한다. 그 과정에서 웨딩 플래너와 중개 업체는 정보와 선택을 독점적으로 대리한다. 정말 필요한지 판단하기 어려운 항목에도 일단 결제할 것을 요구받고, "그 정도를 누리려면 이 정도는 내야 한다.", "다른 분들은 이 정도는 한다."는 논리에 속절없이 결제하게 된다.

　물론 소비자는 합리적으로 선택하고 있다고 믿을 수 있다. 하지만 실제로는 제한된 정보 속에서 제한적 합리성에 머무를 가능성이 높다. 제한적 합리성은 시간, 인간의 인지 능력, 정보의 한계 등의 제약으로 인해 완벽하게 합리적인 의사 결정을 할 수 없기 때문에 주어진 상황에서 '만족'할 만한 수준의 대안을 선택하는 것을 의미한다. 도달 불가능한 최적의 대안을 찾는 대신 수용 가능한 수준의 만족을 추구하는 의사 결정 방식을 제안하며 경제학자 허버트 사이먼이 제시한 개념이다.

　물론 인간은 자원과 시간의 한계로 인하여 '완전한' 정보 습득을 애초에 할 수가 없다. 그런 측면에서 현실 세계에서 체결되는 모든 계약이 어쩌면 본질적으로 불완전한 계약이라고도 볼 수 있다. 그것이 공정거래위원회나 한국소비자

원 같은 기관의 존재 이유일 것이다. 이런 문제를 해결하고
자 정부가 '가격 공개' 등을 법안으로 내세우며 제도화하려
고 노력하지만 상황은 크게 달라지지 않는다. 웨딩 업계에
서의 정보 비대칭성은 단순한 우연이나 개인 간의 경험 격
차 수준이 아니라 특정 기업과 산업이 적극적으로 주도하여
정보를 제한하고 독점하는, 구조적으로 설계된 기만의 장치
이기 때문이다. 이러한 구조는 소비자 개인이 만족하는 수
준이 아니라 산업이 만족하는 수준이 될 때까지 작동하며
신랑 신부를, 특히 신부를 소비 지옥의 끝으로 몰아붙인다.*

　이쯤에서 웨딩 박람회에서 일어나는 대화를 살펴보자.
업계 광고의 말마따나 "인생에서 한 번뿐인" 결혼식이라는
행사를 함께 만들어갈 플래너와 예비부부가 자리에 앉아 가
장 먼저 이야기하는 것은 무엇일까? 바로 예산이다. 현실적
으로 구매 가능한 것들을 살펴보기 위한 절대적이고도 기
본적인 기준이 되어주기 때문이다. 그런데 예산을 공개하는
과정에서부터 소위 '작업'이 들어간다.

　웨딩 박람회에 방문한 신랑 신부 측이 예산을 공개하면
플래너는 보통 그것보다 20% 정도 저렴한 가격으로 가능

* 참고로 미국에서 여성들은 1920년에 와서야 수정헌법 제19조에 따라 참정권을 부
장받았다. 흑인 남성이 1870년 참정권을 얻은 후 50년이 지나서야 여성도 정치적 시
민으로 인정받은 것이다. 그런데 정치 참여를 하는 시민으로 인정받기도 전에 여성에
게 허용된 공적 활동이 있었으니 바로 소비자로서 백화점을 거니는 것이었다. 19세기
유럽에서도 중상류층 여성들은 적절한 보호자 없이는 거리로 나갈 수 없었고 많은 상
점과 공공장소는 여성에게 폐쇄되어 있었다. 그러나 백화점은 여성이 홀로 방문해도
사회적으로 용인되는 최초의 공적 공간 중 하나였다. 정치적 권리보다 소비자로서의
권리가 먼저 주어진 셈이다.[16]

한 멋진 옵션들을 잔뜩 보여준다. 예컨대 '스드메' 예산으로 300만 원을 쓰려고 한다는 예비부부에게 "요새는 가성비가 좋은 숍이 정말 많아서 250만 원만 쓰고도 이 정도 퀄리티로 받으실 수 있으세요."라고 과한 존칭과 함께 화려한 브로슈어를 보여주는 것이다. 예비부부는 전문가의 빠르고 정확한 계산, 그리고 트렌디한 샘플 사진에 감탄한다. 게다가 원래 잡아둔 예산보다 더 적게 쓰라고 권유하는 플래너라니! 천사가 따로 없다. 그러나 우린 합리적인 소비자 아닌가. 혹시 따로 지불해야 하는 금액이 있는 것은 아닌지 꼼꼼하게 확인한다. 그러자 플래너는 "고객님, 고객님이 어떤 옵션을 선택하셔도 저에게 따로 지불하시는 돈은 없으세요." 친절하게 답변한다. 부부는 예산까지 아껴주려는 참 좋은 플래너를 만났다고 감탄하게 된다. (플래너의 말에 숨겨진 속뜻이 무엇인지는 뒤에서 이어 설명하겠다.)

그러나 '우리를 잘 케어해 준다'는 감사한 느낌 외에, 신랑 신부에게 무엇보다 필요한 것은 실제 받을 수 있는 서비스 항목에 대한 구체적인 설명이다. 스드메 각각의 가격이라도 알고 싶다고 물어보면 설명이 불가하다는 설명만 장황하게 듣게 된다. "제휴 가격이기에 공개할 수 없다", "어느 것과 함께 결제되는지에 따라 할인율이 다르다"는 것이 주된 이유다. 결국 '스드메 250만 원'이라는 지불 내역 안에 구체적으로 어떤 항목들이, 어떤 조건으로 들어가 있는지는 불문에 부친다. 예컨대 250만 원만 내고도 브로슈어 책자 사진만큼의 완성도를 내기 위해 어떤 추가 결제가 필요한지, 여러 구도의 사진처럼 '노을신'과 '야간신', '야외신'을 수많은 추가금 없이 진행할 수 있는지에 대한 상세한 설명을 안내받지 못한다. 멋진 자동차 한 대를 보여주며 500만 원에 구매 가능하다고 설명받았는데 알고 보니 범퍼, 프레임, 도색 등의 비용으로 500만 원 추가금을 내야 하는 상황과 비슷하다. 돈을 내지 않으면? 네 개 바퀴가 달린 철제 프레임이 굴러가긴 굴러가니, 그 제품을 '자동차'라는 이름으로 받아볼 수는 있다. 생각해 보면 애초에 저가 예산으로 촬영할 수 있는 수준의 포트폴리오가 웨딩 박람회장에 준비되어 있을 리 없다. 누가 봐도 선택하고 싶지 않은, 단조로운 (혹은 초라한) 결과물은 한 번뿐인 결혼식에 어울리지 않기 때문이다.

이어서 신랑 신부는 지금 이 자리에서 계약하지 않으면 나중에는 같은 가격으로 진행이 불가능하다는 설명을 듣게 된다. 플래너는 망설이는 신부에게 "당장 다음주에라도 업체에서 바로 가격을 올리는 게 이쪽 관행"이라며 웨딩 산업의 근거 없는 가격 인상의 적나라한 현실을 공유하면서도 "그렇기 때문에 오늘 상담받으러 온 두 분에게는 특별히 지금 이 가격으로 **홀딩**해 주겠다."고 이야기한다. 가격 홀딩은 예식장이나 웨딩 상품 가격이 변동되더라도 계약 당시의 가격을 유지하는 것을 의미한다. 하지만 이 역시 혜택이라고 보기는 어렵다. 공정거래위원회는 2024년 조사에서, 일부 업체들이 패키지 가격의 20%를 계약금으로 받고 해지시 전액을 돌려주지 않는다고 명시된 조항이 과도한 위약금을 내게 하는 편법이라고 지적한 바 있다. 덜컥 계약을 해버리면 신랑 신부는 이후 괜찮은 정보를 찾더라도 결정을 되돌리기 어려워진다. 게다가 이미 들어간 시간과 노력을 정당화하기 위해 선택을 번복하지 못하는 매몰 비용의 함정까지 추가된다. 예비부부는 정보 비대칭과 그로 인해 생기는 매몰 비용에 말 그대로 매몰되어, 웨딩 플래너가 만들어둔 선택지 안에서만 판단하게 되고 중개 구조가 제시하는 틀 안에서만 선택하게 된다. 추후 매몰 비용은 "이왕 스튜디오를 좋은 곳 했으니 드레스나 메이크업도 그에 준하게 해야지."라는 식으로 예산이 계속 올라가는, 신부들의 일명 '보태보태병' 혹은 '그돈씨'*가 시작되는 계기가 되기도 한다.

웨딩 박람회에서는 꽃 장식, 대관 장식물, 뷔페 음식 등에서 나오는 폐기물, 자원 낭비, 탄소 배출에 대한 설명을 어디에서도 들을 수 없다. 한 글로벌 꽃 장식 대여 업체의 분석에 따르면, 부케 한 묶음이 배출하는 탄소량은 약 10.4킬로그램 수준이다.[17] 승용차로 약 37킬로미터를 운전했을 때 배출되는 양의 수준과 맞먹는다. 그러나 결혼식에 사용되는 것이 어디 꽃 한 다발뿐일까. '플라워 디렉팅'이라는 이름 아래 하루에도 수백 톤의 생화가 식장을 화려하게 꾸미는 데

---

* '보태보태병'은 소비가 누적될수록 추가 지출이 정당화되는 심리를 풍자적으로 표현한 말이다. 일본의 산업재해성 질환인 이타이이타이병에서 착안해 만들어진 신조어로 보인다. '그돈씨'는 "그 돈이면 씨× 다른 거 사지"의 줄임말로, 소비 선택을 타인의 기준에서 평가하고 비교하는 온라인 문화에서 비롯되었다. 소비를 둘러싼 현대인의 강박과 비교 심리를 드러내지만 실제 질병명이나 개인의 소비 행위를 희화화한다는 점에서 언어적 한계를 지닌다.

사용된다. 국내에서는 수입 장미, 튤립, 수국 등 해외에서 수입된 고급 생화가 대부분을 차지한다. 수입 꽃의 경우 현지 재배와 유통 과정에서 비료와 농약이 다량으로 사용되고, 항공 수송과 냉장 운송을 거치며 탄소 발자국이 국내산 대비 최대 열 배 이상이라는 보고도 있다.[18] 한 대형 호텔 결혼식에서는 심지어 편백나무를 잘라 하객 테이블 장식용으로 사용하는 옵션이 있다. 살아 있는 나무의 몸통마저 더 '예쁜 결혼식'을 위한 장치로 소비되는 셈이다. 꽃뿐 아니라 예식장에서 사용되는 수많은 일회용 장식물, 풍선, 포토존 소품, 청첩장 등이 사용 후 대부분 폐기된다. 결혼식 1회당 이산화탄소 배출 추정량이 14.5톤[19]이고 한국에서 한 해 평균 치러지는 결혼식은 약 30만 건에 달하므로 단순 계산으로 연간 435만 톤 이상의 탄소가 결혼식으로 인해 배출되는 셈이다. 이는 석탄 화력발전소 한 곳이 1년간 배출하는 양과 맞먹는 규모다. 여기에 음식물 쓰레기, 일회용 식기, 포장재 등으로 발생하는 폐기물까지 포함하면 상황은 더욱 심각하다. 결혼식 한 건에서 발생하는 폐기물은 평균 181킬로그램 수준이며 대부분 재활용되지 못하고 소각되거나 매립된다.[20] 설레는 마음으로 결혼식을 준비할 이들에게 지구온난화와 제3국의 빈곤 책임까지 묻고 싶지는 않다. 그러나 올 하나 나가지 않은 새하얀 드레스를 200만 원에, 취향에 맞는 꽃 장식을 500만 원에, '맛없네' 혹은 '어우 배불러' 하고 버려질 뷔페 음식들을 인당 7만 원의 돈에, 그렇게 소비한 모든 서비스가 단 30분 안에 끝난다는 것을 생각해 보면 축복 어린 결혼식을 더욱 의미 있게 만들어갈 방법이 있다는 것은 자명하다.

한국에서의 결혼식 준비는 마치 목적지를 자기 마음대로 설정해 둔 내비게이션의 말을 듣는 것과 같다. 정해진 대로 하지 않으면 기혼자들이, 혹은 기혼자와 가깝게 지내며 결혼 생태계를 잘 아는 예비 기혼자들이 나타나 나를 설득했다. "정말 그렇게 하려고? 우리 언니가 그러는데……", "아는 언니가 해준 말인데……" 좌회전, 우회전, 유턴, 정지, 끊임없이 쏟아지는 내비게이션의 말을 듣는 것에 정신이 팔리다 보면 내가 어디로 가고 있는지, 무엇을 하려고 했는지 잊게 된다. 잠깐. 이게 정말 내가 주인공인 날이 맞나? 결혼식의 아주 작은 요소마저 내 마음대로 정하지 못하는데 내 인생에서 무슨 대단한 것을 내가 결정할 수 있다는 말인가? 나는 나에게 어울리는 드레스, 꽃다발, 꾸밈 요소까지 주변 사람들에게 묻고 있었고, 철저히 내가 주인이 되는 날이라는 말 아래 내 눈앞에 놓인 수많은 옵션들은 정작 가장 중요한 것들을 보지 못하게 감추고 있었다. 그 모든 지령 끝에 도착한 곳에 낙원이 있을 리 만무하다. 비단 결혼식만 그러할까. 우리는 어느덧 인생에서 운전대를 잡는 드라이버 대신 옆자리 탑승객이 되기를 자처했다.(내 인생인데 말이다!) 가장 충격적인 것은 이 책을 쓰고 있으면서도 '예신'이라는 완장을 단 순간 나 스스로 이러한 유혹으로부터 자유롭지 못했다는 사실이다. 아침에 현대인의 소비문화에 대해 취재하고 몸서리치면서도, 저녁에는 내 결혼식에 도무지 어떤 드레스를 입어야 할지 머리를 싸매고 밤잠을 설쳤다. 그렇게 나는 혼란과 모순이 뒤섞인 감정으로 책 집필을, 아니 결혼 준비를 이어갔다.

청첩장은 만들지 않기로 했습니다

"얼른 꺼내봐!" "그래! 청첩장부터 보자!" 친구들의 다정한 손들이 식당 테이블을 가로질렀다. 종이 청첩장을 만들지 않았으니 모바일 청첩장으로 공유하겠노라고 했다. 크고 작은 쓰레기를 줄이려고 부단히도 애써온 나를 아는 친구들이기에 단번에 "아, 너 쓰레기 때문에 안 만들었구나." 했다.

아! 사실 꼭 그런 것만은 아닌데, 라고 말할 타이밍을 놓치고 말았다. 청첩장을 만들지 않은 것은 쓰레기 문제 때문만은 아니었다. 하루 전 세계에 약 374억 톤의 탄소가 배출되고 약 22억 4000만 톤의 쓰레기가 배출된다. 각국의 정부는 탄소 중립을 외치면서도 화석연료 발전소를 새롭게 설립한다. 이런 상황에서 인구 5000만 명의 대한민국, 그중에서 (가뜩이나 결혼을 하지 않아 문제가 되는) 2030세대가 결혼식에 소중한 사람을 초대하겠다고 만드는 청첩장을 두고 환경에 어마어마한 악영향을 미친다며 일장연설을 하고 싶지는 않았다. 결혼식이 환경 파괴의 근원이자 주범이라고 쉽게 지적하고 싶지는 않았다. (물론 정확히 같은 마음 때문에 생활 쓰레기가 감당할 수 없이 불어나고 있는 것이지만 말이다.)

사실 청첩장을 만들지 않기로 한 결정은 그보다 개인적인 경험에서 기인했다. 지금까지 받아온 무수히 많은 청첩장의 비극적인 운명을 잘 알고 있기 때문이었다. 청첩장을 쌍수 들고 반갑게 받아온 것은 나지만 가까운 사람의 이름 (때로는 얼굴 사진까지)이 적힌 고운 종이를 종량제 봉투에 넣어야 하는, 그런 난감한 경험 말이다. 그 안타까움을 상쇄라도 하려는 듯 예쁜 면이 위로 오도록 곱게 뒤집어 지저분한 액체 등이 묻지는 않도록 조심스럽게 쓰레기통 한 켠에 내려두곤 했다. 종이니까 분리배출해야 하나 싶다가도 신랑신부의 이름 석 자가 적힌 청첩장이 단지 내 분리배출 구역을 떠도는 것을 상상하면 영 찜찜했다. 내 손으로 깔끔하게 종량제 봉투 안으로 처리하는 게 마음이 편했다.*

더 솔직하게 말하면 청첩장이 전단지보다 조금 더 안타까운 처지에 처했다고 생각한 적도 있다. 전단지를 보면 그나마 "어? 여기 헬스장이 생겼네!" 하고 새로운 정보라도 알 수 있다. 귀퉁이에 할인 쿠폰이 있으면 실제로 추가 서비스를 제공받을 수도 있다. 이도 저도 아니라면 전단지를 나누어 주는 아주머니가 일찍 퇴근하기라도 바라면서 약간의 죄책감과 함께 길거리 쓰레기통에 버리면 그만이다. 전단지보다 쓸데는 없으면서 그 아름다움과 의미 때문에 처치곤란한

---

* 청첩장은 재질에 따라 분리배출 방법이 달라진다. 코팅이나 비닐이 덧붙여진 부분은 일반 쓰레기(종량제 봉투)로 배출하고 코팅되지 않은 종이는 개인정보가 유출되지 않도록 유념하여 재활용 종이류로 배출하면 된다.

것, 집으로 돌아오자마자 쓰레기통으로 직행하는 것, 내겐 그것이 바로 청첩장이었다.

말이 나온 김에 전단지와 청첩장을 비교해 본다. 전단지 제작은 장당 10~50원이면 가능하다. 예식장의 최소 보증 인원 수인 200명에, 회사나 부모님 지인에게 뿌릴 용까지 넉넉하게 300장 정도를 출력한다고 가정해 보자. 소량 출력이라 가격이 조금 더 비싸진다고 해도 한 장당 150원이면 된다. 청첩장은 어떨까? 2025년 온라인 업체 열 곳의 가격을 평균 잡아보았을 때 가장 기본형의 경우 장당 500원, 최대 꾸밈 요소를 추가하는 경우 장당 최대 3500원까지 비싸진다. 여기에 커스텀 디자인이나 추가 옵션(약도, 스티커 등)을 선택하면 비용이 더 늘어나고 엽서형, 팸플릿형, 병풍형, 속지 유무, 포켓 유무, 장식품 유무에 따라 그 제작 비용은 천차만별 달라진다. '밀봉 실 모양의 스티커는 다이소가 가성비가 좋으니 옵션으로 추가하지 않아도 좋다.'는 소소한 팁은 결혼식을 먼저 치른 예비신부 친구들로부터 구전으로 전해진다. 전달하고자 하는 정보가 들어가 있다는 것과 누군가를 초대한다는 것은 전단지와 청첩장의 공통점이라면, 제작비가 무려 열 배에서 서른 배 정도 차이가 날 만큼 청첩장 제작비가 압도적으로 비싸다는 것이 그 차이점이다.

물론 전단지와 청첩장을 비교하는 것 자체가 어폐일 수 있다. 청첩장은 엄밀히 보면 정보를 전달하는 역할보다 축하 카드로 분류되어 사회 자본social captial의 역할을 한다고 볼 수 있다.[21] 그러니 청첩장을 만드는 건 개인 간 신뢰와 규범 등을 통한 사회 자본 형성에 대한 비용을 지불하는 것이라고 봐야할 것이다. 또 예쁜 청첩장의 질감, 색감, 꾸밈, 구성을 무시할 순 없다. 차별화된 디자인에 따라 값을 지불하는 것이 자본주의 세상의 인지상정이기에 애초에 잉크가 묻어나는 싸구려 코팅 종이 전단지와 종이 질감부터 문구, 사진까지 하나하나 커스터마이징하는 청첩장에 각각 상응하는 값을 지불하는 것은 당연한 일이다.

그러나 여기서 잠시, 무한대로 늘어난 웨딩 옵션의 늪에서 벗어나 살펴보자. 하객들을 진심 담아 초대하기 위해 진정 열 가지 옵션이 넘는 커스터마이징 청첩장이 꼭 필요한 것일까? 그것을 지불하지 않으면 우리는 개인 간 신뢰와 애정을 쌓을 수 없는 것인가?

안타까운 사실이지만 집에 채 오지도 못하고 버려지는 청첩장도 많다. 청첩 모임에서 술이라도 마시는 날에는 앉은 자리에 청첩장을 두고 일어나는 경우도 심심치 않게 목격된다. "아이고. 깜빡할 뻔했네!"(과연 깜빡한 것일까?) 술집 테이블에 버려진들, 집에 와 쓰레기통에 아무리 조심히 버려진들, 무슨 소용이겠는가. 누군가는 심혈을 기울여 만든 것이 누군가에게는 이고 지고 갈 수 없는 쓰레기가 되어버리는 것, 이것은 청첩장의 숙명이었다. 그리고 그것이 종이 한 장일지라도 '웨딩'이 붙었다는 이유로 얼기설기 얽힌 돈줄기의 값을 부담해야 하는 것은 '예랑'과 '예신'의 숙명이었다.

친구들은 청첩장을 안 만들겠단 말에 너도나도 "잘했

다"고 했다. 특히 이미 결혼을 한 친구들은 "야, 안 하길 진짜 잘했어. 우리 집에 아직 100장 넘게 남아 있다. 버리기도 애매하고." 하며 기다렸다는 듯 탄식을 쏟아냈다.

청첩장은 결혼 의례 중 필요성 동의 정도가 가장 높은 항목 3위로 꼽힌다.[22] 모두 청첩장 준비를 마땅히 해야 하는 것으로 여기는 것이다. 한 웨딩 업계 관계자는 "청첩장은 받는 사람이 편하려고 하는 것이지 주는 사람이 편하려고 있는 것이 아니다."라는 일침을 가하며 종이 청첩장과 모바일 청첩장을 반드시 두 개 다 해야 한다고 '조언'한다.

하지만 심지어 과거에도 우리나라는 다른 문화권에 비해 청첩장의 역할이 유달리 크지 않았다. 유럽에서는 청첩장 카드를 반드시 지참해야만 결혼식에 들어올 수 있었고 초대받지 못한 사람이 오는 경우 환영받지 못했다는 역사적 배경이 있다. 일본도 청첩장에 회신을 한 사람만이 결혼식에 올 수 있는 문화를 유지하고 있기에 청첩장을 주고받는 것은 사회적으로 큰 의미가 있다. 하지만 우리나라의 전통 혼례의 경우 결혼식은 애초에 마을 전체의 축제이자 잔칫날이었다. 동네에 사는 누구든 와서 즐기고, 이날만큼은 맛있는 음식을 함께 나누어 먹을 수 있었다. 심지어 동네 사람들은 결혼식에서 먹을 대량의 음식 준비도 함께 했다. 애초에 청첩장을 보낼 필요가 없었던 것이다. 청첩장 문화는 일제강점기 시대에 접어들며 일본식 혼인 문화와 함께 우리나라에 처음 도입됐고, 당시에도 청첩장이 초대를 위한 것보다는 신랑 신부가 아닌 혼주가 대신 만들어 주변에 '뿌리는 것'에 주요한 의미를 두었다. 이런 역사적인 배경에도 왜 청첩장을 주고받는 것이 결혼을 앞둔 부부에게 중요한 의례가 되어야 하는 걸까? 뿌리를 찾을 수 없는 의례에는 지나치게 많은 옵션과 그에 따른 추가금 결제 절차만이 끈질기게 남아 있었다.

"저희 청첩장은 약도 추가금 없이 가능하세요, 신부님."

"네? 약도를 넣으려면 원래 추가금을 내야 해요?"

몰랐다. 식장 위치가 표시된 '약도'가 들어간 종이 청첩장을 받아볼 때, 해당 신랑 신부가 그에 대한 추가금을 지불했다는 사실을. 종이봉투에 납작하게 접혀 들어가는 그 한 장짜리 청첩장의 세계가 이토록 값비쌀 줄 누가 알았겠는가. 미리 알았더라면 '와, 약도가 정말 예쁘다!' 하면서 그들이 지불한 값의 효용을 증명하기 위한 감탄을 한마디라도 더 얹었을 텐데 말이다.

예비부부들은 결혼 준비 비용으로 힘들어하는 와중에도 하객들에게 정성스레 모신다는 경험을 주기 위해, 또 때로는 자신들이 얼마나 뛰어난 미적 감각과 센스를 지녔는지 보여주기 위해 저마다의 청첩장을 준비하게 됐다. '신부 꿀팁'으로 예쁜 청첩장을 만들기 위해 향수를 뿌리고 상자에 며칠 넣어두는 '숙성 작업'을 하라는 조언을 인터넷에서 쉽게 찾아볼 수 있다.

코로나19를 계기로 크게 발달한 모바일 청첩장은 과연 종이 청첩장의 역할을 대신하고 쓰레기를 줄이는 데 성공했을까? 모바일 청첩장은 식장 정보, 날짜, 계좌번호, 연락처,

심지어 배경음악, 흩날리는 꽃 장식, 방명록과 댓글까지 추가할 수 있는데도 평균 1만 원이 안 되는 가격에 손쉽게 제작할 수 있다. 그러나 모두가 이미 알다시피 실용주의 끝판왕인 모바일 청첩장의 등장도 종이 청첩장을 완전히 대체하지는 못했다. 한 신부는 이에 대해 "그래도 회사 사람들에게 줄 때 모바일 청첩장만 보내면 예의가 아닌 것 같다."며 종이 청첩장을 만들 수밖에 없는 이유로 사회적 체면을 들었다. 소중한 날에 당신을 초대한다는 의례를 다하기 위해 종이 청첩장은 여전히 하나의 매개로서 사용되고 있는 것이다. 따라서 예비부부들에게는 전통이라는 이름의 종이 청첩장과 함께, 모바일 청첩장이라는 새로운 과제가 추가로 주어졌다.

청첩장을 만드는 일에까지 환경문제의 책임을 묻고 싶지 않다고 말해왔지만, 뒤늦게 번복해야겠다. 이 책을 쓰는 와중에도 '환경'문제는 실제로 사람을 죽음으로 내몰았다. 2025년 봄 경북·경남 일대에서 발생한 대형 산불로 최소 스물네 명 사망하고 약 3만 명에 달하는 사람이 고향을 떠나야 했다. 여름이 다가오니 가평·경기 북부 지역에 기록적인 폭우가 쏟아져 최소 열아홉 명이 사망하고 2500명 이상이 집으로 돌아가지 못했다. 단순한 통계가 아니다. 누군가가 사랑하는 가족이 있는 집으로 돌아가지 못했다는 뜻이고, 남겨진 사람들은 영원한 상실과 함께 살아가야 한다는 의미였다.

2024년 통계청 기준, 대한민국 연간 혼인 건수는 22만

2000건이다. 예비부부가 평균 300장의 청첩장을 제작한다고 가정하면, 1년에 약 6660만 장이 생산된다. 청첩장 한 장의 무게를 18그램으로 잡으면 총 1198톤이 넘는다. A4용지 2억 4000만 장에, 혹은 승용차 약 500대에 해당하는 무게와 맞먹는 폐기물이 '의례'라는 이름으로 반복해서 만들어지고 있다.

과학자들은 기후위기로 인한 죽음이 시작에 불과할 것이라고 경고한다. 기후변화에 관한 정부 간 협의체IPCC의 6차 평가 보고서에 따르면, 지금의 온실가스 배출 속도가 지속된다면 2040년 이후 한반도는 연평균 폭염 일수가 두 배, 집중호우로 인한 인명 피해는 지금보다 세네 배 증가할 것으로 전망된다. 기후 전문가들은 "21세기 중반 이후 인류의 주요 위기는 전쟁이 아니라 기후 재난으로 인한 대규모 이주와 상실이 될 것"이라 경고한다. 사랑하는 이와 이별해야 하는 일이 앞으로 훨씬 더 많아질 것이라는 뜻이다. 그런데 우리는 정녕 사랑하는 가족을 꾸리는 첫 자리에, 다가올 미래를 위협할 만큼의 많은 양의 쓰레기와 탄소를 배출해야 하는 걸까?

그런데 종이 청첩장이 가져온 이러한 경제적 부담, 환경적 낭비보다 몇 술은 더 뜬 채로 우리를 기다리는 것이 바로 모바일 청첩장이다. 모바일 청첩장에 실릴 웨딩 사진을 확보하기 위해, 넘겨도 넘겨도 끝이 없는 다양한 콘셉트의 사진을 채우기 위해, '스드메 퍼얼레(퍼스트 웨어·얼리 스타트·레이트 아웃)'의 시대가 도래한 것이다.

스드메의 세계에 오신 것을 환영합니다

"네? 웨딩 촬영을 안 한다고요?" 평소 목소리가 잘 들리지 않을 정도로 먼 자리에 앉아 있던 회사 동료가 바퀴가 달린 의자를 벌떡 걷어차며 파티션 사이로 고개를 내밀었다.

"네? 네……."라는 대답이 조용한 사무실에 퍼지자 순식간에 '유부' 동료들이 내 자리로 재빠르게 몰려들었다. 결혼을 하겠다고 발표했던 것보다 결혼사진을 찍지 않겠다는 말이 이렇게까지 큰 파장을 불러올 줄은 몰랐다. "그날 하루는 공주놀이 할 수 있는 날이에요! 후회하지 말고 찍어요!", "지금은 피곤하고 그래도 나중에는 사진이 다 남는 거예요.", "그럼 포토 테이블은 무슨 사진으로 하게요? 이게 결국 부모님 행사라서 셀프로라도 찍는 게 좋을 텐데?" 평소 알뜰살뜰 서로를 챙기는 동료들은 애정이 듬뿍 담긴 목소리로 내게 걱정 어린 조언을 전했다. '정말 그러려나…….' 안 하고 싶다는 생각 외에는 뚜렷하게 결정된 것이 없던 나의 단 하나의 결심은 동료들의 만류에 너무나 쉽게 흔들렸다.

다른 모임에서도 반응은 비슷했다. 결혼식 자체도 고민 중이지만 스튜디오 촬영은 일단 찍지 않으려고 한다고 털어놓자 그 자리에 있던 모든 기혼 친구들이 약속이라도 한 듯이 자신들의 웨딩 사진을 펼쳐 보였다. 이미 휴대전화 잠금 화면과 홈 화면이 웨딩 사진이라, 사진 앨범에 들어갈 필요도 없는 친구도 있었다. 평소 메신저 프로필 사진으로 설정해 둔 친구들도 있었으니 그 아름다움에 대해 모르던 것은 아니었다. 사진 속 친구들의 모습은 정말이지 아름답다는 말로는 부족했다. 균형 잡힌 구도, 서로를 바라보며 자연스럽게 웃는 표정, 연예인 화보 촬영을 방불케 하는 우아한 독사진, 한강 위 다리나 제주 바다를 배경으로 한 역동적인 야외 촬영까지……. 둘의 취향을 잘 담고 있으면서도, 머리카락 한 올까지 완벽하게 다듬어진 모습. 친구들은 하나같이 정말 힘들었지만 그만큼 재밌었다고 이야기하며 스튜디오 촬영을 추천했다.

결혼정보회사 가연이 진행한 「2025 하반기 결혼 인식 조사」에 따르면 기혼 남녀 응답자 500명 중 87.4%가 웨딩 촬영을 진행했다.[23] 업계 관계자의 인터뷰에 따르면 최근에는 결혼식을 간소화하거나 생략하더라도 웨딩 촬영만은 꼭 진행하는 추세다. 한때 스드메 비용을 줄이고 개성을 살리기 위한 '셀프 촬영'이 주목받았으나 실제 실행률은 높지 않은 점도 지목됐다. 모바일 청첩장에 사진이 거의 필수가 되어버린 상황에 더해 결혼사진이 가지는 상징성 때문이다. 앞의 조사에 따르면 셀프 촬영을 한 예비부부는 전체의 5.2%에 불과하다.

그러나 '스튜디오 촬영'이라는 이름으로 더욱 많이 불리고 있는 이 촬영은 2010년대 후반까지만 해도 '리허설 웨딩'이라는 이름하에 진행됐다. 리허설 웨딩은 '리허설', 그러니까 본 행사를 앞두고 하는 연습이라는 단어의 뜻에 맞게 결혼식 전에 드레스를 미리 입어보고 촬영을 해보는 행위에서 시작했다. 이마저도 1980년대까지만 해도 상류층 예비부부를 중심으로 소비되었는데, 1990년대 초에 이르러서 일반 대중을 대상으로 상품화되기 시작했다. 거기에 개성을 더욱 중시하는 X세대의 문화와 맞닿으며 빅뱅으로 우주가 팽창하듯 폭발적으로 성장했다.[24] 1990년대에 결혼식을 치렀던 한 인터뷰이는 "당시에는 카메라 있는 집도 드물어서 웨딩 사진을 찍는 게 정말 큰 행사였다."고 회상했다. 사진을 찍는 것이 워낙 희소한 일이기에 그날은 말 그대로 하루뿐인 날로서 촬영에 진지하게 임하게 되었다는 것. 그러나 집집마다를 넘어 개인마다 카메라를 가지게 된 지금, 예비부부는 스튜디오 사진에 더욱 집착하게 됐다.

악명 높은 결혼 준비는 단순히 당일의 결혼식만을 위한 것이 아니었다. 그것에 들어가는 노력과 비용의 8할은 스튜디오 촬영에서 기인했다. 스튜디오 촬영은 완벽에 가까운 외모 '관리'를 강요하고, 레퍼런스 탐색, 드레스 셀렉, 추가 비용 지불과 같은 막대한 지출을 야기한다. 그 결과는 영화와도 같은 화려한 장면으로 남아 인스타그램에 게시되고, 본식 영상과 대형 액자로 출력되어 또 다른 신부들을 유혹했다.

한국소비자원에 공개된 서비스 가격표에 따르면 스튜디오 촬영의 평균비용은 약 154만 원이다. 하루 5시간 내외로 진행되는 촬영에 장소 대관비, 포토그래퍼 섭외비, 촬영을 도와주는 스태프 인건비 등이 포함된 가격일 것이다. 이것만 낼 수 있다면 얼마나 좋을까? 하지만 현실은 그렇지 않다. 한국소비자원에서 정리한 추가 비용 목록만 해도 이

십여 가지다. 촬영 담당자를 지정하기 위한 '지정비(중간값 약 19만 원)', 추가되는 보정본을 구매하기 위한 '수정본 구매비(중간값 약 17만 원)', 수정본을 미리 받기 위한 '선수정본(중간값 약 6만 원)', 모바일 사진으로 받아보기 위한 '모바일용 사진 제공(중간값 약 8만 원)'…… 그 외에도 업체마다 추가금 항목이 달라지기도 한다. 보정 결과를 확인하기 위한 '컨펌비(27만 원)', 선택이 아니라 필수인 추가금 '원본 구매비(44만 원)' 등 업체의 입맛에 맞춘 추가금의 향연이 펼쳐진다.

　　촬영을 위해서는 드레스를 먼저 골라야 한다. 촬영용 드레스는 본식 드레스와 별도로 대여해야 하며, 그 안에서도 하이엔드·프리미엄 같은 고급 라인부터 알리·테무 해외 직구 드레스까지 가격과 종류가 극단적으로 갈린다. 테무 드레스는 무료 배송 3만 1900원부터 시작하지만 한국소비자원 참가격* 기준으로 서울 강남 지역 상위 10%에 드는 드레스숍에서 옵션을 모두 추가하면 최대 1100만 원까지 올라간다. 드레스를 공들여 골라두고 메이크업과 헤어를 대충할 수는 없는 노릇. 서울 강남 기준 메이크업은 최저 55만 원에서 시작해, 얼리 스타트와 신랑 헤어·메이크업 등 옵션을 모두 더하면 441만 원에 달한다. 그러나 돈을 이렇게 썼

* 한국소비자원이 운영하는 '참가격'은 소비자가 주요 생활 서비스와 상품 가격을 비교할 수 있도록 가격 정보를 제공하는 서비스로, 초기에는 생필품·외식·서비스 요금 중심이었으나, 이후 비교 대상이 확대되면서 결혼식 준비 비용(예식장, 스드메 등)의 지역별 가격 비교가 가능한 참고 지표로 활용되고 있다.

는데 촬영 카메라를 한 대만 섭외하는 것은 어딘가 이치에 맞지 않게 느껴진다. 결국 본식 서브 스냅을 추가, 2부 드레스를 추가…… 이런 방식으로 드레스, 메이크업, 헤어 등 총 천연의 서비스를 스튜디오와 함께 패키지로 결제한다. '스드메'라는 말이 괜히 나온 게 아니다.

이처럼 결혼 준비 시장은 매몰 비용의 논리 위에서 공고히 서 있다. 매몰 비용은 이미 지출하여 더 이상 회수할 수 없는 비용을 의미하며, 합리적인 의사 결정을 내릴 때는 고려해서는 안 되는 비용이다. 과거에 투자한 비용보다는 미래의 이익에 초점을 맞추는 것이 중요하기 때문이다. 그런데 '인생에 한 번뿐'이라는 결혼식에서는 이러한 논리가 무용지물이다. 과거에 하나둘 소비한 것들은 눈덩이처럼 불어 수천만 원이라는 단가표로 신랑 신부의 뒤통수를 퍽 때린다. 이미 많은 추가금을 지불해 온 예비부부는 이어지는 각종 추가금에 대해서도 '여기서 물러설 수 없다'는 감정으로 지불한다. 웨딩 산업은 바로 이 지점, 매몰 비용이 만들어 낸 심리적 함정 위에서 번영한다. 예비부부는 인생에 남을 단 한 순간의 촬영을 위해 돌아올 수 없는 '스튜디오 촬영'이라는 긴 여정을 떠나기 시작한다.

다행인 것은 스튜디오 촬영이 시작되면 신랑 신부가 대부분 즐거운 시간을 보낸다는 사실이다. 한 신부는 "사실 결혼식보다도 웨딩 촬영이 더 재밌다"고 추억했다. 하지만 대부분이라고 표현한 것은 신부의 얼굴과 몸매, 표정에 대해 지적하며 일명 '기싸움'을 펼치는 업체들도 있기 때문인데

이에 대해서는 2장에서 자세히 다룰 예정이다.

"각 분야의 전문가가 나의 아주 세심한 부분까지 신경 써주는 거잖아요. 그게 너무 좋더라고요. 촬영 전까지는 다이어트하랴, 피부 관리하랴, 드레스 고르랴 진짜 정신없거든요. 근데 그동안 한 고생들이 눈 녹듯 사라지는 것 같은 거죠. 촬영 중간중간에 모니터로 연결해서 사진을 보여주거든요? 그거 보는데 '아, 내가 이거 하려고 그동안 그렇게 고생을 했구나.' 싶을 정도로 저는 만족스러웠어요. 보정본도 만족도가 높았고요. 참, 촬영 중간중간에 사진 보여주는 것도 추가금 낸 거예요. 제가 예약한 숍이 조금 비싼 곳이었어서 이런 서비스에 대한 추가금을 다 포함해서 돈을 받더라고요. 저는 결혼한 지 좀 돼서, 결혼기념일마다 사진 보는데 지금도 후회 안 해요. 너무 만족스러워요. 오히려 더 써도 됐겠다 싶어요."

신부 C는 2023년에 진행된 웨딩 촬영에 약 700만 원을 지불했다. 드레스나 메이크업이 포함되지 않은, 스튜디오 촬영에만 지불한 돈이었다. 해당 스튜디오는 '3대 스튜디오'라고 불릴 만큼 유명한 업체인데 C는 해당 업체에서 사진을 찍기 위해 결혼식 일정도 미루었다. (참고로 이런 스튜디오는 자신들이 지정한 특정 '하이엔드' 혹은 '고품격' 웨딩 중개 업체를 끼고 예약해야만 촬영이 가능하다. 해당 중개 업체들은 개인화된 고급 전문 웨딩 플래닝을 앞세우고 있는 만큼 다른 업체에 비해 더 비싼 비용을 지불해야 한다. 플래너비도 별도로 책정된다. 비싼 서비스가 또 비싼 서비스를 부르는 순환이다.) 그러나 C는 결혼식을 다시 하더라도 그 업체에서 진행하고 싶을 만큼 너무나 만족스러웠다고 회상했다. 아름다운 그녀의 사진을 보며 나도 진심으로 그렇다고 생각했다. 하지만 모두가 C와 같이 기분 좋은 기억만을 가지고 있는 건 아니었다. 특히 스튜디오 촬영의 재앙은 흔히 촬영본을 선택하는 과정, 일명 '셀렉' 과정에서 펼쳐진다.

2024년 12월 결혼한 신부 D는 스튜디오 사진을 고르러 오라는 연락을 받았다. 이미 '원본 구매비' 명목으로 추가금 44만 원을 지불하고 원본 사진을 구매한 상황이었기에 집에서 편하게 고르는 것을 상상하였으나, 업체는 "꼭 현장에서 설명드릴 것이 있다"며 방문을 권유했다. D는 얼마 되지 않아 이 자리에 온 것을 크게 후회했다. 현장에서 듣는 것은 추가금을 유도해 내기 위한 영업뿐이었기 때문이다. 신랑과 둘이 이야기를 나누며 고르고 싶었지만 관계자는 모니터 앞자리를 비켜주지 않았다.

사진을 고를 수 있는 제한 시간은 90분. 그 안에 1000여 장의 사진 중 스무 장을 골라야 한다. 처음에는 옆에서 디렉터가 함께 사진을 골라준다고 했다. 디렉터는 "사진 선택 수에 제한이 없으니 마음껏 고르"라고 안내했다. 그러나 D는 앨범 기본 페이지 수인 스무 페이지에 맞게 사진을 열다섯에서 열일곱 장 정도만 골라야 한다는 것을 이미 인터넷 검색을 통해 알고 있었다. 미리 알아보지 못했다면 인터넷에 후기를 올린 몇몇 신부들처럼 지나치게 많은 사진을 골라, 끝내 시간 부족으로 울며 겨자 먹기로 추가금을 지불해야 했을 것이다. D와 예비신랑은 절대로 페이지를 추가하지 않기로 굳게 다짐한 만큼 '추가금 방어'에 성공했다. 그러나 '내가 내 돈 내고 이렇게까지 눈치를 봐야 하나.' 싶은 생각이 들었다고 했다.

　디렉터의 현장 설명은 구체적으로 어떤 것들이었을까? 디렉터는 신랑 신부가 포옹하는 자세의 가로 사진을 마음에 들어했다면, 옆 페이지에는 해당 사진과 어울리는 세로 사진을 추천해 주었다. 그러나 두 사진은 비슷한 듯 교묘하게 다른 자세의 사진이었고, 각각 어떤 다른 매력을 가지고 있는지 아주 구체적으로 설명했다. 처음에는 이런 조언이 도움이 됐다고 D는 말했다. 그러나 이내 디렉터가 요구하는 '다양한' 사진을 모두 담으려면 추가금을 반드시 내야 한다는 사실을 깨달았다.

　촌각을 다투는 마지막 10분, 정부 간 협상을 방불케 하는 신경전이 오고 갔다. 사진이 추가되면 한 장당 3만 원의 거금이 추가되기에 D는 휩쓸리듯 고른 1차 선택안 중에 많은 사진을 다시 제외하려고 했다. 그러자 디렉터는 맥이 빠진 목소리로 "이렇게 다 빼실 거면 왜 그렇게 열심히 고르셨어요." 하고 한숨과 함께 은근히 핀잔을 주었다. "촬영 다 해놓고 추가금 안 하시는 신부님은 없긴 하세요."라는 말도 덧붙였다. 스튜디오에 흘러나오던 잔잔한 클래식은 싸늘해진 분위기에 어울리지 않았다. 신부가 묵묵히 사진을 삭제하기 시작하자 디렉터는 전략을 바꾸었다. "이게 지금은 장당 3만 원이 커보일 수 있는데 저희 스튜디오 찍는데 들어간 것 생각해 보면 비싼 것도 아니거든요."라면서 매몰 비용을 언급하기 시작했다. 스튜디오 촬영을 위해 빌린 드레스 가격, 메이크업 가격, 스튜디오 촬영비 '뽕'을 뽑기 위해서라도 액자 사진을 추가하는 것이 더 이득이라는 논리였다. D는 문득 일리 있는 말이라는 생각이 들었다고 했다. 그날 자신이 5시간 넘는 긴 시간 동안 드레스와 사투하며 얼마나 힘들었는가, 그 사진을 찍기 위해 다이어트와 시술, 드레스 셀렉, 메이크업에 얼마나 많은 돈을 들였는가, 하는 생각이 주마등처럼 지나갔다고 했다. 이쯤 되니 신부는 초조해지기 시작했다. 어떻게 해서든 추가금을 붙이려는 스태프와 방어하려는 신랑 신부. 마지막 2분 정도를 앞두고는 결국 디렉터가 "그럼 편하게 보시고 알려주세요."라며 방을 나가버렸다. D는 '둘의 시작을 기념하는 사진인 만큼 처음부터 둘이 고를 수 있는 기회가 있었다면 어땠을까?' 생각했다고 한다. "원래 소셜 미디어를 많이 하지도 않는데 이런 촬영 자체를 괜히 한 것 아닌가 하는 후회하는 마음도 들었죠." 결혼의 기분 좋은 출발이었어야 할 스튜디오 사진은 그렇게 시작부터 삐걱거렸다.

추가금의 정체에 대해서는 이후 더 자세히 다룰 예정이지만, 그중에서도 웨딩 스튜디오 업체의 '원본 구매비 44만 원'은 설왕설래가 많은 만큼 여기서 한번 구체적으로 살펴보도록 하자. 원본 구매비는 촬영 후 보정이 들어간 수정본 외에도 촬영한 모든 원본을 받아볼 때 내는 추가금을 말한다. 원본 제공 비용이 포함된 고가의 기본금을 지불해야 하는 몇몇의 스튜디오를 제외하고는 대부분 원본 구매비가 별도로 책정되어 있다. 원본 구매비는 2022년에는 22만 원, 2023년에는 33만 원이었다가, 2025년 현재 44만 원으로 일괄 책정됐다. 매년 11만 원씩 오르고 있는 이유는 알 수 없는데 상승폭 50%, 30%는 해당 연도 물가 상승률 3.6%, 2.3%과 비교해도 말도 안 되는 상승폭이다.

인터넷에는 정체를 알 수 없는 '원본 구매비'에 대한 추측이 난무한다. 여러 업체에 설명을 요청해 보았지만 "전국적으로 다 똑같으세요"라는 두루뭉실한 답변만 돌아왔다. 소비자는 자신이 이용하는 서비스에 대해 영문도 모른 채 결제해야 하는 것이다. 한 신부는 웨딩 커뮤니티에 자신이 드디어 원본 구매비의 정체를 알아냈다고 글을 썼다. "오늘 메이크업 받으면서 들었거든요. 옛날에는 필름을 직접 전달했기 때문에 '원본 사진'의 비용이 비쌌대요. 근데 요새는 디지털로 바뀌어서 필요 없는 건데 그 개념이 남아 있는 거래요." 육신은 사라졌으나 천국에 가지 못하고 혼령만 남아 지천을 떠도는 귀신과도 같았다. 글에 달린 댓글에는 신부들의 불만 사항이 이어졌다.

책을 내려고 취재하는 과정에서 업계 관계자들의 설명을 추가로 들을 수 있었다. "고화질의 원본 사진은 용량이 굉장히 큰데 고객에게 전달하기 위한 작업 비용 등이 포함되는 거예요. 원본 파일이 손상되지 않게 백업 프로그램도 써야 하고요." 그제서야 조금 끄덕여졌다. 신부로서(소비자로서) 플래너에게, 스튜디오 업체에게, 포토그래퍼에게 물었을 때 알 수 없던 것들을 이제서야 파악할 수 있게 되었다는 것도 아이러니였다. 관계자는 동시에 "대용량 첨부가 가능한 웹하드를 일괄 구독하여 사용하기 때문에 모든 신랑 신부에게 각각 44만 원을 지불하게 하는 것은 과도하게 측정된 것 같다."는 말도 덧붙였다. 지나치게 많이 받고 있다는 것이 내부적인 평가인 것이다.

또 다른 관계자는 "제공한 서비스에 대해 응당 내야 하는 가격이니 억울해하면 안 된다"고도 했다. "먼저 내냐, 나중에 내냐, 그 차이예요. 사실 웨딩 스튜디오는 추가금으로 돈을 버는 구조예요. 보정할 사진이 추가되면 그게 돈이 되죠. 그런데 원본 사진을 제공받으면 그런 추가금을 안 쓸 거 아니에요. 예비부부들이 스스로 사설 업체에 보정을 맡기거나 할 테니까요. 그걸로 앨범, 액자, 포스터도 만들 수 있고요. 그럼 그만큼을 못 받게 되는 거니까 이런 것에 대한 보상의 성격이 크죠. 업체에서 노력해서 찍은 건데 그걸 활용하겠다는 거잖아요." 원본 구매비든, 추가 수정본이든, 그 이름만 다를 뿐 스튜디오 업체 입장에서는 자신들의 노동에 대한 비용으로 응당 받아야 하는 돈으로 여긴다는 것이었다. 일리 있는 답변이었으나 그 모든 노동에 대한 비용 지불이 '기본금'에서 끝난 것이 아니었나? 왜 기본금에 들어가야 할 항목들을 추가금으로 정해두어 신랑 신부를 난감하게 만드는 것일까? 이는 비단 웨딩 스튜디오만의 문제가 아니라 '웨딩 중개업 대 제휴 업체'의 기형적인 산업 구조에 기인하고 있는데, 이는 '추가금 공격의 창과 방패'를 다룬 대목에서 더 자세히 살펴보도록 하자.

특명, 최고의 드레스를 골라라

드레스 셀렉의 길은 멀고도 험하다. 청담동 골목, 메이크업에 헤어 스타일링을 완벽하게 한 여성과, 단정하게 세미 정장을 차려입은 남성이 팔짱을 끼고 지나간다. '중요한 약속에 가는 걸까?' 생각한다면 아직 당신은 결혼의 세계에 본격적으로 발을 내딛지 않았을 가능성이 크다. '결혼식에 가는 거구나!' 싶었다면 이것 역시 정답은 아니다. 깔끔하게 메이크업한 두 남녀를 만난 곳이 청담동이라면 그날은 높은 확률로 어떤 특별한 날도 아닐 것이다. 그저 드레스숍 투어 (심지어 드레스 투어가 아니라) 중일 가능성이 높다.

드레스숍 투어, 드레스 투어에 대한 용어 정의부터 시작해 보자. 드레스숍 투어는 말 그대로 **숍** 투어다. 드레스를 고를 숍을 고르는 것이다. 드레스숍을 투어하며 드레스를 바로 지정하는 경우도 있지만, 이미 여러 숍을 둘러보기로 계획했고 그에 대한 비용도 지불했기에 신부들은 마음에 드는 드레스를 앞에 두고도 '더 나은' 드레스를 찾기 위해 끊임없이 투어한다. 프리랜서 웨딩 플래너인 한 인터뷰이는 현재 동시 담당 중인 90여 건의 계약 중에서 드레스숍을 한 군데만 보는 고객은 한 손으로 꼽을 수 있는 정도라고 했다.

이 절망적인 풍요로움은 과연 신부를 위한 것일까? 여

러 드레스숍을 다녀보는 것은 예비신부가 가질 수 있는 특권일까? 모든 것을 개인의 선택으로 꾸려야 한다는 자유가 신랑 신부를(특히 신부를) 새로운 불안으로 몰아넣는다. 선택의 자유는 완벽주의에 가까운 수행의 의무로 바뀌어버린다. 여기 흥미로운 연구 결과가 하나 있다. 심리학자 대니얼 카너먼의 실험에 따르면 사람이 어떤 대상을 분석적으로 평가하면 직관적·정서적 감흥이 줄어드는 경향을 보인다.[25] 인물이나 물건의 속성을 인식하면 그 매력이 더 줄어든다는 것이다. 즉 웨딩드레스의 '라인', '핏', '원단'을 세세히 비교할수록 드레스의 '마법'은 사라지는 셈이다. 우리가 완벽한 선택을 하려 애쓸수록 그 선택의 기쁨은 줄어든다. 그렇다면 이 수많은 드레스는 도무지 누구를 위한 것일까. 그 안에는 신랑 신부에게 설명되지 않은 은밀한 계약 관계가 숨어있다.

웨딩 중개 업체들은 드레스숍 등과 업체 제휴를 맺는 과정에서 시즌마다 몇 명의 부부를 방문시키겠다고 담보하고 광고비를 지급받는다. 그리고 매달 적정량의 신부가 업체로 분산될 수 있도록 안내한다. 그러니 신부가 그곳에서 계약을 하든 하지 않든 그것은 중요한 것이 아니며, 해당 업체에 무조건 방문하게 하는 식으로 실적을 채우는 것이다. 목표를 이루기 위해 플래너들은 다음과 같은 전략을 펼친다. 가장 먼저, 비즈나 실크 등 여러 스타일을 한 번에 입어볼 수 있는 무난한 숍을 한 곳 추천한다. 이런 곳이 곧 '버리는 카드'다. 그 이후로는 '비즈 맛집' 혹은 '실크 맛집' 등으로 불리는, 특정 스타일에 강점이 있는 숍을 두세 군데 추가로 추천한다. 이렇게 되면 계약을 진행하는 부부당 드레스숍 서너 군데를 방문시킬 수 있고 웨딩 중개 업체는 각 제휴업체에 담보한 방문자 수를 채울 수 있다. 그러는 동안 신랑신부는 천장까지 물건으로 가득 찬 대형마트에서 카트를 끌고 돌아다니듯이 여러 드레스숍을 돌며 드레스를 쇼핑한다.

이 모든 '쇼핑'이 공짜는 아니다. 공짜가 아닌 수준이 아니라 오히려 막대한 비용을 부담해야 한다. 숍 투어에서는 보통 1시간에 네다섯 벌 정도의 드레스를 입어보는데 그 비용으로 피팅비 5~10만 원을 지불해야 한다. 피팅할 때 필요한 메이크업 비용도 발생한다. 플래너는 드레스숍 투어를 갈 때 "신부님, 웬만하면 화장에 머리까지 하고 가세요." 하고 권한다. 본식에서 드레스는 완벽하게 아름다운 외모를 갖춘 상태에서 입는 것일 테니, 엇비슷하게라도 꾸민 상태로 드레스를 입어봐야 한다는 것이다. 이때 필요한 메이크업도 플래너를 통해 예약 가능하고 가격은 본식 메이크업과 패키지로 하는 경우 조금 더 저렴해진다. 메이크업숍은 이러한 수요를 받아 '웨딩 촬영 메이크업', '테스트 메이크업' 등의 이름으로 메이크업 패키지 상품을 판매한다.

지금까지는 부대 비용에 대한 이야기였다면 드레스는 그 자체로도 값비싸다. 드레스별로 가격은 다르지만 프리미엄, 블랙, 골드 등의 이름으로 구분이 되는 디자인들은 적게는 10만 원에서 최대 300만 원까지 '추가'된다.[26] 고급 드레스의 경우 하루 대여비만 수천만 원에 달하기도 한다. 여기에 신부가 드레스숍에서 처음으로 개시하는, 그러니까 착용 이력이 없는 '첫' 드레스를 계약해 입게 되면 '퍼스트 웨어' 비용도 추가된다. 이때 퍼스트 웨어를 하는 신부들은 드레스에 달린 태그를 가위로 자르는 모습을 가봉 스냅으로 남기기도 한다. 우아하게 카메라를 쳐다보는 신랑 신부를 뒤로 하고 태그를 클로즈업하는 영상을 보다보면 애초에 이 영상이 '웨딩' 영상이 맞았는지조차 의심스럽다. '퍼스트 웨어'라고 태그를 달아두어 놓고 여러 신부에게 동시에 퍼스트 웨어 요금을 청구해 사기 혐의를 받고 있는 업체도 있다.

드레스를 입어보는 부담이 온전히 예비신부만의 몫은 아니다. 예비신랑도 나름대로 준비를 해야 한다. 커튼이 열릴 때마다 발사해야 하는 준비된 감탄사 외에도 머리를 다듬고 세미 정장쯤은 입을 것을 권장받는다. 드레스와 잘 어울리는지 살펴보기 위함이다. 만약 가봉 스냅이라도 있는 날에는 남성도 메이크업과 헤어 스타일링까지 마쳐야 한다. 그런데 신랑에게는 또 하나의 중요한 임무가 주어지는데, 바로 '그림 그리기'다.

드레스를 고르러 가서 웬 팔자 좋은 그림 그리기냐고? 여러 드레스 중 자신에게 가장 어울리는 디자인을 고민해야 하는 신랑 신부이지만, 애석하게도 그들에게 사진 촬영의 기회가 주어지지 않기 때문이다. 업체에서는 웨딩드레스의 디자인 저작권 보호를 위한다는 이유로 드레스 사진 촬영을 원칙적으로 금지하고 있다. 따라서 신랑은 스케치할 종이와 연필을 챙겨 든다. 그리고 드레스숍에서는 때아닌 드로

잉 열전, 암기 열전이 펼쳐진다. 하체 라인을 부드럽게 감싸주는 A라인, 허리를 강조하고 하체가 풍성하게 펼쳐지는 벨라인, 벨라인보다는 퍼짐이 적으면서 가슴부터 하체까지 길게 연결되는 프린세스 라인까지. 그 미세한 차이를 포착하고 잘 기록하고 그림으로 그려내야 하기 때문이다. 그런데 어디 라인만 다르던가? 목 종류만 해도 라운드넥, 브이넥, 보트넥, 하트넥, 홀터넥, 하이넥, 오프숄더까지 다양한 형태를 띠고 있고 드레스 재질도 실크, 비즈, 레이스 등 다양한데다 실크 안에서만 미카도, 오간자, 도비, 태피터 등 세분화된다. 조합이 수백 가지에 달하는 드레스를 사진으로 찍어두고 섬세하게 비교하며 선택할 수 있으면 좋으련만! 그런 혜택은 수백만 원의 지출을 한 부부에게 주어지지 않는다. 대신 주어진 것은 미대생을 고용하여 드레스숍을 찾는 것, 20~30만 원을 더 지불하고 플래너의 동행 서비스를 이용하는 것 정도의 선택지다. 숍 투어비, 피팅비, 메이크업비, 플래너 동행비 지출 끝에 남은 것은 휘갈기듯 남겨둔 스케치를 보며 기억을 더듬더듬 살펴 드레스를 결정하는 시간이다. 이것이 바로 대한민국 신랑 신부들이 결혼식 준비를 위해 연봉만큼의 돈을 지불하면서도 겪어야 하는 현실이었다.

　　드레스 촬영이 불가한 진짜 이유는 무엇일까? 기사에서도, 업체에서도 가장 많이 들을 수 있는 답변은 '디자인 도용 방지'다. 그러나 이는 쉬이 고개가 끄덕여지는 답변이 아니다. 지금의 웨딩 산업에서 애초에 촬영되지 않는 드레스는 존재할 수 있었던가? 완벽한 드레스를 입고 아름다워지라고, 그날 최상의 자기 자신이 된 모습을 스튜디오 스냅으로, 야외 스냅으로, 가봉 스냅으로, 심지어 본식 스냅으로 촬영해 두라고 웨딩 산업이 몰아붙이지 않았던가? 이제 와서 '디자인 도용 방지'를 논한다니?

게다가 애초에 신부들은 인스타그램에 올라온 화려한 모델들의 포트폴리오를 보고 숍을 선택한다. 작은 얼굴, 길쭉한 팔다리의 백인 모델이 드레스를 입고 빙글빙글 도는 영상은 공개되어도 괜찮고 실제 신부의 착용 사진은 안 되는 이유는 무엇일까. 결혼 준비를 하며, 또 취재를 하며 집요하게 물어보았지만 납득할 수 있는 속 시원한 답변은 듣지 못했다. 업계 전문가들도 이러한 관행에 대해 "소비자의 정당한 선택권을 지나치게 침해하는 것"이라고 지적해 왔지만 변한 것은 없다. 디자인 유출에 대한 계약서를 받고 촬영을 하게 하자는 제안도 먹히지 않는다. 상황이 이렇다 보니 온라인 결혼 커뮤니티에서도 이에 대한 갑론을박이 이어진다.

└ 사진을 찍어서 사람들이 인터넷에 올리면 현실적인 사진을 보고 업체를 방문하지 않을 수 있으니, 고객 모집 효과가 떨어질까 봐 그러는 거 아닌가?

└ 사진 찍어가면 나중에 보면서 계속 마음 바꿀까 봐 그런 듯……. 업체 입장에서도 귀찮을 테니까.

└ 드레스는 보통 당일 지정하게 하잖아. 신부의 판단력과 기억력을 흐리게 하려는 상술이지.

└ 퍼스트 웨어 대여비를 더 받기 위해서 그런 거래. 실

제로 '퍼스트 웨어' 이후에도 몇 번이나 태그를 새로 달아서 퍼스트 웨어라고 속이는 경우가 있대. 근데 누군가 착용한 사진을 소셜 미디어에 올려버리려면 그 돈을 못 받으니까 그런 거 아닐까?

업계 관계자에 직접 들었다는 그럴싸한 답변들도, 몇몇 업체의 이례적인 사기 행위를 업계 전체로 확대하는, 오명이 될 만한 추측들도 이어지고 있었다. 투명하게 정보가 공유되지 않으니 웨딩 산업 전체가 신뢰를 잃게 되는 것은 어쩌면 당연한 수순이었다.

합리적 소비라는 착각

온라인 결혼 커뮤니티에는 다음 신부를 위한 결혼 후기글이 올라온다. '이것만은 꼭' 혹은 '이것만은 절대'와 같은 성격이다. 그중에서도 "가봉 스냅 안 한 게 후회돼요"라는 글이 종종 눈에 띈다. 가봉 스냅은 웨딩드레스 가봉 과정을 촬영하여 영상과 사진으로 남기는 것을 말한다. 드레스를 고르는 날 자체가 이미 돈을 들여 메이크업이며 드레스며 선택하는 날이기 때문에 예비신부는 '이 장면을 기록하지 않는 것이야말로 손해'라는 착각에 휘말린다. 어차피 많은 돈을 쓴 김에, 사진작가님 한 분 더 모시는 것이 더 합리적 소비라고 생각하는 것이다.

그러나 정말 합리적인가? 합리적 소비란 주어진 소득이나 한정된 자원을 가장 효율적으로 쓰는 것을 뜻한다. 상품이나 서비스에 대한 정보를 충분히 수집하고 비용과 편익, 그리고 미래까지 고려하여 최선의 선택을 하는 소비 행위다. 하지만 웨딩 산업에서의 합리적 소비는 사실 정반대로 작동한다. 결혼 준비를 하면서 어쩌면 우리는 단 한 번도 합리적으로 소비한 적 없다. 그저 소비자가 더 많은 서비스를 결제하도록 하는 곳곳의 여러 유도장치를 그대로 밟아나가며 추가 지출을 **합리화**했을 뿐이다.

스튜디오 촬영과 가봉 스냅을 둘 다 촬영한 적 있는 신부를 만났다. 그녀는 원래 사진 촬영을 좋아하는 편이라 당연히 기록으로 남기고 싶었지만, 특히 다음와 같은 이유로 좋았다고 했다. "다른 사람들은 '촬영용 드레스'를 입는다면 가봉 스냅은 '본식 드레스'를 입고 촬영하거든요. 본식 드레스는 무게도 무겁고 정말 화려해요. 드레스숍이 스튜디오만큼 예쁘게 꾸며져 있으니까 본식 드레스로 다양하게 촬영을 하는 게 좋더라고요." 신부는 단순히 드레스의 차이가 아니라 그 차이를 소비하는 행위에 더욱 의미를 부여하고 있었다. 모두가 촬영용 드레스를 입을 때, 값비싼 본식 드레스를 입고 찍는 것은 또 하나의 권력이 된다. 이는 프랑스 사회학자 피에르 부르디외가 지적하는 '구별짓기'의 전형적인 사례였다. 촬영용 드레스가 다수를 위한 '일상화된 선택'이라면, 본식 드레스 혹은 퍼스트 웨어 드레스는 그 자체로 고가이며 희소성이 보장된 상징적 소비에 가깝다. 따라서 그런 드레스를 입는 행위는 단순히 예쁜 드레스를 입었다는 것에서 오는 만족이 아니라 더 많은 비용을 지불할 수 있는 능력인 경제적 자본과, 드레스와 촬영 방식에 대한 감각을 드러내는 문화적 자본을 동시에 과시하는 전략으로 작동한다. 다른 신부들이 촬영용 드레스라는 관습화된 경로를 따른다면 본식 드레스를 입는 신부는 그 위에서 한 단계 더 높은 상징 자본symbolic capital을 획득한다. 이는 물론 드레스에만 적용되는 것은 아니다. 값비싼 호텔 예식장, 하루 대여에 수백만 원이 드는 웨딩카, 유명 플로리스트의 생화 장식, 그리고 하객들에게 건네는 답례품까지. 결혼식의 모든 구성 요소는 곧 사회적 자본을 과시하고 위계를 드러내는 수단으로 변모한다. '남들이 다 하는 것은 하기 싫다!'는 단순했던 욕구는 고가의 차별화된 서비스를 선택하게 만들고 이는 곧 또래 집단과 하객, 그리고 결혼을 준비하는 집단에 은밀하게 스며든다.

넘쳐나는 인터넷 정보와 트렌드는 소비자를 점점 더 초조하게 만든다. 정보가 많아질수록 선택이 쉬워질 것처럼 보이지만 실제로는 반대의 일이 벌어진다. 무엇을 알고 있는지보다 무엇을 모르고 있는지가 더 크게 느껴진다. 정보를 충분히 따라가지 못하고 있다는 감각이 신부를 불안하게 만든다. 몇몇 신부들은 업계 종사자처럼 정보를 빠르게 습득하고 공유하고, 소셜 미디어는 그 과정을 실시간으로 전시한다. 완벽하게 통제된 일정과 아름다운 결과물은 더 이상 일부의 사례가 아니라 마치 기본값처럼 보이기 시작한다. 결국 과잉 정보와 소셜 미디어가 만들어낸 환상적 기준은 사람들에게 합리적 소비가 아니라 '뒤틀린 가성비'를 추구하게 한다. 가장 적은 돈을 쓰면서, 가장 좋은 결과를 얻고, 동시에 인정까지 받고 싶어 하는 것이다. 그 압박은 결혼을 넘어 이후의 삶까지도 초조하게 만든다.

새하얀 웨딩드레스에 숨겨진 어두운 비밀

아름다운 순백의 웨딩드레스는 언제부터 신부의 상징이 되었을까? 지금은 너무도 자연스럽게 결혼 의례의 기본으로 여겨지지만 불과 한 세기 전만 해도 흰 드레스를 입은 신부는 드물었다. 지역과 문화에 따라 색과 형태가 달라지는 것이 결혼식의 표준이었다.

한국 신부의 기본 복식은 전통 혼례복이었다. 대표적으로 활옷과 원삼이 있다. 사극 드라마에서 많이 보았을 '큰옷'이라는 뜻의 활옷은 붉은색 바탕 위에 용, 봉황, 모란 같은 자수가 놓여 있는 한복이다. 이는 다산과 번영, 길상을 상징했다. 민간에서 더 많이 입던 원삼은 초록색 혹은 노란색 계열로, 활옷보다 실용적이어서 집에서 이웃들과 함께 만들어 입기도 했다. 여기에 족두리, 비녀, 화관 같은 장신구가 더해졌다. 과거의 혼례복은 '순백'이 아니라 오히려 생명력과 번영을 상징하는 화려한 색이 중심이었다. 그러다 19세기 말 개화기 이후 서구 문화가 유입되면서 전통 혼례복 대신 흰색 한복에 면사포를 더한 절충형 복식이 등장했다. 이후 1960년대 서울을 중심으로 예식장이 생겨나고, 결혼사진 촬영 문화가 확산되면서 서구식 결혼식이 본격적으로 정착했다. 1980년대 이후에는 지금과 같은 웨딩드레스 중심 결혼식이 사실상 표준이 됐다.

그러나 서양 역시 처음부터 흰 드레스를 입었던 것은 아니다. 세탁 기술이 부족했던 시기에는 쉽게 더러워지는 흰 옷은 실용적인 선택이 아니었다. 중세와 근세 유럽의 신부들은 대부분 빨강, 파랑, 금색, 녹색 등 다양한 색상의 드레스를 입었다. 빨강은 부와 행운을 의미했고, 파랑은 성모 마리아와 연결되어 순결의 상징으로 여겨졌다. 흰 웨딩드레스가 본격적으로 유행하기 시작한 계기는 1840년 영국 빅토리아 여왕의 결혼식이었다. 여왕의 새하얀 웨딩드레스를 입은 모습이 초상화와 인쇄물을 통해 널리 퍼지면서 상류층을 중심으로 모방이 시작됐다. 이후 산업화와 대량 생산, 사진 문화가 결합되면서 흰 웨딩드레스는 점차 표준으로 자리 잡았다. 흰색이 순결을 상징한다는 의미 역시 이 과정에서 뒤늦게 따라붙은 해석에 가깝다.

따라서 흰 웨딩드레스는 오래된 전통이라기보다, 근대 이후 산업과 미디어, 소비문화가 결합해 만들어낸 밴드왜건 효과의 결과물이라고도 볼 수 있다. 밴드왜건 효과는 미국 경제학자 하비 라이벤스타인이 1950년에 제시한 개념으로, '다른 사람들이 선택하니까 나도 따라 선택하게 되는 소비 심리'를 의미한다. 서부 개척 시대 퍼레이드 행렬의 맨 앞에 선 역마차bandwagon를 따라 뒤의 행렬이 움직이던 모습에서 유래했다. 지역마다 고유한 특징을 가지고 있던 혼례복은, 이제 맥도날드나 스타벅스 간판처럼 전 세계 어디서나 비슷한 형태인 새하얀 드레스로 수렴했다. 특히 우리나라는 중국, 일본에 비해서도 전통 혼례에서 현대식 웨딩 산업으로의 전환 속도가 매우 빠른 편이다. 그렇다면 우리가 이 퍼레이드 행렬을 따라가기 위해 무엇을 감당하고 있는 것인지 살펴보자.

자주 입는 흰 셔츠가 있다면 한번 떠올려보자. 흰 셔츠는 관리하기 아주 어려운 옷 중 하나다. 작은 오염일지라도 눈에 잘 띄고 목이나 손목 부분에 오염이 쉽게 생긴다. 섬유의 색이 변하는 것은 땀이나 피지, 각질 등 피부에서 나오는 노폐물이 섬유에 흡수되어 공기 중 산소와 반응하기 때문인데 흰색은 이러한 작은 변화에도 옷 고유의 매력이 쉽게 떨어진다. 세탁할 때도 색이 있는 옷들보다 더욱 주의하는데도 처음 옷을 구매했을 당시의 새하얀 색깔과 탄력을 유지하는 것은 참 쉽지 않다. 흰 셔츠 하나도 이렇게나 관리가 쉽지 않은데, 하물며 결혼식에 입는 새하얀 웨딩드레스는 어떨까?

웨딩드레스는 일반적인 일상복에 비해 크고 화려한 실루엣을 강조하는 경우가 많다. 볼륨감 있는 스커트와 구조적인 형태를 유지해야 하기 때문에 폴리에스터나 나일론과 같은 합성섬유로 주로 제작된다. 합성섬유는 형태 유지력이 높고 구김이 적으며, 대량 생산과 보관에도 유리하다. 전통적으로 실크가 대표적인 고급 소재로 여겨져 왔지만, 현대 웨딩드레스는 실크뿐 아니라 레이온과 같은 다양한 합성섬유를 함께 사용한다.[27] 즉 웨딩드레스는 기본적으로 석유화학 기반 합성섬유를 포함한, 사실상 플라스틱 계열 소재에 크게 의존하는 의류인 것이다. 여기에 비즈 장식이나 자수, 레이스 등이 더해지면서 드레스는 매우 섬세하고 관리가 까다로운 의류가 된다. 구조와 장식이 복잡할수록 세탁과 보관이 어려워지고, 작은 변색이나 손상도 외관에 큰 영향을 줄 수 있다. 특히 결혼식 의상이라는 특성상 미세한 오염이나 훼손에도 제품의 가치는 크게 떨어진다. 어느 신부도 얼룩이 묻은 드레스를 자신의 결혼식에서 입으려 하지 않을 것이기 때문이다.

문제는 이러한 웨딩드레스의 특징이 단순히 관리하기 어렵다는 차원을 넘어 환경적 부담으로 직결된다는 점이다. 드레스는 제작 과정부터 환경 비용을 수반한다. 웨딩드레스는 일반 의류보다 제작 시 원단 소모량이 많고 원단 염색, 레이스와 자수 처리, 광택 가공 등에 다량의 화학물질이 쓰이며 이는 필연적으로 토양 혹은 해양 오염으로 이어진다. 2022년 유럽환경청EEA이 내놓은 보고서에 따르면 전 세계 바다로 유입되는 미세플라스틱 중 연간 약 20만~50만 톤이 섬유에서 기인하는 것으로 추정된다.[28] 이는 전체 미세플라스틱의 8%에 해당한다. 유엔환경계획UNEP 역시 섬유 산업을 미세플라스틱의 주요 배출원으로 지목한다. 피팅, 촬영, 그리고 본식 착용까지 드라이클리닝이 수차례 반복되며 미세플라스틱 배출 문제를 가중시킬 수밖에 없다. 하루를 위해 제작되는 웨딩드레스 한 벌이 생태 오염과 기후위기에서 차지하는 몫은 결코 미미하지 않다.

그럼에도 웨딩드레스는 그 사용 주기가 극도로 짧다. 패스트패션의 저렴한 옷이 일회용품처럼 입히고 버려지는 것을 두고 큰 비판을 받고 있는 상황인데 하물며 웨딩드레스는 처음부터 일회용으로 나오지 않았던가. 신부는 "기념일에 다시 입겠다"며 드레스를 구입하지만 다짐과 달리 옷장 속에서 보관만 될뿐이라는 것은 우리 모두 잘 알고 있다. 사용 기간이 짧은 만큼, 웨딩드레스는 환경적 비용 대비 사용가치가 극도로 낮은 의류에 속한다. 대여 시장의 상황도 만만치 않다. 한 웨딩드레스 디자이너는 한국일보와의 인터뷰를 통해 "세네 명이 입고 나면 거의 폐기된다"고 증언했다.[29] 백색을 유지하려면 드라이클리닝이 필수인데 세탁을 거듭하면 직물의 광택과 형태가 손상되어 더 이상 대여가 불가능하기 때문이다. 모두가 자신의 드레스를 구매하는 것보다야 대여를 하는 것이 낫겠지만, 숍의 화려한 조명 아래서 반짝이며 신부를 기다리고 있는 수백 가지의 웨딩드레스를 떠올려보면 썩 희망적이지도 않다.

1990년대 후반부터 한국의 드레스숍을 운영해 온 업세 관계자는 "매 시즌 드레스의 3분의 1을 교체하지 않으면 경쟁력이 떨어진다"고 증언했다. 순백이라는 제한된 색상 안에서 패턴과 실루엣, 디테일에서의 변주가 곧 경쟁력이 되기 때문이라고 했다. 이 과정에서 수입 드레스, 특히 중국과 미국 등에서 저가 드레스가 톤 단위로 수입된다. 일부 숍은 고급화 전략을 위해 소량의 디자이너 제품을 들여오기도 하지만 그 또한 빠르게 신상품을 들여와야 하는 회전율 경쟁 처지에 놓이는 것은 마찬가지다. 결국 매해 대량의 신규 드레스가 유입되고, 그만큼의 드레스들이 짧은 수명을 다하며 폐기된다. 최근 일부 브랜드에서 한지나 재생 폴리에스테르와 같은 친환경 소재나 재활용 드레스를 시도하고 있으나 이는 아직 극히 일부일 뿐이다.

웨딩드레스는 본질적으로 생산이 이끌어내는 소비 시스템 속에 자리 잡고 있다. 소비자의 자발적 수요가 있어서 생산이 뒤따르는 것이 아니라, 오히려 산업이 생산과 판매를 정당화하기 위해 신부의 욕망을 끊임없이 자극하고 창출하는 구조다. '체형 분석', '퍼스널 컬러 진단', '최신 트렌드 반영', '해외 명품 브랜드 라인 도입'이라는 이름으로 말이다. 업계는 다양한 언어와 전략을 동원해 신부가 스스로의 선택을 합리적이고 개성 있는 소비로 착각하게 만든다. 그러나 결국 궁극적으로 더 많은 드레스를 유통하고 더 짧은 주기로 판매하기 위한 생산 중심 논리의 먹잇감이 될 뿐이다.

예물·예단은 과연 전통일까

"저희는 예물 예단은 생략하려고요. 불필요한 전통인 것 같아서요. 낭비 같기도 하고……"

집필 과정에서 만난 인터뷰이들 중에 2020년도 이후 결혼을 한 신혼부부는 십여 명 정도 되었는데, 이들 모두 한마음으로 대답한 것이 하나 있었으니 바로 예물·예단에 대한 사양이었다. 인터뷰에 참여한 모두가 "이를 생략하기로 했다"고 대답했다. 물론 저마다 "시어머니가 서운해하셔서 이불 한 채를 보내드렸다."는 부연 설명이 붙기도 했지만 스스로 '생략'이라고 전원 언급한 것은 놀라웠다. 그 이유에 대해서는 "불필요한 전통이라 생각해 챙길 이유를 모르겠고 부담이 너무 커서"라는 게 대부분이었는데, 웨딩드레스나 다이아몬드 반지 등 전통의 뿌리를 알 수 없는 문화는 빠짐없이 챙기면서도 예물·예단만 "그런 불필요한 통과의례는 안 한다"고 용감하게 거절하는 것이 의아했다.

예물의 뜻은 신랑 신부가 혼례를 기념하여 서로 주고받는 물건이고, 예단은 그중에서도 '예물로 보내는 비단'이라는 사전적 의미를 가지고 있으나 주로 신부 측에서 신랑 측 혼주와 혼주의 친인척에게 보내는 물건을 뜻한다. 그런데 과연 밀레니얼세대의 신랑 신부들이 입 모아 대답한 대로 실제 예물·예단이 생략되었는가? 살펴보면 그렇지 않다.

결혼정보업체 듀오의 「2025 결혼 비용 보고서」에 따르면 신혼부부가 예단·예물에 쓰는 돈은 평균 1361만 원으로, 예식홀 대여비(1401만 원)나 신혼여행과 스드메에 드는 비용(1406만 원)에 육박한다. 예단·예물이 사라진 것이 아니라 '예물'은 프러포즈, 역프러포즈, 프러포즈링, 웨딩링, 가드링 등의 이름으로, '예단'은 고급 과일, 화과자 세트, 정장, 옷

등의 상견례 선물로 탈바꿈했을 뿐이었다. 선물의 수령 대상이 혼주나 친인척이 아닌, 결혼 당사자인 본인에게 더욱 집중되었다고 표현하는 것이 더욱 정확하겠다.

상견례 식사 자리나 선물 등을 비롯해 예물, 예단, 혼수를 마련하는 것을 두고 대대적인 가족 회의가 이어지기도 하는데, 부담이 된다는 예물·예단 입장에서는 사실 꽤나 억울한 게 많다. 이쯤에서 계속 미루어두었던 전통 혼례 방식과 오늘날의 결혼 방식을 본격적으로 비교하며 예물·예단에 대해 함께 살펴보기로 하자.

한국의 전통적인 결혼식은 보통 조선시대의 전통 혼례 방식을 떠올리는데, 그보다 더 앞선 고대 한국인들의 결혼 예물에 대한 기록이 중국의 역사서에 비교적 자세히 남아 있다. 『북사北史』의 「열전列傳」 고구려전에서는 고구려인들의 결혼 예물에 대해 이렇게 기록했다.

시집가고 장가들 때에, 남녀가 서로 좋아하면 그것으로써 혼인을 성사시킨다.
예물(혼수나 지참금) 같은 복잡한 절차가 없고, 남자 집에서 단지 잔치에 쓸 돼지고기와 술만 보낼 뿐이었다.
만약 다른 재물을 받는다면, 그것은 탐욕스럽고 부끄러운 일로 여겨져 사람들이 비웃었다.

이 기록을 보면 고구려인의 예단은 돼지고기와 술에 불과했다. 남녀상열男女相悅, 즉 '결혼 당사자가 서로 좋아하는 것'을 최고의 결혼 예물로 여겼다. 허례허식이라며 손사래 칠 만한 것이 애초에 없었던 것이다. 오히려 재물을 받으면 딸을 파는 것으로 생각해 부끄럽게 여겼다. 고려시대에 들어서도 크게 달라지지 않았다. 서긍의『고려도경』(권22 풍속: 111)에서는 "귀인이나 선비 집안에서는 혼가(家)에 대한 빙폐(幣)를 쓰나, 백성에 이르러서는 다만 술이나 쌀을 서로 보낼 뿐이다."라고 하여 상류층에서는 비단을 혼수로 마련했고 서민층에서는 혼인잔치에 사용될 음식을 마련했음을 알 수 있다.[30]

물론 조선에 들어가며 혼수는 중요한 역할을 했다.『조선왕조실록』의 기록에 의하면 양반의 딸 가운데 집안이 가난하여 혼수를 마련하지 못해 혼기를 놓친 경우, 관에서 혼수 비용을 지원하는 것이 제도화되어 있다. 혼수 없는 혼인은 예가 아닌 것으로 여겨졌던 것이다.[31] 그러나 같은 유교 사상에 근거하여 사치를 멀리하고자 하는 실천 또한 동시에 이루어졌다.『증보사례편람』에서는 "문중자는 '혼인을 하는 데 재물을 논하는 것은 오랑캐들이나 하는 짓이다.'라고 하였다."고 분명하게 지적하고 있다. 이러한 흐름은 조선 후기에 들어와, 신분제의 변화와 정치·사회적 혼란을 겪으며 오늘날의 모습으로 변화하기 시작한다. 가능한 많은, 비싼 혼수를 장만하고자 하는 호화 혼수가 사회 전반에 나타나게 된 것이다.[32]

그러니 결혼을 앞두고 전통이라는 이름으로 예물·예단을 주고받는 신혼부부가 있다면 이제 걱정할 필요가 없겠다. 혹여나 집안 어른들로부터 그러한 압박을 받는다면 예부터 우리 조상은 사랑하는 마음이 가장 중요한 것이지 물건을 주고받는 것은 부끄러운 것으로 여겼다는 사실을 전해보자. 또한 스스로에게도 당부하자. 돈으로 치환할 수 없는 귀한 사랑을, '1000만 원짜리 가방을 받을 만큼 사랑받고 있나?'라는 식으로 구태여 값을 매겨 확인하려 들지 말자고. 족쇄를 만들어 스스로 그 안에 들어가 앉는 것은 우리 자신일지도 모른다.

고구려의 전통 혼인 방식에서 한 가지 더 눈에 띄는 것은 결혼을 하며 서로 수의를 해 갔다는 것이다. 부부로서 새로운 생활을 시작하는 단계에서 수의를 해 가는 마음은 어떤 것이었을지 가늠해 보는 것만으로 마음가짐이 달라진다. 죽음을 상상하며 새롭게 주어지는 매일을 사랑하겠다는 뜻이었을까? 사랑하는 사람과 가족이 되는 순간을 죽음에 대해 한번 생각해 보는 계기로 삼으라는 것일까? 혼인 과정에서 수의를 해 가는 전통은 온데간데 사라지고 없다. 전통으로 남았다면 이런 것들이 남았어야 할텐데 웨딩드레스, 다이아몬드 반지와 같이 자본주의 사회에서의 마케팅의 상술만이 살아남아 있다.

그렇다면 오늘날 결혼 예물 중에서 가장 상징적으로 여겨지는 다이아몬드 반지는 과연 얼마나 긴 전통을 가지고 있는 것일까? 실망스럽게도 그리 오래되지 않았다. 다이아몬드 반지는 그저 영국의 다이아몬드 회사 드비어스De Beers의 성공적인 마케팅 전략일 뿐이다. 드비어스는 1980년대 '두 달 치 월급'이라는 새로운 캠페인을 시작하며 약혼반지의 가치를 부각했다. 드비어스의 마케팅은 20세기 이후 가장 성공한 캠페인 중 하나로 자주 소개된다. 그들은 "월급 두 달 치를 다이아몬드 반지를 구매하는 데 지불하고 사랑하는 연인과의 관계에 투자하라."고 고객을 설득했다. 남아프리카공화국에서 초대형 다이아몬드 광산이 발견되며 가격이 떨어지기 시작하자 내놓은 새로운 마케팅 전략이었다. 술과 돼지고기, 진실로 사랑하는 마음만 있으면 결혼이 성립했던 옛 시대와 달리, 사랑과 헌신으로 포장된 값비싼 다이아몬드 정도는 있어야 한다는 자본주의적 믿음이 만들어지기 시작했다. 한 연구에서는 데이트를 주제로 진행된 240여 개의 광고물의 내용을 분석해 보았는데 광고에서 남성은 경제적 적합성, 여성은 육체적 적합성의 상징을 나타내고 있었다.[33] 남성들은 프러포즈를 위한 돈을 마련하고 여성들은 프러포즈 사진 프레임에 맞춰 예쁜 포즈를 취하는 것, 이것은 후기 자본주의가 만들어낸 '로맨틱 광고물' 이미지의 역할을 그대로 수행하는 것이었다.

현대사회에서 많은 윤리와 관습, 문화는 짧은 시간 안에 붕괴하지만 유독 소비의 대상이 될 만한 것들은 그 붕괴의 속도가 매우 느리다. 결혼식에 관련해서도 오늘날의 많은 부부가 '불필요한' 의례로 여기는 것들을 두고 그 어떤 시대나 전통을 탓할 필요가 없다. 지나치게 완벽하게 성공한 나머지, 비판의 대상에서마저 비켜나 버린 기업과 그들의 완벽한 마케팅 전략을 탓해야 할 것이다.

돈 넣고 돈 먹는 청첩장 모임 야바위의 늪

스드메에 신부 관리, 예물·예단, 상견례까지 얼추 결혼식 준비를 끝냈다면 다음으로 해야 하는 과제는 청첩장 모임 장소를 검색하는 것이다. 적당히 분위기는 좋으면서도 1인당 가격이 3만 원 혹은 5만 원이 넘지 않을 적당한 식당을 찾아봐야 한다. 그래야 초대받은 사람이 결혼식에 오지 않고 5만 원을 입금한다고 해도 손해가 아니게 된다. 값비싼 밥과 술을 턱턱 사줄 수 있는 멋진 신랑 신부가 되었으면 좋았겠지만 그렇게 한없이 베풀 수 있는 것도 넉넉한 주머니 사정일 때야 가능하다.

'결혼 준비'라는 명목으로 온갖 업체로부터 흡혈귀에 물린 듯 돈이 빨려나가고 있을 때에는 1차로 밥만 사면 그만일지 2차로 커피나 술까지 사야 할지 고민하는 속물적인 생각을 그만두기 쉽지 않다. 고마운 사람에게 대접하겠다는 마음은 어딘가로 사라지고 없다. 그 대신 적당히 욕을 먹지 않게 하겠노라 장담하는 콘텐츠가 신랑 신부를 마중 나온다.

"이렇게만 하면 욕 안 먹습니다!"
"절대 욕 안 먹는 청첩장 모임 방법 3가지!"

결혼을 앞둔 예비신부 E에게 전화가 왔다. 책 집필을 위한 나의 인터뷰 요청에 응하여 결혼 준비의 기쁨과 슬픔을 허심탄회하게 털어놓은 사이였다. 그녀는 회사 동기들을 초대해 청첩 모임을 할 예정인데 1차 밥만 사면 그만일지 2차로 커피나 술까지 사야할지 고민이라며 내게 "책을 쓰며 얻은 빅데이터를 기반으로" 조언을 달라고 부탁했다. 우리 둘은 열띤 논의 끝에 "퇴사하고 안 볼 사이면 1차만, 퇴사 후에도 볼 것 같으면 2차까지!"라는 나름대로의 합리적인 결론을 냈는데 어깨 너머로 전화 통화 내용을 듣던 엄마가 전화를 끊자마자 물어왔다.

"결혼식에 와달라고 밥을 사는 거야?"
"응. 청첩장 모임이라고, 요새는 청모 안 하면 욕 먹어. 엄마 때에는 그런 게 없었어?"
"우리 땐 우편으로 보내고 끝나고 고맙다고 떡 돌리면 그만이었지."
"좋았겠다. 요새는 청모도 하고, 답례품도 해야 해."

200원을 아끼기 위해 청첩장을 직접 접고 다이소에서 산 실 모양의 스티커를 하나하나 청첩장에 붙이면서도, 10만 원이 훌쩍 넘는 밥을 턱턱 사는 청첩장 모임, '청모 문화'가 생긴 것은 분명 얼마 되지 않아 보였다. 언론에서 처음으로 '청첩장 모임'이라는 단어를 사용한 것은 2016년 8월 3일 《조선일보》에서 발행된 기사로 보인다.[34] 기사에서는 결혼정보회사 가연이 실시한 설문조사 결과를 인용하며 결혼을 앞둔 예비 신혼부부 열 명 중 일곱 명은 결혼 전 지인들과 갖는 '청첩장 모임'의 비용으로 평균 116만 원을 예상한다고 보도했다. 물론 그 전에도 청첩장을 주며 식사를 대접하는 자리가 없었던 것은 아니지만 '청첩장 돌리기', '청첩장 주는 자리' 등으로 두루뭉실하게 설명되었지 '청모'라는 하나의 상징적인 관행으로서 자리 잡지는 못한 모습이다. 2024년 한 해 동안 '청첩장 모임'이라는 내용이 담긴 콘텐츠의 검색 결과가 약 2만 8000여 개에 달하는 것과 크게 비교된다.

청첩장 모임은 순기능이 분명히 있다. 그도 그럴 것이 두 사람의 소중한 자리를 축하해 주러 오는 귀빈들을 접대하고자 하는 마음에서 모든 것이 시작됐기 때문이다. 오랜만에 만나 근황을 묻고, 새로운 가족이 될 신랑 혹은 신부를 지인에게 소개하고, 정성과 예의를 다해 상대를 결혼식에 초대하는 자리라는 점에서 그 의미는 충분히 크다. 게다가 하객의 입장에서 초대에 응하는 것은 결코 쉬운 일이 아니다. 주말 아침부터 일어나 머리를 감고 멀끔한 옷을 입어야 하고, 심지어 하객용 옷을 주기적으로 또 계절별로 구매해야 한다. 평소에는 잘 신지 않는 불편한 구두를 꺼내 신고 식장을 찾아주는 것은 얼마나 고마운 일인가. 지치고 힘든 일상 속에서 자신의 소중한 주말 시간을 내어, 모두가 '인생에 한 번뿐'이라고 주장하는 수십 수백 번의 결혼식에 참석해 주는 하객들. 이들을 잘 대접하는 것이야말로 결혼을 준비하는 예비부부가 지출해야 하는 가장 합리적인 소비인지도 모르겠다.

하지만 방도가 없다. 테이블 위 빈 술병이 하나둘 늘어나는 순간 머릿속에서 재빠르게 굴러가는 계산을 멈출 수 있는 방도가. 청첩장 모임으로 가성비 좋은 '런치 세트'를 사는 것은 충분하지 않다. '평균 3만 원'을 맞추기 위해 1차로 먹은 점심 식당이 너무 저렴했다면 2차 카페나 술까지 금액을 맞추어 결제해야 한다. 너무 비싸지지는 않도록 조각 케이크나 안주는 주문하지 않고 음료만 주문하는 섬세한 방식으로 가격을 조정해야 한다. 너무 오버하는 것 아니냐고? 2019년 출간된 장류진 작가의 소설 『일의 기쁨과 슬픔』은 우리의 현실을 쓸쓸할 정도로 여과 없이 드러낸다.

소설의 주인공은 결혼을 앞두고 회사 동기에게 1만 3000원짜리 밥을 산다. 결혼식에 오겠다고 약속한 회사 동기는 주인공의 결혼식에 참석하지 않았고, 이후 깜빡했다며 미안하다고 2만 5000원짜리 밥을 샀다. 곧이어 해당 동기의 결혼식이 다가왔는데 이게 웬걸, 동기는 청첩장 모임이라는 이름으로 밥을 사지도 않고 회사 책상 테이블에 종이 청첩장을 몰래 두고 간 게 다였다. 주인공은 2만 5000원에서 1만 3000원을 뺀, 1만 2000원의 차액을 돌려주기 위한 절규에 가까운 쇼핑에 나선다.

결혼정보회사 가연은 2023년 25~39세의 미혼남녀 500명을 대상으로 '청첩장 모임'에 대해 설문조사를 진행했는데, 열 명 중 일곱 명이 '필요하다'고 답했다. 적정하다는 식사 가격은 4만 원대로 측정됐다.[35] 그도 그럴 것이 청첩장 모임에 나갔다면 실제 결혼식에 가지 않아도 5만 원을 입금

해야 하는 것이 도리이니, 하객 입장에서도 결코 공짜로 얻어먹는 밥은 아닌 것이다. 만약 청첩장 모임을 받고 결혼식을 갔다면 최소한 10만 원 이상을 축의해야 하는 것이 암묵적인 규칙이다.

친구들과 맛있는 밥 한 끼 먹으면 그만이면 좋겠지만 현실은 그렇지 않다. 올 만한 친구일까, 나에게 축의를 얼마나 할 친구일까, 따로 연락하는 게 좋을까 아닐까 끊임없이 재고 따진다. 이것이 소비사회를 충실하게 살아온 젊은이들이 세계를 살아가는 방식이며 스드메의 대환장 소비 파티를 거쳐 결혼을 준비 중인 예비부부가 매몰되고야 마는 함정이다. 인터넷 커뮤니티에는 이런 글이 하루 걸러 하루 올라온다.

1인당 청첩장 모임 비용, 3만 원이면 적당할까요?
ㄴ 3만 원이면 괜찮아요.
ㄴ 저는 5만 원으로 잡았는데도 부족했네요.

보통 청모 몇 차까지 내세요? 저는 1차만 내려고 했는데 2차까지 냈네요.
ㄴ 저두요. 그럴 생각은 없었는데 분위기가 그래서 나누자고 말도 못 했네요. 근데 그중에 한 명은 결혼식 당일 연락도 없었어요. 손절해야 하려나 봐요.
ㄴ 저도 1차만 사려고 했는데 분위기 때문에 3차까지 샀네요……. 뒤늦게 N빵하자고 하기도 애매하고. 청모

로 잡아둔 예산은 진작 넘었어요.

 ∟ 저는 1차만 내고, 만약 1차가 너무 적게 나왔으면 2차까지 냈어요.

호텔 결혼식 초대받았는데 축의 얼마 해야 될까요?

 ∟ 본인 결혼식 때 받은 만큼만 내면 될 것 같아요~

 ∟∟ 그래도 친하면 20은 할 것 같아요. 식대가 10이 넘는데……

 ∟∟ 자기들이 좋으려고 호텔에서 하는 건데 왜 돈은 하객들이 내야 하는 건지. 내고 싶은 만큼만 내세요!

 ∟ 솔직히 호텔 결혼식은 '축의금 사양'이라고 할 수 있는 사람만 해야 되는 것 같아요.

 ∟∟ 저도 ○○ 호텔 가봤는데 호텔식은 확실히 다르더라구요! 대접받는 느낌~

2025년을 기준으로 우리나라에서 가장 비싸다고 하는 결혼식장인 서울신라호텔의 식대는 1인당 23만 원부터 시작한다. 한국소비자원의 조사 결과에 따르면 결혼식장 1인당 식대 가격 중간값은 서울 강남 8만 3000원, 전국 5만 8000원에 달한다.[36] 식대라도 내자는 마음으로 결혼식에 방문한다면, 20대 후반 여성의 평균 임금은 2023년 기준 약 279만 원, 일급을 약 10만 원으로 잡았을 때 하루 치 급여 만큼의 금액을 30분가량 진행되는 남의 결혼식에 축하금으로 내야 한다. '이런 맛에 돈 버는 거지'라는 마음으로 기꺼이 축의하기에는 결혼식에 참석한다는 이유만으로 먹어야 하는 밥값이 너무 부담스러운 게 사실이다. 그다음 주에도, 또 그다음 주에도 가야 할 결혼식이 쌓여 있기 때문이다.

심지어 축하와 응원의 마음을 담은 돈이, 나의 소중한 친구에게 가는 것도 아니다. 고이 접어 넣은 돈봉투는 결혼식 직전까지도 여러 추가금과 계약 사항으로 들들 볶으며 나의 소중한 친구를 힘들게 한 웨딩 업계로 향한다. 웨딩홀은 그 돈으로 예식장을 더욱 예쁘게 꾸밀 테고 그 결혼식에 참석한, 내년 식을 계약하기 위해 고개를 길게 빼고 기웃거리는 또 다른 예비부부 고객들을 재빠르게 낚아 꿰어갈 것이다. 하객들의 축의금은 시장과 산업의 규모를 계속 키워나가기 위한 대들보가 되고 만다.

결국 예비부부는 주인공답게 그날 반짝 빛나면서 스스로 공급자인 동시에 소비자 혹은 참여자가 되어 결혼 문화를 누구보다 견고하게 만들어가는 셈이 된다. '청첩장 모임' 혹은 '하객'이라는 이름으로 그 시장에 사람들을 끌어당기기 때문이다. 참 아름답고도 잔혹한 초대다.

어디에서 결혼할 것인가

웨딩 박람회에서 시작한 여정은 스튜디오, 드레스, 메이크업, 예물·예단, 청첩장 모임을 거쳐 이곳으로 모인다. 모든 선택과 소비의 종착점, 바로 결혼식장이다.

여기 서울의 단독홀에서 결혼하는 아름다운 신부가 있다. 그녀는 올해로 스물아홉 살, 딱 서른이 되기 전에 웨딩마치를 울릴 수 있었다고 기뻐한다. 그녀의 결혼식장은 30분마다 신랑 신부가 바뀌는 공장형 결혼식장이 아니다. 천천히 인사하고 '단독'홀을 쓸 수 있는 여유로운 호텔식이다. 대중교통으로 오기도 편리한데, 발렛 서비스도 제공한다. 생화로 화려하게 꾸며진 원형의 식사 테이블에는 신랑 신부의 대학교명, 회사명이 적나라하게 쓰여 있었다. 적나라하다는 것은 단순히 '학교 지인'이 아니라 '○○대학교 동문'으로 표현되는 것을 뜻한다. 누구나 들어도 알 법한 유수 대학과 기업이 아니었다면 이름을 그렇게 크고 선명하게 인쇄해 놓았을지는 미지수다. 테이블은 멀끔한 옷을 입고 앉은 친구와 동기들, 그리고 그들이 가져온 고가의 브랜드 가방과 차키, 최신형 휴대폰이 등장해야 비로소 완성된다. 누구 하나 그것을 일부러 뽐내는 이는 없었으나 보여주는 것만으로 권력을 드러낼 수 있는 곳, 그곳이 바로 결혼식장이었다.

더운 여름, "네 책의 글감으로라도 쓰이면 좋겠다"는 친구의 연락을 받았다. 결혼 준비를 한참 하며 블로그에 '웨딩일지'를 연재하던 그였는데 결국 파혼을 하게 되었다는 소식이었다. 맥락 없이는 설명할 수 없는 긴긴 이야기지만 그중 원인을 하나만 꼽아야 한다면 파혼의 1등 공신은 결혼식

102

장이었다. 그녀의 전 남자친구는 호텔 결혼식을 고집했다. "다른 건 다 너한테 맡길게. 근데 식은 호텔에서 하고 싶어. 그거면 돼." 주변 동료나 친구들이 다들 호텔에서 하니 자신도 하지 않을 수 없다는 것이었다. 처음에 그녀는 '결혼에서 결정해야 할 것이 얼마나 많은데 예식장 정도야 신랑이 원하는 것을 해줄 수 있다.'고 생각했다. 그러나 호텔 결혼식을 준비하면 필연적으로 고가의 프리미엄 라인의 플래너, 스튜디오 촬영, 예물·예단이 따라붙는다는 것을 알게 됐다. 작고 작은 스노볼처럼 보였던 '예식장'은 크고 작은 파국을 불러일으켰고 결국 둘은 좁혀지지 않는 의견 차에 파혼을 결정했다. 예식장이 아니었을지라도 헤어졌어야 했을 거라고 위로했지만 자본주의 사회에서 결혼 결정을 번복한 대가는 생각보다 컸다. 계약을 했던 결혼 날짜는 아직 1년도 더 남은 시점이었음에도 불구하고 미리 예약해 둔 고가의 스드메 라인에 대해 수백 만 원의 수수료를 부담해야 했다. 플래너는 아쉬운 기색을 내비치며 "결혼을 다시 준비하게 되면 (상대가 달라지더라도) 위약금을 다시 사용할 수 있게 조치해 두겠다."는 위로 섞인 안내, 안내 섞인 위로를 했다. 참고로 해당 위약금을 신랑과 신부 중 누가 쓰면 될지, 어떻게 쓰면 될지 등 어떠한 구체적인 지침은 없었다고 했다.

결혼식장은 단순히 두 남녀가 손을 잡고 다른 사람들 앞에 서서 결혼을 약속하는 물리적 장소로 기능하지 않는다. 결혼식장은 나와 나의 배우자, 그리고 둘의 부모가 이토록 잘 살아왔음을 전시하는 상징 덩어리가 된다. '얼마나 세련된 공간에서', '얼마나 많은 하객을 모아', '어떤 장식을 더한 채로', '무슨 서비스를 제공하는가'를 전시하고 평가받는 자리다. 결혼식에서 드러나는 모습들은 내가 어떤 수준의 사람을 만났는지, 어느 정도 경제적인 여유가 있는지(피부 관리 등에 돈을 쓸 만큼의 남편을 만났다는 상징성)를 보여주는 역할을 수행한다. 프랑스 사회학자 장 보드리야르는 현대 소비사회를 단순한 사용가치의 세계가 아니라 기호와 상징을 소비하는 세계라고 분석했다. 그가 대한민국 결혼식장에 딱 한 번만 초대를 받았더라면 그의 책이 실제 사례가 더해져 더욱 풍부해지지 않았을까 싶다. 그의 표현대로 한국의 결혼식장은 '자본과 취향이 기호로 변환되어 전시되는 장'의 완벽한 예시가 되어버렸다. 꽃 장식, 식사 수준은 직접적인 효용보다도 그것이 기호와 이미지로서 가지는 가치가 더욱 크다. 예식장에서 사람들은 단순히 음식을 먹거나 예식을 지켜보는 것이 아니라 그 장식과 연출을 통해 신랑 신부의 사회적 위상과 자본력을 읽어내기 때문이다. 장식, 음식, 교통 편리성, 심지어 발레파킹 서비스가 신랑 신부 그리고 혼주가 얼마만큼의 정성을 들였는지 확인할 수 있는 주요한 지표로서 기능한다.

이듬해 9월쯤 결혼을 하면 좋겠다고 생각했던 한 신부는 여름 즈음 웨딩 플래너를 처음 만났다. 서울의 예식장 예약을 앞두고는 주차나 교통이 편리한 역 근처로, 밥이 맛있고, 250명쯤을 적당히 수용할 수 있는 웨딩홀을 예약하고 싶다고 플래너에게 전달했다. 시간이 아직 1년도 더 넘게 남았으니 무리한 요구는 아니라고 생각했다. 하지만 플래너는 단번에 신랑 신부를 혼쭐냈다. "이렇게 늦게 연락하시면 9월은 어려워요. 일단 제가 시도해 볼게요. 그런데 제가 이건 먼저 말씀드릴게요. 40만 원은 버릴 생각하시는 게 좋으세요." 40만 원을 길에 갖다 버리는 것은 아니고 웨딩홀에 '계약 수수료'라는 이름으로 버리라는 뜻이다. 조금 더 자세히 설명해 보면 다음과 같다.

플래너가 요청받은 조건을 토대로 웨딩홀 A, B, C를 찾았다. 각 웨딩홀에 대해 내년 9월 예약이 가능한지 문의를 시도하려 한다. 하지만 공교롭게도 A, B, C의 예약 오픈일이 다르다. 가장 먼저 오픈하는 A 웨딩홀의 예약 당일, 플래너는 80~100통 정도의 전화를 시도하며 예약 가능 여부를 확인한다. 날짜가 가능하다고 한다! 신랑 신부와 전화를 한다. 날짜 홀딩을 원하면 400만 원의 계약금을 걸어야 한다. A가 가장 마음에 드는 곳은 아니지만 B, C 예약이 가능할지 미지수이기 때문에 일단은 예약을 걸어두기로 한다. 그리고 일주일 후, B 식장이 예약을 열어 전화로 가능 여부를 확인한다. 차라리 예약이 불가하면 쉽겠지만 예약이 가능하면 여기서부터 '40만 원 버리기'에 대한 고민이 시작된다. A를 이미 확보해 두었지만 B의 조건이 더 괜찮다면 A와 계약금 수수료 40만 원을 버리고 B를 선택하는 것이다. 그런데 사실 가장 마음에 드는 곳은 C였다면? 예식장 옵션이 C, D, E로 많아질수록 '버리는 돈'은 늘어난다. 쉽게 정리하면 선택지를 다양하게 가져가기 위해 40만 원을 엎어둔 채 자리를 찜하고, 그다음에 비교하며 고민하는 구조다. 웨딩홀 예약을 위해서는 플래너가 보통 80~100통, 많게는 200통의 전화까지 해야 할 만큼 경쟁이 치열하지만 1년도 더 남은 계약을 취소하기 위해서는 계약금의 10%에 해당하는 40만 원을 수수료라는 이름으로 지불해야 한다. 돈을 걸어두지 않으면? 선택지는 없다.

한 웨딩 플래너는 예약 업무를 도맡아 하면서 합리적인 의심이 생겼다고 했다. "비슷한 라인의 웨딩홀들은 같은 날 오픈하는 법이 없어요. 이 정도면 수수료를 받으려고 의도적으로 예약 날짜를 달리하는 것 아닌가 싶죠." 이어서 "욕망이 있는 사람이 돈을 더 쓰게 되는 구조"라며 혀를 끌끌 찼다. 그러나 개인이 원하는 곳에서, 원하는 날짜에 결혼하고자 하는 욕망은 그렇게나 많은 돈을 써야만 가능한 과한 요구인가? 지나치게 많은 사람들이 모여 살며 경쟁이 과열된 서울, 불투명한 시장 정보와 끝없이 붙는 추가금이 만들어낸 강제된 과소비의 회로가 개인의 요구를 탓하며 과한 돈을 착취해 가고 있는 것은 아닐까?

사실 웨딩홀 산업은 썩 전망이 좋지 않다. 결혼 적령기인 30대 안팎 인구와 그들의 혼인 의사가 빠르게 줄고 있기 때문이다. 통계청에 따르면 2015년에는 2030세대 인구수가 1454만 5000명인데 비해 2025년에는 1311만 3000명으로 10%가량 줄었다.[37] 혼인 건수는 더욱 큰 폭으로 줄었다. 2023년의 혼인 건수는 19만 4000건으로, 10년 전인 2013년의 32만 3000건보다 약 40% 감소했다.[38] 사람도 없어지는

데 결혼할 사람 수는 더욱 빠르게 줄고 있는 것이다.* 게다가 웨딩홀 사업은 기본적으로 큰 자본이 들어가는 사업이라 진입 장벽이 높은 데다 빠르게 달라지는 공간 트렌드에 발맞추기도 쉽지 않다. 업계에 따르면 최신 유행 인테리어를 위해 1, 2년에 한 번 리모델링은 필수다.[39] 아무리 좋은 위치, 저렴한 가격의 홀이어도 아름답지 않으면 결혼식장으로서 자격 박탈이다. 적극적인 시설 투자가 수익으로 직결되고, 리모델링을 진행할 경제적 여력이 없는 곳은 예비부부의 외면을 받아 폐업으로 이어진다. 코로나19 기간을 거치면서는 개인이 운영하는 예식장 상당수가 사라지고 자본이 많은 기업형 대규모 예식장만이 살아남았다. 국세청에 따르면 전국 예식장 수는 2019년 890개에서 2024년 714개로 약 20% 감소했다. 다섯 곳 중 한 곳이 문을 닫았다.

그런데 아이러니한 일이 있다. 인구수도, 결혼 건수도 줄어드는데 살아남은 결혼식장의 매출이 늘고 있다. 전체 예식장 매출은 2019년 2220억 원에서 코로나19 당시 2020년 1664억 원으로 줄었다가, 2021년 2120억 원으로 급반등한 뒤 2022년 3208억 원, 2023년 3888억 원으로 가파르게 증가했다. 웨딩 컨설팅 업체 듀오의 조사에 따르면 평균 대관료는 2021년 평균 896만 원에서 2025년 1401만 원으로

---

* 혹시 이러한 수치가 무색하게 '유난히 결혼식을 많이 가는 것 같다'고 느꼈다면 기분 탓은 아니다. 혼인 건수가 2024년 22만 건으로 다시 15% 급등했다. 베이비붐 세대의 자녀들인 1990년대생들이 대거 '결혼 적령기'에 진입하는 시기인 탓이다. 이는 1970년 집계 이후 최대 폭으로 늘어난 수치다.

4년 만에 56.4% 상승했다. 코로나19로 인해 결혼식이 취소되며 대관료가 급감했던 것을 감안하더라도 놀라운 상승폭이다. 단 1년 동안의 차이도 크다. 상권 분석 정보를 제공하는 핀다 오픈업에 따르면 2024년 1월 전국 예식장 전체 매출은 약 655억원 규모로, 작년 같은 시기 대비 무려 40.3% 급증했다.

혼인 건수가 줄어들고 있는데, 그러니까 수요가 줄어들고 있는데 예식장 대관 비용은 왜 오르고 있을까? 가장 기본적으로는 '예식비' 명목으로 들어가는 홀 대관비, 식대, 인건비 상승이 주요 원인으로 지적된다. 그러나 이 현상 뒤에는 더 구조적인 요인이 있다. 바로 뿌리 깊은 지역 격차와 수도권 과밀화다. 서울과 수도권 지역은 전국 예식장 매출 상승을 주도하고 있다. 한국소비자원이 전국 열네 개 지역의 결혼식장(370곳)과 결혼 준비 대행 업체(152곳) 등 총 522곳의 계약 금액을 조사한 결과, 결혼식장 대관료의 중간 가격은 300만 원이었다. 그러나 실제 시장에서는 지역별 편차가 매우 크게 나타난다. 예컨대 대관료는 서울 강남이 700만 원대로 가장 비쌌고, 광주와 제주도는 각각 100만 원대 수준으로 가장 저렴했다.[40][41] 흥미로운 것은 예식장뿐 아니라 스드메 등의 관련 서비스까지도 지역에 따라 구분하는 경우가 많다는 것이다. 2025년 동일한 기본 구성(스튜디오·드레스·메이크업 원장 기준)으로 서울, 광주, 제주 세 지역의 중간 가격을 비교해 보았다. 한국소비자원 참가격에서 조회한 총 견적은 서울이 약 446만 원, 광주가 약 331만 원, 제주가 약 296만 원 수준으로, 서울은 광주보다 약 115만 원(약 35%), 제주보다 약 150만 원(약 50%) 더 높은 비용 구조를 보인다. 동일한 서비스 구성에서도 수도권, 특히 서울에 결혼 수요와 고가 프리미엄 서비스가 집중되면서 가격 기준선 자체가 상향 형성되어 있고, 그 결과 지역 간 비용 격차가 누적·확대되고 있음을 보여준다.

　　이러한 지역 간 격차는 시장 구조 자체를 바꾸고 있다. 2025년 기준 전국 예식장이 약 700여 곳 수준으로 줄어든 상황에서, 서울 중심으로 가격과 수요가 상승하고 지역에서는 공급 자체가 축소되는 양극화가 진행되고 있다. 서울에서는 예식장을 잡기 위해 1년 반 전부터 100여 통의 전화를 해야 하는 반면, 지역의 공공 예식장은 공간 대여비가 0원임에도 7년째 단 한 건의 예식이 치러진 적이 없다 끝내 사라진다.[42]

　　이 배경에는 한국사회의 수도권 집중 현상이 자리하고 있다. 한국은 OECD 국가 중에서도 수도권 집중도가 높은 국가로, 현재 수도권 인구 비중은 약 50%를 넘어섰다. 경제 규모 역시 비슷하다. 2024년 기준 수도권은 전국 지역내총생산의 약 52.8%를 차지한다.[43] 인구와 경제활동이 수도권에 집중되며 결혼 수요 역시 수도권으로 쏠리고, 이는 자연스럽게 고가 예식장 시장의 성장을 견인했다. 결국 웨딩 비용 상승은 단순히 결혼을 사치화하려는 산업의 문제만으로 설명되기 어렵다. 공급 감소, 시장 프리미엄화, 그리고 수도권 집중이라는 구조적 요인이 동시에 작동하면서 평균비용이 상승하는 구조에 가깝다. 오늘날 웨딩 산업의 가격 상승은 결혼 산업 내부의 문제가 아니라, 한국사회 전반에 누적된 지역 불균형이 개인의 삶의 비용으로 전가된 결과이기도 하다.

> 최근 경기침체와 실업대란으로 중하류층이 결혼을 미루는 사례가 늘고, 서비스에 대한 불만도 고조되면서 일반 예식장의 결혼식이 큰 폭으로 감소하고 있다. [……] 반면 고급 예식장이나 무료 예식장은 올여름까지 예약이 꽉 차 있는 등 극심한 양극화 현상이 나타나고 있다.[44]

어제 발행된 것이라고 해도 믿을 것만 같은 이 뉴스 기사는 지금으로부터 무려 20년 전, 2004년 5월에 발행되었다. 연세대학교 김호기 사회학 교수는 당시 《동아일보》와의 인터뷰를 통해 "결혼식은 한 시대의 소비문화 양상을 극명하게 보여주는 아이콘"이라며 "외환위기 이후 부의 양극화 현상이 두드러지면서 결혼 계층도 양극으로 나뉜 것 같다."고 지적했다. 그가 우려했던 양극화 현상은 오늘날 더욱 극단으로 치닫고 있다. 주요 5성급 호텔의 예식당 이용은 기본 수천만 원에서 시작한다. 그중 연예인들이 식을 치러 더욱 인기가 있는 서울신라호텔은 가장 적은 예산으로 진행할 때 9000만 원대 중반부터 시작하여 꽃 장식이나 식사 등 선택에 따라 최대 2억 5000만 원까지 올라간다. 꽃 장식만 평균 6000~7000만 원 정도는 지불해야 공간을 허전하지 않게 채울 수 있으니 사실상 1억 원 중반대를 지출해야 하는 셈이다.[45] 2024년 서울 남산의 반얀트리 클럽 앤 스파 서울은 럭셔리 웨딩 콘셉트로 하객 150명 기준 약 3억 원의 대형 야외 수영장 웨딩 상품을 출시해 판매하기도 했다.[46] 고급 호텔 결혼식을 치르기 위해서는 1년 전 준비로는 늦다. 적어도 1년 반에서 2년 전에는 예약해야 원하는 날짜에 진행할 수 있다는 것이 하이엔드 컨설팅 업체의 제안이다.

한국소비자원에 의하면 2025년 전국 평균 결혼 비용(스드메 포함)은 약 2101만 원, 특히 서울 강남은 3409만 원에 이른다. 결혼정보회사 가연이 결혼 1~5년 차인 기혼자 1000명을 대상으로 설문조사를 한 「2024 결혼비용 리포트」에 따르면 총 결혼 비용 평균은 3억 474만 원으로 더 높다. 이 중 주택 비용을 뺀 결혼식 준비 비용은 6300만 원 수준이다. 일부에서는 집값 혹은 전셋값 등이 포함되어 있어 주택 가격 상승이 그 증가에 영향을 미쳤다고 본다. 하지만 결혼 비용과 전셋값 증가율을 비교해 보아도, 2015년을 기준으로 지난 15년간 결혼 비용의 증가 폭이 전셋값 증가 폭을 뚜렷하게 앞질렀다. 도시계획연구자 마강래 교수는 『지위경쟁사회』에서 결혼 비용이 통상적인 물가 상승률을 훨씬 뛰어넘는 상승세라고 진단했다. 집값 혹은 물가 상승이 전부는 아니며 "결혼 비용의 증가는 지위 경쟁의 영향"이라고 분석한다. 교육과 노동에서의 경쟁이 결혼 비용을 끌어올리고 있다는 것이다. 같은 책에서 그는 확신에 찬 예언을 던진다.

앞으로도 결혼 비용은 계속 증가할 것이다. 누군가가 남들이 부러워할 만한 호사스러운 결혼을 치르고 있고, 이를 본 누군가도 남들에게 꿀리지 않는 결혼을 준비하고 있기 때문이다. 낮은 지위로 추락하지 않기 위한 젊은이들의 노력이 계속되는 한, 저소득·저학력 계층에게 결혼은 더더욱 언감생심이 되어갈 것이다. 비극이다. 낭비적 경쟁의 결과라는 점에서 더 안타까운…….

수요를 분산하여 감당하겠다며 정부는 공공 결혼식장을 해답처럼 제시한다. 나도 처음 결혼을 준비할 때 공공 예식장의 등장이 9회말 2아웃의 구원 타자가 될 줄 알았다. 그러나 한국의 외모지상주의와 물질만능주의 아래에서 선착순 무료 공공 결혼식장은 빛을 내지 못했다. 누군가의 '압도적으로 아름다운 눈부신 결혼식'을 더욱 눈부시게 빛나게 하는 존재로 전락한 것은 아닌가 쓸쓸한 뒷맛이 들 정도였다.

공공 예식장의 배신

구색만 겨우 갖춘 공공 예식장, 그러니까 아름답다는 인상을 남기지 못한 결혼식장은 당연하게도 예비부부의 선택을 받지 못했다. "텅 빈 대강당에 줄 긋는다고 '예식장' 될까요?"라는 한 기자의 일갈이 많은 것을 보여준다.[47] 회의실과 소강당에 접이식 의자를 펼쳐둔 공간을 결혼식장이라고 이름 붙여둔 곳에 과연 어떤 신랑 신부가 소중한 하객들을 초대하고 싶을까? "허례허식보다 본질"을 외치는 신랑 신부일지라도 차디찬 철제 접이식 의자에 양가 부모님을 앉히고 싶지는 않을 것이다.

전국 139곳의 공공 예식장 중 83곳의 사용률을 전수 조사한 결과, 2023년 결혼식이 한 건도 열리지 않은 곳은 53%(83곳 중 44곳)에 달했다.[48] 한 여성문화회관 관계자는 "시간당 7만 원으로 전화 문의는 꾸준히 들어오는데 1992년 개관한 낡은 시설을 보고 나면 대부분 돌아선다."고 했다. 비싼 것은 너무 비싸서, 싼 것은 너무 싸서, 울며 겨자 먹기로 결혼식장을 예약해야 하는 것이 저출생의 원인으로 손가락질받는 대한민국 예비 신랑 신부가 겪어야 하는 지극한 현실이었다.

물론 '호박에 줄 그은' 형태의 결혼식장만 있는 것은 아니다. 흐드러지는 버들나무, 푸른 잔디, 새하얀 버진로드와 꽃 장식, 강이나 바다를 배경으로 하는 예쁜 야외 공공 예식장도 분명 있다. 2025년 기준, 2027년도부터 예약이 가능할 만큼 경쟁이 치열할 뿐이다. 용산가족공원은 서울의 공공 결혼식장 중에서도 특히 아름답기로 유명하다. 게다가 '소규모 친환경 야외 결혼식'이라는 취지에 맞게 일회용품 사용은 최소화하고 하객은 최대 100인 이하, 피로연 금지 등의 조건에 동의하는 부부만 신청할 수 있다. '그린 웨딩'이라니! 할 수만 있다면 신청서를 열 장이라도 작성해 꼭 이곳에서 식을 치르고 싶었다. 2020년 용산가족공원에서 식을 치렀던 신부는 "부부가 함께 봉사활동을 하면 선정에 유리하다는 소식을 듣고 결혼식을 앞두고 열심히 봉사활동을 다녔다."고 당시를 회상했다. 워낙 인기가 있는 장소이다 보니 신청 동기와 기획안을 작성하여 정성평가(70점)와 정량평가(30점)를 실시했고 예비부부들은 점수를 잘 받기 위해 봉사활동을 다닌 것이다. 드레스 투어와 피부 클리닉, 백화점 방문만이 유일한 '투두to-do'로 여겨지는 신혼부부에게 이보다 이상적인 투두가 또 있을까.

그러나 내가 신청하려 했던 2025년에는 선착순 신청으로 바뀌어 있었고, 그마저도 블로그와 카페에 '야밤의 기습 공지'를 통해 신청 방식이 자주 바뀌니 인스타그램을 잘 살피라는 노하우가 공유되는 실정이었다. 정부 관계자는 근엄한 목소리로 민간 웨딩 업계가 소비자에게 정보를 투명하게 공개하지 않아 문제가 생긴다며 지적해 왔는데…… 그토록 당당할 수 있는 것인지 잠시 의아했다. 하지만 그런 것에 신경 쓸 겨를이 없는 나는 '예신'이었다. 정신을 바짝 차려야 했다. 다른 신부가 아니라 내가 그 공공 결혼식장을 차지해야 한다! 공공 예식장에서 결혼을 한다고 해서 철두철미한 신부 역할을 저버릴 수 있는 것은 아니라는 사실을 깨달았다. 나는 순식간에 전략과 계획을 세웠다. 여느 다른 신부들처럼 인터넷 세상을 유영하며 실시간 정보를 빠삭하게 파악했다. 대망의 예약 당일, 티케팅 좀 해봤다는 주변 지인과 가족을 동원해 총 여섯 명이 동시에 접속했다. 그러나 안일한 선택이었다. 열여섯 명은 동원했어야 했다. 모두 날짜 선택 화면도 보지 못했다며 패전보를 전해왔다. 그러나 더욱 큰 절망은 담당 부서와 전화를 한 후에 찾아왔다.

"안녕하세요. 공공 결혼식장 예약을 희망하는 예비부부 인데요. 혹시 취소된 건에 대해서는 웹사이트 어디에서 확 인할 수 있나요?" 전화기 너머 담당자는 오래도록 답이 없 었다. 그리고 이내 한숨과 함께 답이 들려왔다. "……잘 살 펴보셔야죠." 꼭 공공 예식장을 이용하고 싶은 예비부부라 고 다시 한번 나를 소개하고 취소 건을 예약할 수 있는 방법 이 있다면 설명받고 싶다고 말했다. "취소된 날짜에 대한 예 약은 언제 어떻게 열리나요?" 담당자는 다시 몇 초 동안 말 이 없었다. "……하고 싶으신 분들이 계속 새로고침 하셔야 죠. 저희도 몰라요. 언제 어떤 게 취소될지. 그러니까 원하시 는 분들이 계속 보셔야 하는 게 맞죠." 담당자는 일주일 전 에 자리가 나와서 일주일 후에 바로 결혼하시는 분들도 있 으니 여기서 결혼을 하고 싶다면 계속 새로고침을 하라고 했다.

공공 결혼식장에 대한 기대는 그렇게 사라졌다. 책을 내는 과정에서 취재차 몇몇 지자체에 전화를 걸어 예약 시 필요한 사항을 물을 때도 마찬가지였다. 깊은 한숨과 느린 답변. 당신들의 결혼에는 전혀 관심도, 흥미도 없다는 듯한 태도가 이어졌다. 탁상행정의 한계에 탄식하게 되는 뉴스 속 여러 사건에 비해서는 '결혼식'이라는 주제가 가볍기 그 지없으나(누군가의 죽음을 방치하거나 복지의 사각지대에 놓이는 등의 문제는 아니기에) 애초에 '공공 결혼식장'이 예비 부부에게 유효한 선택지이긴 했을까 싶은 생각을 지울 수는 없었다.

사실 이는 '서울' 사람들에겐 지극히 익숙한 풍경이다. 공공 서비스를 차지하기 위해 조용한 전쟁을 치르는 것 말이다. 턱없이 부족한 지하철의 엘리베이터에 타기 위해서는 경쟁적으로 버티고 밀어내야 한다. 손이 빠른 젊은 사람들이 설·추석 열차 티켓을 '겟'하는 동안, 노인들은 역사에서 하염없이 취소표만을 기다려야 한다. 비정상적인 밀도로 많은 사람들이 모여 사는 이곳 서울에서는, '공공' 서비스마저 긴장 모드로 싸워 쟁취해야 하는 대상이 되었다. 그것이 서울에서 살아남는 법칙이었고 결혼을 앞두고 있는 부부라는 이유로 예외가 될 수는 없었다.

추가금 공격의 창과 방패

"드레스 추가금 방어에 성공했어요!"라는 후기 글이 결혼 준비 카페에 올라오면, "축하드려요!", "잘 하셨어요!" 하는 댓글이 쌓이기 시작한다. 이는 예비신부들이 받고 있는 죽창같이 뾰족한 추가금 공격의 현실을 여실히 보여준다. 피하는 자가 축하받고 대부분은 그대로 찔린다. 한국소비자원이 마흔 개 소비시장을 평가한 2024·2025년 지표에서 결혼 서비스는 최하 점수(50.4점)를 기록했다. 특히 가격 공정성·정보 접근성이 압도적으로 낮았다. 응답자의 85%가 "가격 정보를 얻기 어렵다", 계약 단계에서는 83%가 "예상치 못한 추가 비용을 경험했다"고 답했다.

　2023년 결혼 준비에 한참이던 친언니는 우려스러운 목소리로 말했다. "너, 결혼을 누구랑 언제 할지는 몰라도 일단 식장부터 예약해. 반년 사이에 가격이 훅 오른다니까. 진짜 장난 아니야." 그때만 해도 나는 무려 낭만과 사랑을 이야기하며 거절했다. 결혼하고 싶은 때가 되면 손잡고 여기저기 돌아다니고 또 식장도 둘러보는 재미가 있는 거지, 그걸 미리 계약해 두는 게 뭐냐는 핀잔이었다. 그리고 당당하게 이야기했다. "요새 뉴스에 가격표시제 의무화, 뭐 그런 얘기 많이 나오던데? 그럼 좀 괜찮아지지 않을까?" 그러나 그것은 폭풍의 눈에서 소가 한가로이 풀을 뜯는 것과 마찬가지로 지나친 태만이었다는 것을 뒤늦게 깨달았다. '웨딩플레이션'은 이미 시작돼 있었다.

　처음 플래너를 만나 예산을 말하면, 내가 말한 예산이 300만 원이라고 가정할 때 250만 원 즈음 되는 그러니까 더 싼값의 견적서를 뽑아준다. 그럼 신랑 신부는 "오, 우리가 생각한 것보다 훨씬 저렴한데?" 생각하고 안심한다. 그때 플래너는 "오늘 이 자리에서 계약 시"라는 할인 조건을 덧붙인다. 이때까지도 신랑 신부는 보통 스드메에 각각 얼마의 돈이 지불되는지 알지 못한다. 패키지 금액을 중개 업체에 일괄 지불하고 실제 스드메 등 서비스는 각 제휴 업체가 제공한다. 그러나 막상 스튜디오에 가보면 기본 옵션만으로는 기대하는 바와 전혀 다른 결과물이 제시된다. 작가 지정 여부, 드레스 및 메이크업, 소품 사용 수준 등에 따라 사진의 품질이 천차만별로 달라지기 때문이다. '오늘만 할인'을 내 걸며 플래너가 보여주었던 화려한 결과물은 당연히 최대의 옵션을 추가한 상품의 결과물이었지만 그에 대한 정확한 안 내는 어디에도 없다.

한국소비자원이 2025년 전국 열네 개 지역 소재 결혼식 장 370개와 결혼 준비 대행 업체 152개를 대상으로 한 조사 도 비슷한 결과를 보인다. 예비부부가 결혼 준비를 위해 지 불하는 총 금액의 평균은 2101만 원, 그중 스드메에만 많게 는 345만 원, 적게는 212만 원을 쓰고 있었다. 그 외에도 '추 가 비용'으로 분류된 선택 항목만 58개에 이르렀다.[49]

이제 '스드메'의 시대는 가고 '퍼얼레'의 시대가 도래했 다. 퍼얼레는 아무도 입지 않은 웨딩드레스를 첫 번째로 개 시할 때 지불하는 비용 '퍼스트 웨어', 메이크업이나 헤어를 오전 9시 이전에 진행하는 경우 추가 지불하는 비용 '얼리 스타트', 반대로 오후 5시 이후 추가되는 비용 '레이트 아웃' 을 뜻한다.

이외에도 한국소비자원이 정의한 선택품목 58개 중 몇 개만 추려 살펴보면 다음과 같다. (말이 안 되는 것을 말로 적 어두니 더욱 낯설게 느껴지는 리스트다.)

결혼식장 관련

○ 본식 당일 사진과 영상 촬영 포함한 패키지 비용

○ 영상 촬영 없이 사진 촬영만인 스냅 촬영 비용

○ 신부 대기실, 연단, 포토 테이블 등을 생화 꽃 장식으로 추가하는 데 따른 비용

○ 하객맞이용 사진 전시 공간인 포토 테이블 추가 비용

○ 꽃잎을 뿌리며 입장·퇴장 연출하는 비용

○ ……

스튜디오 관련

○ 밤 시간대에 촬영에 따른 추가 비용

○ 촬영 담당자를 지정할 시 추가되는 비용

○ 원본 촬영 후 빠르게 수정된 사진 제공에 따른 추가 비용

○ 휴대폰용 사진 파일 제공에 따른 추가 비용

○ ……

드레스 관련

○ 드레스를 입어보는 과정에서의 시착 비용

○ 착용된 이력이 없는 드레스를 최초 착용하는 비용

○ 원하는 드레스를 지정하는 비용

○ 신부 몸에 맞춰 옷을 조절하는 드레스 가봉 촬영 서비스 비용

○ ……

메이크업 관련

○ 이른 시간에 서비스를 시작함에 따라 부가되는 비용

○ 원하는 직급(또는 작가)을 헤어·메이크업 담당자로 지정하는 데 필요한 비용

○ 기본 헤어스타일을 바탕으로 고객의 요청에 맞게 스타일을 조정하거나 변화를 주는 데 발생하는 비용

○ ……

'추가금과의 전쟁', 이 전쟁을 제대로 이해하려면 웨딩 중개업의 기형적인 비즈니스 구조부터 들여다봐야 한다. 예비부부가 직접 만나는 업체들은 스튜디오, 드레스, 메이크업 같은 제휴 업체들이다. 이들은 종종 언론과 미디어, 각종 후기에서 '추가금을 요구하는 주체'로 악마화되기도 한다. 그러나 이들 뒤에는 웨딩 중개 업체가 있다. 웨딩 컨설턴트, 플래너로 일컬어지는 중개 업체는 계약 성사를 주도하고 고객을 유입시켜 돈을 제휴 업체에 전달한다. 그 과정에서 제휴 업체에 낮은 단가로 서비스를 제공할 것을 요구하기도 한다. 고객에게 '패키지 할인'을 제공하기 위함이다. 하지만 이러한 비용 압박은 서비스 제공 업체로 전가되고, 그 결과 제휴 업체 입장에서 현장에서 신랑 신부에게 직접 받을 수 있는 추가금은 선택이 아니라 생존 전략에 가까워진다. 웨딩 스튜디오를 운영하는 인터뷰이는 이렇게 설명한다. "중개 업체로부터 받는 정산은 그 규모도 적고 시기도 늦을 수밖에 없잖아요. 근데 현장에서 바로 돈을 받으면 이건 그냥 바

로 현금으로 들어오는 거니까 저희 입장에서는 소중한 수입원이 되죠." 이러한 상황은 결국 업계 전반의 서비스 저하로도 이어질 수밖에 없다.

웨딩 업계에서 20년 넘게 일해온 한 컨설팅 업계 종사자는 산업의 고질적인 문제를 다음과 같이 지적한다. "이게 결국 양질의 서비스를 제공하던 업체들이 손해를 보게 되는 구조거든요. 소비자에게 100만 원 돈을 받고 100만 원만큼의 서비스를 제공하던 제휴 업체들이 중개 업체에게는 80만 원 할인가로 제공하는 조건으로 손님을 유치받기 시작하면, 서비스도 딱 80만 원짜리가 되겠죠. 80만 원을 낸 고객이지만 원래 가격인 100만 원만큼 서비스를 유지한다면 곧 망하거나 지쳐 떨어지거나, 둘 중 하나죠. 그럼 전체적으로 서비스 질이 떨어질 수밖에 없어요." 이는 업체가 소비자와 직접 거래하지 않고 중개업이 개입하여 정보를 독점할 때 전반적인 서비스 질이 하향 평준화될 것이라는 의미다. 경제학에서 말하는 '레몬시장lemon market'의 전형이다. 레몬은 겉보기에는 매끈하고 먹음직스러워 보이지만, 막상 베어 물면 강한 신맛이 먼저 느껴지는 과일이다. 레몬시장은 바로 이런 상태, 즉 겉보기만으로는 가치를 판단할 수 없고 정보가 투명하게 공개되지 않을 때 시장 전체에 문제가 발생하는 상황을 가리킨다. 정보 비대칭이 심한 시장에서 소비자는 품질을 신뢰하지 못해 평균가격만을 지불하려 하고, 결국 양질의 서비스와 상품은 시장에서 사라지게 된다. 그러니 애초에 창과 방패의 대결이 아니라 서로 부당한 피해를 입지 않으려는 두 이해 당사자의 방패와 방패 싸움이었는지도 모르겠다.

이때 생기는 가장 표면적인 문제는 서비스의 불만족이다. "기본금만 하신 신부는 없긴 없으세요." 웨딩드레스를 두고 고민하는 신부 F에게 식장 관계자가 눈썹을 시웃 모양으로 꿈틀거리며 이야기한다. 대부분 신부들이 최소 80만 원, 최대 200만 원이 넘는 드레스를 선택했다는 정보를 귀에 대고 속삭이는 것이다. 마치 추가금을 하지 않으려는 당신의 시도가 마땅치 않다는 듯이. 단가가 높은 드레스를 고르면 "역시 보는 눈이 있다"며 높은 안목을 칭찬하고 단가가 낮은 드레스를 고르면 "추가금이 없는 이유가 있다"라며 신부의 마음을 꼬집는다. F는 결국 추가금이 들지 않는 기본 드레스를 선택했지만 살뜰하게 피팅을 돕던 실장님이 냉랭해졌다는 느낌을 지울 수 없었다고 털어놨다. 스튜디오 사진을 셀렉할 때 한 장이라도 더 추가하게 하려는 숨 막히는 분위기도 이러한 상황에서 기인한 것이다. 결국 추가금의 상당 부분은 '처음부터 숨겨진 총비용'이 서서히 드러나는 구조에 가까웠다. 원래 지불했어야 할 가격을 쪼개고, 감추고, 늦게 공개해 나중에 깨닫게 되는 구조다. 그 결과는? 우리가 모두 알고 있는 현재의 모습이다.

인생에서 몇 없을 가장 큰 단위의 지출을 하면서도 신랑 신부는 눈치를 보게 된다. 인생에 한 번뿐이라면서, 그날 하루를 위해 연봉을 지불하면서, 만족도는 정작 매일 주문하는 새벽 배송보다 떨어진다. 2024년 한국소비자원이 발표한 「소비자 시장평가지표」에 따르면 전체 시장의 평균 점수는 65.7점(100점 만점)이었지만 결혼 서비스 부문은 50.4점에 그쳤고 새벽 배송은 71.8점으로 가장 높았다.[50] 소비자들은 결혼식이 신뢰성과 가격의 공정성, 선택의 다양성, 사후 피해 보상 등 모든 측면에서 가장 소비자 비친화적인 산업으로 작동하고 있다고 응답했다. 인생에서 한 번뿐이라는 그 중요한 날은 가장 소비자 친화적이지 않은 시장에 맡겨져 있는 역설이 확인된 셈이다. 2024년 집계된 한국소비자원의 자료에 따르면 결혼 준비 대행 서비스의 피해 구제 접수 건수는 2022년 152건에서 2024년 291건으로 2년 만에 거의 두 배 늘었다. 같은 기간 예식장 관련 피해 구제도 345건에서 614건으로 두 배 가까이 깡충 뛰었다.[51] 그러나 이는 빙산의 일각에 가깝다는 지적도 많다. 《조선일보》와의 인터뷰에서 한 예비신부는 "업체 측에 더 따지고 싶었지만 평생 한 번뿐인 결혼식에 괜히 불똥이 튈까 봐 울며 겨자 먹기 식으로 받아들일 수밖에 없었다."고 했다. 내가 만난 신부들의 반응도 비슷했다. 웨딩 산업에 문제가 있다는 것을 부인하는 신부는 없었다. 다만 '좋은 게 좋은 것'이라는 분위기를 깨고 싶어 하지 않았을 뿐이다.

이러한 묵인은 소비자 피해를 넘어 탈세와 같은 범죄로도 이어진다. 2025년 2월 국세청 정책 자료에 따르면, 일부 스튜디오 촬영 현장에서 발생한 추가금을 차명 계좌로 이체하도록 유도해 매출을 누락하고, 이를 100억 원 규모의 부동산과 주식 취득 자금으로 유용한 사례가 적발됐다. 특히 현금으로 결제되는 추가금을 중심으로 탈세가 빈번하게 발생한 업종으로 스드메 업계가 지목됐다.[52] 이를 일부 업체의 일탈로만 보기는 어렵다. 불투명성을 기반으로 작동하는 시장 구조가 만들어낸 결과에 가깝다. 3장에서 더 구체적으로 살펴보겠지만 웨딩 산업은 신랑 신부뿐 아니라 웨딩 업계 종사자의 인간성까지도 잠식한다. 플래너는 같은 여성, 같은 또래, 때로는 비슷한 경험을 가진 동료 인간으로서 예비 신부를 마주하면서도 동시에 그녀를 '마진을 내야 하는 대상'으로 바라봐야 하는 모순 속에 놓이기 때문이다. 모든 문제는 개인의 도덕성이나 양심의 문제가 아니라, 산업 구조가 이 관계를 그렇게 규정하고 있기 때문에 발생한다.

정부 규제는 예랑과 예신을 구원할 수 있을까

결혼 산업의 교묘한 상술과 소비 유도를 막기 위해서는 정녕 아무런 방법이 없는 것일까. 이때 혜성처럼 등장한 것은 규제다. 언론은 마치 규제가 등장한다면 웨딩 업계에서의 모든 문제가 해결될 것이라는 듯이 호언장담했다. 나 역시 그렇게 기대했다. 하지만 문제의 핵심을 관통하지 못한 규제들은 오히려 웨딩 산업을 본격적으로 꽃피우는 데 크게 기여하며 기름을 붓고 있었다.

정부는 2024년 11월 14일 「결혼 서비스 발전 지원 방안」에서 크게 다섯 가지 대책을 내놓았다.[53] 그러나 모두 지지부진하거나 사실상 실패로 돌아갔고 그나마 가장 유효하게 도입된 대책이 '스드메 가격 자율 공개'다.(이마저도 강제성이 없는 권고에 그쳐서 공개를 한 기업들은 10% 남짓이다.) 그러나 이는 오히려 가격 상승의 연료로 태워졌다. 해당 정책이 발표되자마자 예식장뿐 아니라 스냅사진, 드레스 피팅비, 메이크업 비용이 무서운 기세로 오르기 시작한 것이다. 해당 시기에 결혼을 준비하고 있던 신부 G는 "매주 웨딩 박람회를 갈 때마다 실시간으로 올라가는 비용을 보면서 헛웃음이 났다."고 회상했다. G가 2023년 11월 식을 치렀던 서울의 한 웨딩홀 대여료를 2025년 2월 문의해 보니 고작 1년 반 만에 식장 대관료만 무려 40%가 오른 상태였다. 그마저도 "앞으로 가격이 또 오를 수 있으니 내년이나 내후년을 생각하시더라도 지금 계약금 걸어두시는 게 좋으세요. 정말 한 달만 지나도 올라 있기도 한데 그럼 신부님 너무 속상하시잖아요."라는 상냥한 협박을 들어야 했다. 식대는 50%, 딱 1.5배 올라 있었다. 업체들이 암암리에 받아오던 추가금을 가격 표시에 반영하기 시작하며 절대적인 가격이 오르기 시작한 것이다. 정부는 2025년 8월, 실효성이 없던 가격 공개에 대해 권고 대신 의무화하고 위반 시 최대 1억 원의 과태료를 부과하는 방식으로 제도를 개정하겠다고 발표했다. 그러나 해당 정책이 신랑 신부의 부담을 더욱 높일 것이라는 불길한 예감은 현실이 되고 말았다. 웨딩 업계가 지닌 오래되고 복잡한 문제는 단순히 가격 공개로 끝날 일은 아니다. 300만 원이라고 적어둔 채 "참가격에도 조회해 보세요. 저희는 300만 원으로 딱 정해두고 있어요. 그런데 저희 업체를 통해 하시면……, 현금으로 당일 지불하시면……, 친구추천 포인트를 사용하시면……" 무수히 많은 할인 조건들을 붙여 오히려 신랑 신부들을 더 혼란에 빠지게 하고 있었다.

그런데 더욱 근본적인 문제는 비용의 지급 구조 자체에 있다. 2025년 마련된 「준비 대행업 표준계약서」는 위약금 기준, 추가 옵션 표기, 해지 조건 등을 명시하도록 했고, 비용 역시 개별 웨딩홀이나 스드메 제휴 업체가 아니라 웨딩 중개 업체를 통해 지급되는 구조를 전제로 했다. 이는 단순히 결제를 누구에게 하느냐의 문제가 아니라, 시장의 권력 구조를 강화하는 방식으로 작동할 수 있어 위험하다. 가격을 통제하는 주체와 실제 서비스를 제공하는 주체가 분리되면서, 중개 업체의 영향력은 더욱 공고해질 수 있기 때문이다. 한 웨딩 업계 종사자는 이에 대해 크게 우려된다는 입장을 표했다. "이렇게 되면 결국 웨딩 중개업에 더욱 힘을 실어주는 셈이 되거든요. 안 그래도 추가금 파티인데 더 파티가 될 수밖에 없어요." 표준계약서는 신랑 신부, 준비 대행 업체, 제휴 업체 간 거래 조건을 명확히 한다는 점에서 의미가 있지만 동시에 결혼 준비 대행업, 그러니까 중개업체에 명확한 명분과 훈장을 쥐어주는 셈이었다.

웨딩 중개 업체는 스드메 같은 서비스를 직접 제공하지 않는다. 대신 다수의 제휴 업체와 협약을 맺고 대량 계약으로 단가를 낮춘 뒤 박리다매로 이윤을 극대화한다. 문제는 이러한 구조가 이미 시장가격 형성 과정 자체를 왜곡하고 있다는 점이다. 표준계약서를 통해 형식적 투명성은 높아졌을지 몰라도, 그 사이에서 작동하는 리베이트, 제휴 마진, 광고비, 인센티브와 같은 이윤 구조는 여전히 가시화되지 않는다. '추가금 파티'를 멈추겠다는 제도가 오히려 합법적 추가금을 보증하는 장치로 작동할 가능성이 높다는 것이 업계 관계자의 지적이다. 고양이에게 생선 가게 열쇠를 맡긴 꼴이 되지 않으려면 계약 자체의 투명성뿐만 아니라 돈이 최종적으로 어디로 흘러 들어가는지 살펴야 할 것이다.

책을 쓰는 와중에도 웨딩 산업 문제를 잡겠다는 규제가 쏟아진다. 그러나 신랑 신부가 되면 경험하는 문제들을 '가격 표시제'와 같은 제도로 단번에 해결할 수 있다는 주장마저 허상이라는 사실은 오히려 당사자들을 더 깊은 절망으로 밀어 넣는다. 폭발적으로 상승한 결혼 비용은 단순한 산업 내부의 문제만이 아니라, 지역 불균형이 만들어낸 양극화, 뿌리 깊은 경쟁과 비교 문화, 그리고 과시적 소비가 일상화된 한국사회의 구조 속에서 작동하는 결과이기 때문이다.

지금 필요한 것은 하나의 정책, 하나의 제도면 모든 문제가 해결될 것이라는 포퓰리즘적 환상이 아니라, 결혼을 둘러싼 사회적 기대와 소비 구조, 그리고 경쟁의 압력이 어떻게 개인의 삶을 규정하고 있는지를 함께 들여다보는 일일 것이다. 이 과정이 중요한 이유는 결혼 준비 과정에서 시작된 부담이 비혼(자신의 온전하고 자발적인 결정이 아니라 '결혼'의 현실적 문턱이 높아 포기하게 되는 것으로서의 비혼), 저출생이라는 사회문제의 배경으로까지 확장되기 때문이다.

2

결혼식의 주인공은
정녕 신부인가?

"세상에서 가장 아름다운 오늘의 주인공, 신부를 소개합니다!"

스튜디오, 드레스, 메이크업, 신부 관리까지, 웨딩 산업이 집요하게 따라들며 착취에 가깝게 못 살게 구는 대상은 눈치챘겠지만 바로 예비신부, 바로 여성이다. '신부가 주인공'이라는 서사는 곧 막대한 소비와 노동을 강요하는 틀로 작동한다. 이 장에서는 바로 그 모순된 구조, 즉 여성을 주체로 내세우면서도 동시에 끊임없이 규율하고 규격화하는 결혼 산업의 역학 관계를 구체적으로 들여다보고자 한다. 가부장제, 외모지상주의, 그리고 자본주의의 교차로에 바로 결혼이 있다.

'예신'이 되면 생기는 일

결혼을 준비하며 두 번째 웨딩 박람회 상담에 갔을 때의 일이었다. 이미 첫 번째 웨딩 박람회에서 내 번호를 넘겼다가 잊을 만하면 계속해서 "신부님, 준비 잘 하고 계신가요?" 하는 전화가 오던 때였기 때문에 나는 예비 남편의 번호를 기입했다. (이후 플래너 인터뷰 과정에서 알게 되었는데 거절하는 가장 확실한 방법은 '파혼했어요'라고 말하고 끊는 것이라고 했다.) 예비 남편과 나는 결혼식 준비에 관심도, 욕심도 없는 편이었는데 왜 나에게만 이렇게 열심히 설명해 주고 선택하라고 강요하는지 분노가 끓어올랐기 때문이다. "거기에 네 번호 써. 나도 이런 것 영 관심 없으니까 알아서 결정해 달라고 해." 그러나 몰랐다. 업체가 남편에게 전화하여 "신부님 번호를 알려달라"고 이야기하면서 다시 그 공이 도돌이표처럼 내게 돌아올 줄은.

그러던 어느날 이사 문제를 두고 싸움이 일었다. 예비 남편이 신혼집이 될 후보 매물을 살펴보고 보여주었는데 우리가 살아야 할 집을 결정하는 중요한 사안임에도 나는 그것을 들어볼 몸과 마음의 여유가 없었던 것이다.

"이사 얘기는 좀 다음에 하자. 결혼식 준비 때문에 너무 바쁘니까."
"이사 얘기가 결혼 준비가 아니야?"
"아니, 당장 정해야 할 것도 산더민데 무슨 내년에 할 이

사 얘기를 지금 하는 거냐는 거지, 내 말은. 이번 주까지는 어머님들 한복 예약해야 한다고. 이것까지 하고 이사할 집 보자.”

“그런 것들 정하는 것보다 이게 더 중요한 거 아니야? 이게 진짜 결혼 준비 아니야?”

“그런 것들? 그럼 이건 다 가짜야? 나라고 이게 재밌는 줄 알아? 너는 드레스며, 스냅이며, 메이크업이며, 이런 거 한 번이라도 찾아봤어? 스냅이 뭔지는 알아? 다 내가 찾고 내가 정하고 있잖아, 지금. 나는 이거 관심 있어서 찾아보는 줄 알아?”

싸움은 격렬했다. (그는 “스냅? 케이터링 같은 거 아니야?”라고 답변했다.) 상상해 보라. K-웨딩 산업을 비판하겠다며, 처음에는 심지어 ‘결혼식을 하지 않기로 했습니다’라는 가제까지 붙여 책을 쓰고 있던 내가 ‘신부님’이 되어버렸다. 할 말이 얼마나 많겠는가. 이 모든 것이 얼마나 하기 싫었겠는가. 그러나 결혼을 하는 것만큼이나 중요한 것이 결혼**식** 준비라는 것을, 말 그대로 두 사람의 시작을 축하해 주려고 자신의 귀한 시간과 돈을 지불할 사람들을 잘 대접해야 하는 의무가 부부에게 있다는 사실을 천천히 깨닫고 있었다. 그러다 마음속으로 은근히 ‘나도 이런 드레스를 입고 저런 사진을 찍고 싶다.’는 감정이 들 때마다 괜히 불에라도 데인 것처럼 과격하게 반응했다. 그렇게 모든 것을 완벽하게 잘 해내고 싶다는 강박에 시달리기 시작했다.

'예신'이 되는 순간, 여성들은 본인에게 과도하게 부여된 의무에 대해 왜 불만을 가지지 못할까. 불만을 가지기는커녕 심지어 그것을 완벽하게 수행한다. 여성에게 일평생에 가깝도록 주입돼 온 완벽주의가 빛을 발하는 것이다. 남들이 하는 것을 빼놓지 않으면서 조금은 더 나답게 잘 해내고 싶다는 작은 욕심 안에서 신부들은 그 누구보다 결혼 준비에 진심이었다.

  결혼식에 대한 모든 준비와 실천의 의무들이 대부분 여성에게 주어진다는 사실은 너무 당연해서 심지어 그것이 뭐가 문제인지 눈치채지 못할 뻔했다. 주어진 의무가 문제라기보다, 오히려 여성이기에 할 수 있는 취미이자 사치, 인생에 마지막일 수 있는 나를 위한 투자이자 선물로 여겨지고 있기 때문이다. 그러나 결혼이라는 제도는 명백하게 성별에 따라 역할을 배분하는 구조를 내포하고 있었고 그 첫 관문이 되는 결혼식의 준비 과정에서부터 여성은 이미 '가정 관리'의 주체로 자리매김되고 있었다.

  결혼식은 여성이 아름다운 몸매와 피부를 위해 얼마나 '자기 관리'를 잘 했는지 평가하는 자리가 됐다. 참여한 하객들을 위해 얼마나 많은 요소를 섬세하고 완벽하게 고려했는지, 그 완성도를 평가받는다. 예단과 예물, 혼수, 신혼집 인테리어, 예식 절차와 손님 접대까지 대부분의 준비 과정은 여성의 세밀한 노동에 기대어 있다. 동시에 그에 대한 경제적 부담은 남성의 몫으로 전가된다. 여성의 꾸밈과 노동은 '꼼꼼한 성격'으로, 남성의 비용 지불은 '능력'으로 포장되며 사회적 위계가 재생산되는 곳, 그곳이 바로 결혼식이었다.

수상할 정도로 완벽히 해내는 여성들

책을 준비하며 완벽해 보이는 결혼식을 치른 십여 명의 신부들을 만났다. 나는 그들이 오래도록 아름다운 결혼식에 대한 로망이 있었던 것이리라, 그 로망을 여봐란듯이 멋지게 실현해 보인 것이리라 생각했다. 그러나 나의 가설은 완전히 무너졌다. 인터뷰에서 결혼식과 로망, 두 단어의 조합은 "어려서부터 제 결혼식 로망이 뭐였냐면요."라는 설렘이 담긴 쪽이 아닌 "전 결혼식에 로망 같은 건 없었어요." 하는 심드렁한 쪽으로 언급됐기 때문이다. 인터뷰를 진행한 신부 열에 아홉이, 특히 결혼식 사진이 완벽했던 신부일수록 "저는 결혼에 대한 로망이 1도 없었어요."라며 고해성사처럼 이야기를 시작했다. (이어지는 답변에서 "제주도 스냅은 찍고 싶었다.", "프러포즈는 호텔에서 받고 싶었다."는 등의 바람은 분명 로망으로 들리기는 했으나, 그 정도는 스스로 로망을 가졌다고 취급하지 않는 것이 웨딩 산업의 현주소였다.) 그렇다면 도대체 어떤 동력으로 그렇게 아름다운 결혼식을 해낼 수 있었을까? 왜 여성들은 스스로 '예비신부'의 역할을 자처하여 신부이자 기획자, 진행자의 역할을 그토록 완벽하게 수행해 내는 걸까?

"로망이라기보다는 어차피 해야 하는 거니까 이왕이면

잘 하고 싶었죠. 결국 이게 다 성격인 것 같아요." 인터뷰 시점에 결혼을 한 달 정도 앞뒀던 신부는 말을 이어갔다. 그러고는 자신이 평소 주어진 상황과 문제를 해결하는 데에 얼마나 집요하고 계획적인지를 설명했다. 회사에서도, 여행을 가서도, 그녀는 "K-장녀 성격이 어디 안 간다"며 미리미리 찾아보고 예약하는 것을 잘하고 또 좋아한다고 했다. 어떤 질문에도 몇 번이나 성격 덕분이라고 답했다.

그러나 나는 "그렇군요! 아무래도 성격 덕분에 식을 잘 준비하신 것이군요!"라고는 답변할 수 없었다. 그녀를 인터뷰하기 전 만나봤던 많은 신부들의 입에서도 '성격'이 언급됐기 때문이다. 우연한 일치로 그런 성격의 신부들을 만난 것일까? 자유연애를 거쳐 결혼 적령기에 이른 대한민국의 2030 여성들이 나무랄 데 없도록 완벽하게 해내는 성격을 가지게 되는 것에는, 어떤 사회적 맥락이 숨어 있지 않을까? 하필 20대 후반, 30대 초반의 여성들이 공통적으로 가지게 된 '성격'이라면 그것은 우리가 함께 들여다볼 만한 지점이 되어줄 것이었다.

가장 먼저, 그 '성격'이 형성된 사람들이 모조리 예비신랑이 아닌 신부라는 점에 주목해 보자. 결혼 준비 과정에서의 노동, 그러니까 예식장 섭외, 드레스 투어, 사진 촬영, 신혼여행 예약 등 대부분의 조율과 결정 과정은 여성의 몫으로 돌아간다. (결혼 과정에서 남성의 부담이 없거나 적다는 뜻은 아니다. 남성은 '월급 2개월치'에 달하는 프러포즈 선물을 사기 위해, 가장으로서 경제적으로 가족을 부양해야 한다는 사회적 통념의 역할을 수행하기 위해, 때로는 브라이덜 샤워와 결혼식 비용을 지불하기 위해 또 달리 고통받고 있다.)

착한 딸, 좋은 아내, 자랑스러운 남편을 가진, 평범한 가정이라는 가장 큰 정상성으로의 진입. 이 과정에서 여성들은 자기 착취적 노동에 몰입하며 완벽하게 주어진 업무를 해낸다. 결혼 전에는 "여자 나이는 크리스마스 케이크 같다."*는 말을 들으면서도 젊고 아름답고 유쾌하며 잘 웃는 여성이 되기 위해 노력하고, 결혼 후에는 경력도 이어가며 아이 양육도 잘하고 옷도 잘 입는 워킹맘이 되기 위해 노력한다. 출산 후에는 출산 전 몸매를 되찾기 위해 관리하고 출근을 하면서도 '#완모'** 해시태그를 달고 화장기 없는 청초한 얼굴을 한 엄마의 모습을 업로드한다. 여성은 지나치리만큼 생의 모든 단계에서 역할을 잘 수행해 내기 위해 언제나 최선을 다하고 있었다.

결혼식은 지금까지 살아온 삶이 틀리지 않았노라, 잘 살아왔노라 인정을 받을 수 있는 가장 사회적이고도 공식적인 자리다. 신부들은 그 준비 과정에서 발생하는 노동을 사랑이나 헌신 같은 개인의 감정이나 성격의 문제로 환원한

* 23일부터 잘 팔리다가 26일부터는 팔리지 않고, 30일에는 폐기되는 크리스마스 케이크에 여성의 나이를 비유한 표현이다.
** '완모'는 '완전 모유 수유'의 줄임말로, 아기에게 분유를 전혀 먹이지 않고 오직 엄마의 모유(직접 수유 또는 유축 모유)만을 먹이는 방식을 의미한다. 완모는 산모의 체력 소모가 크고 수유 간격이 짧아 사실상 하루 대부분의 시간을 아기에게 맞춰 생활해야 하기 때문에 신체적·정신적 부담이 매우 크다. 이 때문에 한국사회에서는 완모를 실천한 산모를 높게 평가하는 문화가 형성되어 있다.

다. 그러나 자본주의 시대의 사랑과 감정을 사회학적으로 분석한 학자 에바 일루즈의 시선에서 보면, 이는 '개인적'인 것이 아니다. 성격은 애초에 자아의 본질이라기보다 사회적으로 요구되는 수행 능력에 가깝기 때문이다. 다른 사람들이 눈으로 확인하고 칭송할 수 있을 정도로 의무감을 실천하는 행위, 그것이 누적되어 형성된 것이 나를 포함한 많은 신부들이 말하는 '성격'의 정체였다.

여성에게 내면화된 완벽주의가 강요된 데에는 여러 역사적, 사회적 맥락이 있겠지만 가장 근본적인 원인은 단연 가부장제 사회 그 자체다. 사회학자이자 정신분석 이론가 낸시 초도로우는 『모성의 재생산』이라는 책에서 가부장제 사회가 여성에게 돌봄과 순응적 태도를 사회적으로 학습시킨다고 설명한다.[1] 가족 제도와 사회적 양육 과정을 통해 여성에게는 스스로 주어진 역할을 완벽하게 해내려는 성격이 내면화되는 것이다. 더 나아가 철학자 주디스 버틀러는 성격뿐 아니라 젠더 자체가 본질이 아닌 하나의 수행, 즉 퍼포먼스gender performativity라고 본다.[2] "젠더는 무대 위에서 배우가 행하는 퍼포먼스처럼 언제나 행위로 나타난다." 사회적으로 기대되는 순종적이고, 세심하며, 자기 관리에 철저한 이상적 여성상을 반복적으로 수행함으로써 여성이라는 젠더가 형성되는 것이다.

2024년에는 '육각형 인간'이라는 단어가 트렌드로 등장했다.[3] 대상의 특징을 드러내는 여섯 개 축의 그래프에서 각 기준 축이 모두 꽉 찬 상태, 즉 '완벽'을 뜻한다. 가수라면 노래도 잘해야 하지만 얼굴도 예뻐야 하고, 인성도 좋아야 하고, 외국어도 잘해야 한다. 그중 하나라도 빠지면 영상과 사진 댓글에는 부족한 부분에 대한 품평이 쏟아진다. 대중 앞에 서는 가수에게 그 정도의 완벽함을 요구하는 것이 뭐가 문제냐고 묻는다면 그 육각형 인간에 대한 소비가 곧 자기 주변, 이내 자기 자신에 대한 잣대로 이어진다는 것에 있다고 할 수 있겠다.

결혼정보회사 듀오 박수경 대표는 2025년 한 유튜버와의 인터뷰를 통해 최근 결혼 트렌드의 핵심으로 '육각형 인간'을 언급했다. 그는 "요즘은 결혼이 어려워지다 보니 '정말 잘해야 한다'는 인식이 강해져 외모, 성격, 학력, 자산, 직업, 집안 여섯 가지를 모두 갖춘 조건을 선호하는 경향이 두드러지고 있다."며 "하나라도 부족하면 쉽게 선택하지 않는 모습이 결혼 조건을 까다롭게 만들고 있다."고 분석했다.

앞서 살펴본 바와 같이 온라인에서도 '완벽'을 추구하는 신부들이 차고 넘쳤다. 꼼꼼함과 완벽함을 좋아하는 많은 예신들이 만든 깨알같이 작은 글씨의 투두 리스트 엑셀시트, 노션 노트 페이지가 무상으로 공유됐다. 그 안에는 일정 관리부터 예산 정리, 상견례 꿀팁, 멘털 관리 방법까지 빼곡히 적혀 있다. 완벽하게 효율적인 웨딩 투두 리스트 패키지 상품은 2025년 기준 9만 9000원에 판매되기도 한다. 웨딩 플래너와 함께 하는 예신들은 마치 자신이 스스로 제2의 플래너라도 된 것처럼, 할 일과 성과를 계획하고 평가하는 프로젝트 매니저 직장인처럼, 인생에서 가장 중요한 행사를 맡은 디렉터처럼, 결혼식이라는 완벽한 프로젝트를 만들어 가고 있었다. 한국사회에서 결혼식은 '남들만큼만' 하려는 마음과, 그중에서도 내가 조금은 더 잘나 보였으면 하는 욕심, 그리고 이 모든 어려운 과정을 기어코 해내고 마는 한국인의 훌륭한 근성이 만들어내는 하나의 앙상블이었다. 그렇게 신부들은 욕망의 전략가이자 아름다운 신부로 완성됐다. 전략가가 된 신부는 정작 자신의 결혼식을 관리하느라 주인공으로서 몰입하지 못하게 되는데 이러한 아이러니는 3장에서 이어 살펴볼 예정이다.

여성 시간의 식민화

결혼식 준비 기간은 평균 294.1일, 최대 462일.[4] 꼬박 한 해의 시간을 소요해야 하는 중장기 프로젝트가 바로 결혼이다. 회사에 다니면서, 친구들도 만나면서, 또 몇몇은 부업에 투자까지 하면서, 도대체 여성들은 어떻게 결혼 준비라는 일생일대의 프로젝트를 해내는 것일까? 2024년 12월 식을 치른 신부는 자신의 비법을 상세히 공개했다. "일단 레퍼런스가 가장 중요한데 이건 틈틈이 봐둬요. 인스타그램이나 유튜브를 하다 보면 추천해 주니까 그중에서 예뻐 보이는 것을 캡처하거나 저장해 둬요. 그리고 기본적으로는 출근해서 결혼 준비는 다 하는 것 같아요. 친구들이랑 '회사 아니었으면 억울해서 결혼 준비 했겠냐'는 말도 해요. 집에서 이런 거

140

찾고 있을 생각하면 답답하죠. 근데 회사 와서 월급 루팡*하면서 시간 남을 때 하면 좀 덜 억울하달까. 점심 때 밥 먹으면서 직장 동료들한테 이것저것 물어보기도 좋고요. 그렇다고 일을 대충하는 건 아니에요. 저 성과 되게 좋아요. (그의 꼼꼼한 체크리스트와 성격을 보고 짐작해 보건대 그는 회사에서도 분명 에이스일 것이다.) 암튼…… 회사에서 남는 시간에는 다 결혼 관련한 일을 찾아보는 것 같아요. 결제할 거 하고, 청첩장 모임 식당 예약하고, 플래너님이 하라는 거 있으면 그거 하고요." 플래너는 준비 기간에 맞추어 신부에게 과제를 주는데 스튜디오 레퍼런스 찾아보기, 입어보고 싶은 드레스 후보 추리기 등이 있다. "근데 그것도 그냥 찾고 바로 보내는 게 아니라 보내기 전에 네이버 카페나 블로그 후기 같은 것들을 미리 찾아봐요. 플래너를 통해야 더 싸다고 하긴 하는데 제가 아무것도 모른 채로 얘기하는 거면 좀 불안하니까……. 요새는 워크인**으로 해서 싸게 하는 신부들도 많더라구요. 댓글 같은 것 남기면 다 알려주니까 그런 것도 물어보고……. 촬영 드레스 고를 때는 며칠 밤은 새웠던 것 같아요. 낮에는 친구들 단체 카톡방에 뭐가 좋냐, 예쁘냐 물어보면 카톡방 불나고, 그렇게 몇 개 추려지면 밤에는 남편이랑 고를 거 고르고." 피곤하지 않았냐는 질문에 그는 고개를 내저었다. "돌아보니까 다 추억이고 오히려 그때 좀 더 즐길 걸

* 근무 시간에 업무를 제대로 하지 않고 월급을 받아산나는 뜻.
** 웨딩 플래너나 컨설팅 업체를 거치지 않고, 고객이 직접 스튜디오(혹은 개별 업체)에 연락하여 상담 및 예약하는 방식을 뜻한다.

싶어요. 이왕 하는 거 잘하고 싶으니까. 막상 빠져들면 또 재밌었던 것 같기도 해요."

예비신부는 박람회에 다녀와 플래너와 계약하고 나서도 결혼 관련한 업무의 디테일을 챙기기 위해 눈에 불을 밝힌다. 그런데 이처럼 그녀가 출근을 하는 동안, 출근을 해서, 퇴근하고, 자기 전에 결혼 준비를 위해 쏟은 시간은 과연 결혼이라는 가사를 위한 노동 시간으로 인정받을 수 있을까? 인정과 격려 대신, 외려 회사에서 집중하지 않고 다른 업무를 했다고 '또' 손가락질을 받진 않을까? 이에 대해『기획된 가족』을 쓴 조주은은 측정하기 어려운 비가시적인 행위와 업무들이 여성의 24시간에 스며들고 있다고 지적한다. 이런 현상은 2000년대 초반 IT 기술이 발달하고 신자유주의 경제체제가 본격적인 궤도에 오르면서 더욱 당연한 것이 됐다. 여성들은 가족과 일터를 넘나들며 너무 많은 노동을 수행한다. '돌봄' 혹은 '살림'이라는 이름으로 말이다. 버클리대학교 사회학과 교수 엘리 러셀 혹실드는 1989년에 출간한 책『세컨드 시프트Second Shift』를 통해 직장에서 임금 노동을 하고 집에서는 가사와 육아를 거의 도맡는 맞벌이 주부들의 현실을 지적했는데 이는 예비신부의 모습과 놀랍도록 유사하다.

흥미로운 것은 결혼식을 넘어 결혼 자체가 철저하게 기획된 일종의 '가족 프로젝트'로 여겨지기 시작했다는 것이다.[5] 현대에 이르러 결혼은 두 사람의 감정적 결합을 넘어 부모의 경제력, 주거 형태, 자산 수준, 직업 안정성, 그리고 가족 간 금슬 등을 세밀히 고려해야 하는 복합적 기획의 과정이 되었다. 가족이라는 프로젝트를 영위하기 위해서는 감정 노동, 관리, 기획이 일상적으로 요구되는데 이때 특히 여성은 프로젝트 매니저로서 철저한 시간 분배와 노동으로 가족 화합을 위해 애쓴다. "남편의 감정 치료사이며, 자녀들의 생애 기획을 맡은 매니저이며, 가족의 통장을 굴리는 금융 관리사"로 다양한 역할을 도맡아 하면서 말이다. 이러한 비정상적으로 바쁜 노동은 '여성 시간의 식민화'라는 이름 대신 '갓생'으로 여겨진다. 책 『단속사회』의 저자 엄기호는 이를 '기획된 친밀성'이라고도 부른다. 그는 가족이라는 친밀성의 공간을 유지하기 위해 여성들이 바쁨을 자각하지 못할 정도로 바쁜 상태에 익숙해지며, 맞벌이 여성의 경우 출근길 지하철 안에서도 송금을 하고 아이의 하루를 관리하는 등 여러 역할을 동시에 수행하게 된다고 지적한다.[6] 예비신부 역시 마찬가지다. 결혼식을 기획하며 지하철 안에서 송금을 하고, 촬영 일정을 관리하며, 또 동시에 외모 관리를 위한 피부 관리와 치아 미백, 웨딩네일 일정까지 잊지 않는다. 그러나 이 모든 걸 잘 해내도 늘 곤란한 처지다. 그런 모든 역할을 완벽하게 수행하면 '극성'이고 '사치'라며 조롱받고, 완벽하게 해내지 못하면 또 못하는 대로 마음이 편치 않다.*

---

* 온라인 공간에서는 성적 욕망과 소비에 대한 욕망을 숨기지 않으면서도 결혼과 출산을 유예하는 여성들에 대한 비난을 토대로 여성 혐오 담론이 부상했다.

더욱 절망적인 건 결혼은 모든 사회적 맥락이 가장 극단적이고 화려하게 드러나는 무대의 장일 뿐이라는 것이다. 결혼은 가부장제 사회가 만들어놓은 '출산과 육아'의 출입문 역할을 하고 있다. 그러니 이 예비신부의 '세컨드 시프트'가 여성의 삶 전반에 걸쳐 완벽주의적 자기 관리와 소비주의를 내면화하고 여성의 삶을 과부화시키는 출발점이 될 것이라는 걱정이 지나친 기우는 아닐 것이다.

'예신'이 '경단녀'가 되기까지

'예비신부'라는 이름을 거친 여성들은 결혼 이후 달라진 삶의 모습을 마주하게 된다. 결혼과 육아를 거친 30대 후반의 여성 네 명 중 한 명이 일터로 돌아가지 못한다.[7] 소위 '경단녀'가 되는 것이다. 경력 단절 여성이라는 단어가 가진 부정적인 뉘앙스를 없애기 위해 경력 보유 여성 '경보녀'라고 불러도 상황은 나아지지 않는다. 우리나라는 G5(영국·독일·프랑스·일본·미국) 평균과 비교했을 때 여성이 결혼, 출산, 양육 시기에 노동시장을 떠나는 비율이 높다.[8] 2021년 기준 15세 미만 자녀를 둔 여성 고용률은 한국 56.2%로 경제 규모가 비슷한 나라(30-50클럽의 일곱 개 나라) 평균 68.2%보다 12% 낮다.[9] 이 현상에는 여성의 낮은 임금이 크게 한몫한다. 남녀 임금 격차는 OECD 주요 회원국 중 우리나라가 가장 크다. 2024년 여성의 시간당 임금 수준은 남성의

70.9%에 그쳤다. 2024년 기준 4급 이상 국가공무원 중 여성 비율은 26.3%였고 공공기관 여성 관리자 비율 역시 25.4%를 기록했다. 민간기업의 여성 임원 비율은 13.4%에 그쳤다. '예비신부'에게 드레스와 액세서리를 선택할 자유가 주어지는 사이, 낮은 임금과 유리 천장은 선택의 여지없이 '경력 단절 여성'이든 '경력 보유 여성'이든 모든 여성의 삶에 주어지며 곧 출산·육아·돌봄의 책임을 여성에게 전가하는 구조로 이어진다.

직장으로 돌아간 네 명 중 세 명의 삶도 녹록치 않다. 이번에는 '경단녀'라는 단어 대신 '워킹맘'이라는 단어가 도사리고 있다. 자녀가 있는 전국 기혼 직장인 여성, 그러니까 워킹맘 열 명 중 세 명가량이 퇴사를 고민하게 만드는 요인으로 '일·육아 병행의 심리적, 체력적 부담'을 꼽았다.[10] 여성들은 직장에서 퇴근하며 가정으로 다시 출근한다. 성평등가족부의 「2025 통계로 보는 남녀의 삶」 조사에 따르면 맞벌이 부부의 집안일, 가족 돌봄 등 가사 노동 시간은 아내 2시간 51분, 남편 59분으로 조사됐다. 맞벌이 부부라도 아내가 남편보다 세 배 가까이 집안일을 더 하는 셈이다. 아내만 취업한 외벌이 가구의 경우에도 아내의 가사 노동 시간은 2시간 40분으로 남편 1시간 46분보다 54분 더 길었다.[11] 취업 여부와 상관없이 여성에게 더 많은 가사 부담이 돌아가는 것이다.

물론 집안일이나 육아를 돌봄 노동자에게 위탁할 수도 있다. 하지만 아이러니하게도 국내 돌봄 노동자의 95% 안

꽎은 역시 여성이며 노동자의 76~91%가 비정규직으로 근무하고 있다.[12] "가정을 가진 여자가 일을 갖기 위해서 다른 여자를 하나 희생시켜야"[13] 하는 것이 여성이 처한 현실이었다. 그러니 이 모든 변화를 만들 '결혼'이라는 제도권 진입을 앞둔 여성들에게 정말 필요한 것이, 솜털 하나 없는 매끈한 팔다리와 장인이 하나씩 꿰어넣은 화려한 티아라가 아니라는 사실이 더욱 명확해진다. 웨딩드레스를 톱이냐 홀터넥이냐 비즈냐 실크냐 고민하는 것은 사실 '주인공'인 신부의 특권이 아니라 엄청난 양의 모래주머니를 양발, 양손, 손톱, 발톱, 온몸, 심지어 머리카락에까지 달고 시작하는 것과 같지 않나. 그러니 우리는 '인생에 한 번뿐인 결혼식인데'라며 인스타그램 화면을 넘길 게 아니라, 단 한 번뿐인 우리의 인생을 위해 삶의 단계마다 펼쳐지는 의례의 작동 방식과 권력의 메커니즘을 잘 이해하고 수행해야 할 것이다.

물론 남성에게 주어진 성 역할, 고정 관념, 편견을 이야기해도 한 트럭이다. 실제로 여러 연구에 따르면 결혼 비용의 약 60%를 남성이, 나머지 약 40%를 여성이 부담하는 구조이며 평균적으로 남성은 약 2억 1000만 원, 여성은 약 1억 5000만 원을 결혼 준비에 지출한다.[14] 한국노동사회연구소가 연구한 바에 따르면 남성의 기혼자 비율은 임금이 많을수록 상승해, 임금 10분위(상위 10%)의 결혼 비율은 82.5%로 1분위보다 열두 배 높았다. 임금 최상위층 남성은 열 명 중 여덟 명 이상 결혼하지만 최하위층은 열 명 중 한 명도 결혼하지 못하는 것이다. 남성 간 소득 불평등 정도에 따라 계층별로 최대 두 배 가까운 혼인율 차이를 빚을 수 있다는 분석도 있다. 이러한 문제에 대해서 누군가 또 다른 지면을 통해 계속해서 이야기해 주길 바란다. 그러지 않는다면 남성은 아들을, 여성은 딸을 낳기 싫다며 우리 모두 손잡고 아이를 낳지 않게 될 테고, "한국은 끝났다"*라고 대놓고 사망선고를 받은 대한민국의 멸종이 더 앞당겨지게 될 테니까.

몸에 대한 혐오를 시작으로 완성되는
웨딩드레스

결혼 준비를 시작하며 찾은 웨딩 박람회에서 친절한 웨딩 플래너를 만났다. 그는 결혼 준비 대장정의 긴 설명 끝에 대망의 웨딩드레스 설명을 막 시작하려 했던 참이었다. 플래너는 얼음 위에 기름이라도 바른 듯이 부드럽게 이어가던 대화를 잠시 멈췄다. "참, 그런데 신부님" 하며 내게 질문을 던졌다. "혹시 드레스 입을 때 가장 신경 쓰이는 부분이나 가리고 싶은 부위가 있을까요?"

상담에 앞서 내게 가장 먼저 물었던 질문은 평소 입고 싶던 스타일도, 선호하는 브랜드도 아닌 '가리고 싶은 부위'

---

* 전 세계 2240만 명 구독자를 가진 과학 채널 쿠르츠게작트Kurzgesagt('간단히 말하자면'이라는 뜻)에 "한국은 끝났다SOUTH KOREA IS OVER"라는 제목의 영상이 올라왔다. 한국의 심각한 저출생 문제를 분석하며 "2060년이 되면 한국사회가 인구, 경제, 사회, 문화, 군사적으로 붕괴할 것"이라는 암울한 전망을 담았다. 2025년 10월 기준, 1400만 조회수를 기록했다.

였다. 플래너의 질문에 나는 당황했다. "아니요, 가리고 싶은 부위……? 딱히 생각해 본 적 없는데요……." 혼자 거울을 보면서 그렇게도 꼬집었던 부위들이 분명 있었지만 누군가 내게 직접적으로 '가리고 싶은 신체 부위'를 물으니 당황한 나머지 없다고 말해버렸다. 플래너도 당황하며 황급히 말을 수습했다. "그쵸. 신부님 지금 딱히 가려야 하는 부분은 없어 보이세요. 라인도 너무 예쁘시고."

그 말이 애초에 칭찬이 아니었다는 사실을 깨닫는 데에는 오랜 시간이 걸리진 않았다. 플래너는 '예비신부 패키지'에 뷰티 클리닉과 다이어트 의원을 회당 7만 원씩 할인받을 수 있는 쿠폰을 수십 장 끼워 넣어주며 설명했다. "신부님이 평소에 운동을 좋아하시나 봐요. 건강해 보이고 좋은데, 아무래도 사진에서는 좀 더 부각되어 나올 수 있거든요. 승모근 같은 곳을 눌러주는 관리를 받으면 얼굴도 작아 보이고 확실히 드레스 핏이 예쁘긴 하더라고요." 생각해 보면 웨딩 박람회에 들어가기도 전부터 외모 강박이라는 지뢰가 도처에 심어져 있었다. 박람회로 가는 길을 안내하는 입간판 옆에는 '결혼 준비 체크리스트'라는 항목 아래 보톡스 패키지, 무통증 리프팅 패키지, 자연스러운 필러 패키지가 소개돼 있었다.

드레스 상담 이후, 옷을 입고 벗을 때마다 거울 속 내 모습에서 승모근을 유난히 거슬려하는 시선을 떨쳐내기가 쉽지 않았다. '취재차'라고 거듭 되뇌며 인터넷에 검색했다가 그 이후 한동안 성형외과 광고에 시달려야 했다. 인터넷 검색 결과는 사실 믿기 힘들 정도로 처참했다. 온라인 커뮤니티에서는 "어깨에 힘이 빠져 드레스를 잡지 못하게 될 수도 있다. 그러니 주사를 직전에 맞지 말고 한 달 전쯤 미리 맞으라."는 조언이 이어졌다. 승모근에 주사를 맞으면 자신의 치맛자락도 잡을 수 없을 만큼 손에 힘이 빠지게 되지만 신부들은 시술에 대한 위험성보다도, 자신의 신체 기능보다도 드레스 자락을 예쁘게 잡지 못하게 되는 것에 더욱 몰두하여 대화를 나누고 있었다.

책을 쓰기 위해 웨딩 관련한 검색만 하다 보니 유튜브에는 하루 걸러 하루 "어떤 드레스가 어울리나요? 같이 골라주세요!"라는 영상이 줄을 서기 시작했다. 기업이 개인 정보를 광범위하게 수집하고 상품화하는 감시 자본주의가 실현되는 순간이었다. 미국의 사회심리학자 쇼샤나 주보프는 기업들이 개인의 일거수일투족을 수집하여 상업적 원재료로 상품화하고, 이를 기반으로 행동을 예측·통제해 이윤을 창출하는 체제를 감시 자본주의surveillance capitalism라고 명명했다. 웨딩 산업은 그 구조가 가장 선명하게 드러나는 영역 중 하나다. 그러나 이 시스템이 작동하기 위해서는 전제가 필요하다. 바로 소비자의 결핍이다. 자기 자신의 모습에 완전히 만족한 신부만큼 '돈이 안 되는 대상'이 또 있을까? 알고리즘이 추천해 준 여성 유튜버들은 마치 그 요구에 응답이라도 하듯 드레스와 메이크업을 두고 고민 또 고민하고 있었다. 내 눈에 그들은 하나같이 충분히 아름다웠다. 비즈든 실크든 무엇을 입어도 어울렸고, 오히려 어울리지 않는 선택을 찾기 힘들 정도였다. 하지만 댓글에는 "언니, 1번이요!" 혹은 "2번이요", "6번이요" 등 각자의 근거와 취향을 내세운 수십 개의 판단이 쏟아졌다.

며칠 후, 이번에는 결혼식을 성공적으로 마쳤다는 브이로그가 올라왔다. 그런데 결혼을 준비하며 행복했던 모습은 온데간데없이 "당일 드레스가 너무 마음에 들지 않았다. 얼굴이 커 보이고, 그날 찍은 사진도 영상도 전부 보고 싶지 않다."는 토로가 담겨 있었다. 댓글에는 "말하지 않으면 모를 것 같다. 존재 자체로 너무 아름답다."라는 위로도 있었지만, 결과물이 너무 심하다며 업체를 소송해야 하는 것 아니냐는 댓글도 이어졌다. 물론 그것도 위로의 한 방식이었을 것이다. 유튜버는 예식장의 조명을 잘 살피지 않은 것이 패착이었다고 해석했다. 비즈 장식이 얼굴 쪽으로 빛을 반사할 수 있다는 점을 미리 예측하고 대비하지 못했다는 것이다. 그러면서 "앞으로 결혼하는 신부들은, 특히 어두운 홀에서 하는 신부들은 꼭 식장 조명을 잘 살핀 후 드레스를 고르라."는 '꿀팁'을 전수했다. 완벽한 신부라면 자신의 체형, 피부색, 군살의 부위와 더불어 예식장의 조명까지 미리 살폈어야 하는 것이다.

웨딩드레스를 고를 때는 '부유방이나 팔뚝살을 가리는 디자인', '승모근이 부각되지 않아 보이는 디자인' 등이 크게 인기를 끌고 있다. 2023년 결혼식을 치른 H는 "드레스를 착용하기 전에는 한 번도 그런 생각을 해본 적이 없는데 평소 착용한 적 없는 오프숄더 형태의 드레스를 입어보니 부유방

라인에 살이 많은 걸 알게 됐다."고 고백했다. 부유방 커버 디자인의 드레스를 골랐으나 H는 결국 식을 3주 정도 앞두고 급히 지방 분해 주사 시술을 받았다. 본식 전에 스튜디오 촬영 사진을 받아 보았는데 아니나 다를까 부유방이 눈에 띄었다는 것이다. 그리고 플래너와 대화를 나누면서 2부 드레스나 신혼여행까지 생각하면 부유방을 가려주는 본식 드레스로는 충분하지 않다는 사실을 깨달았다고 했다. "최대한 후회 없게 하고 싶은 것은 다 하세요, 신부님!" 플래너는 신부의 앞날을 진심으로 응원했지만 그 결과는 결코 신부를 위한 것은 아니었다. H는 자신이 '신부님'으로 불리기 전까지, 그러니까 결혼 준비의 여정에 들어서기 전까지 자신의 부유방에 대해 인지조차 하지 못했다고 했다.

신부는, 나는, 우리는 왜 내가 가장 사랑하는 사람 앞에서, 소중한 사람들을 초대하는 자리에서, 다른 것도 아닌 '가리고 싶은 부위'에 대해 가장 먼저 고민해야 하는 걸까? 여성의 신체가 시시각각 평가의 대상이 된다는 것은 알았지만 내 손으로 만들어가는 나의 결혼식 준비 과정에서조차 나의 신체가 아주 노골적인 형태로 대상화되는 줄은 몰랐다. 살아 숨쉬던 생명은 도축돼 부위별로 이름이 붙는 순간 생동하던 생명력을 잃고 차갑게 식는다. 소비되기만을 기다리며 전시된다. 정육점 빨간 불빛 속 살들처럼, 나의 신체 부위들도 각각 바코드가 붙어 하나씩 가격이 매겨지기 시작했다.

2022년 5월 결혼을 치른 한 신부는 드레스 때문에 결혼식 당일 기절했던 경험을 털어놨다. "서 있어도 숨이 안 쉬어지는데 신부 대기실에 이걸 입고 앉아 있어야 하잖아요. 그래서 정말 머리가 아프고 기억이 없어요. 장난이 아니라 진짜로요. 지금 생각해 보면 잠깐 기절했던 것 같아요." 그녀는 결혼 전에 헬퍼 이모님이 거듭 당부했던 방식으로 얕게 숨을 쉬었으나 상황은 더욱 악화됐다. 전문가인 헬퍼 이모님이 신부에게 했던 조언은 "숨을 깊게 쉬지 말고 얕게 들이마시고 내쉬라"는 경고였다. 숨을 들이쉬려고 흉곽을 크게 부풀리면 몸이 눌리는 듯한 기분이 들어 더욱 숨쉬기가 어려워지기 때문이었다. 숨을 얕게 쉬라는 경고라니, 새장에 갇힌 새도 숨은 제대로 쉴 수 있을 것이다. 신부들은 결혼식을 완벽하게 해내기 위해 수개월, 때로는 수년을 준비한다. 그러나 막상 결혼식이 시작되면, 숨조차 편하게 쉴 수 없는 상태에 놓인다. 헬퍼의 도움 없이는 혼자 서 있기도 어렵고, 신부 대기실이라는 제한된 공간 안에서 동선과 시간에 맞춰 움직여야 한다. 2부 드레스로 갈아입고, 헤어 변형 서비스를 받고, 사진 촬영과 순서에 맞춰 이동하다 보면 친구들과 몇 마디 인사를 나눌 여유조차 없다. 온라인 커뮤니티에서는 드레스를 입고 기절하는 사례를 어렵지 않게 발견할 수 있다. 어떤 신부는 식을 앞두고 3일 동안 물만 마시며 버텼고, 그 영향으로 기절했던 것 같다고 회상했다.

2025년 9월 결혼을 한 다른 신부는 체형이 드러나는 웨딩드레스를 일치감치 포기하고 웨딩드레스 대신 한복을 입자고 예비신랑에게 제안했다. 화보 속 모델이나 다른 신부의 사진을 워낙 많이 보다 보니 어느새 자신이 그들만큼 예뻴 수 있을까 자신감이 많이 떨어진 것이 그 이유였다고 한다. 실제로 한국의 많은 드레스 업체들은 주요 고객이 명백하게도 '한국인'임에도 한국인, 아니 아시아인 여성 대신 머리 크기와 다리 길이, 쇄골과 어깨 모양이 크게 다른 백인 모델을 카메라 앞에 내세운다. "알고리즘이 계속 뜨다 보니 드레스 착용 사진을 정말 많이 보게 됐어요. 레퍼런스로 참고해서 좋았던 것도 있지만 '그걸 입었을 때 내가 그만큼 예쁠까?' 하는 생각에 자신감이 떨어지더라고요. 그러다 보니 아예 안 입고 싶다는 생각이 들었어요. 지방 흡입, 이런 신부 관리도 하자면 할 게 끝도 없이 많잖아요. 한복을 입으면 체형을 가릴 수 있으니까, 차라리 한복이 낫겠다 싶었던 거죠." 그녀는 한눈에 봐도 마른 체형을 가지고 있었다. 그럼에도 그녀는 아름다운 웨딩드레스의 늪에서 자신의 몸에 대해 자신감을 잃어가고 있었다.

　　이러한 현상에 대해 영국의 미술평론가 존 버거는 일찍이 『다른 방식으로 보기』라는 책과 동명의 다큐멘터리를 통해 "여성은 사회 속에서 끊임없이 자신을 '타인의 시선으로 관찰되는 존재'로 바라보도록 길들여진다."고 지적한 바 있다. 그는 르네상스 회화 속 여성 누드가 남성의 시각적 쾌락을 위해 구성되어 있음을 지적하며 이러한 시선의 구조가 현대 광고와 대중문화 속에서도 여전히 작동하고 있다고 분석했다. 여성이 겪는 자신감 상실의 상태는 웨딩 업계의 광고와 소비 구조가 철저한 의도로 만들어낸 결과물이었다. 드레스 모델은 신부가 아닌 '타인의 욕망'을 구현한 이미지이며 알고리즘은 이 이미지를 끝없이 반복 재생해 우리에게 끊임없이 타인과 비교하도록 강요한다. 버거의 말대로 여성은 "보이는 자신을 관찰하는 또 하나의 자아"를 내재화하여 평생 안고 살아가며 결국 그 시선이 자기 자신을 평가하고 규율하게 내버려둔다. 그리고 그에 따라 행동하는 여성들을 '성형중독녀', '김치녀'라 비난하고 손가락질한다.

　자기 자신을 긍정하는, 자신의 체형과 피부와 머릿결을 사랑하는 자신감 넘치는 신부를 상상해 본다. 그런 신부가 대부분이라면 지금의 웨딩 업계, 그리고 성형 업계는 과연 지금처럼 존재감을 유지할 수 있을까. 누군가를 바라보며 환하게 웃음 짓는 일은 성형외과 광고 속 모델만의 것이 아니라, 우리 모두의 몫이어야 한다.

신부 관리 패키지의 족쇄

더 이상 두려울 것은 없다. 웨딩 본식 메인 카메라부터 사방에서 찍어대는 하객들의 휴대폰 셔터까지, 어떤 각도를 향하더라도 환하고 자신 있게 웃을 그날의 주인공을 위해 2024 웨딩 시술 가이드를 준비했다.

　여성 잡지 《마리끌레르》에 실린 '예식까지 디데이 6개월, 3개월, 한 달. 웨딩 시술 추천!'이라는 제목의 2024년 2월 기사다. 해당 기사의 인터뷰에서 한 남성 피부과 전문의는

"승모근이 발달하면 어깨선이 드러나는 드레스를 입었을 때 목이 짧고 얼굴은 커 보인다."며 승모근 보톡스, 사각턱 보톡스, 침샘 보톡스 등을 결혼식 날 더 예뻐 보일 수 있는 시술로 추천했다. 세상에 한 번뿐인 결혼식, 나의 지인뿐 아니라 부모님의 지인, 예비신랑의 가족, 지인까지 모두 만나는 자리에서 '예뻐 보이고 싶다'는 욕구는 정녕 잘못된 것일까? '사방에서 찍어대는 셔터' 각도를 함께 고민해 주는 걸 감사해야 할까? 아니면 이러한 시술 없이는 환하게 자신 있게 웃을 수도 없는 것이냐며 삐딱해야 할까? 신부 관리를 위해 멤버십을 결제해 주는 신랑은 다정한 것일까, 억압적인 것일까? 그날 하루만큼 예뻐지고자 하는 게 뭐 그리 잘못된 것일까? 혼란스럽기 시작했다.

피부, 머리카락, 네일, 승모근, 팔뚝, 제모, 라미네이트까지. 신부가 되기 위한 여정은 험난하다. 두 사람이 인생을 함께 만들어가는 결혼의 여정에 필요한 것은 윤기 있는 머리카락도, 빛나는 피부도, 말끔하게 관리된 손톱 큐티클도 아니라는 사실은 민망할 정도로 명백하지만 예비신부들의 눈앞에 펼쳐진 것은 끝도 없는 관리 투두 리스트다.

2024년 결혼식을 치렀던 친구는 결혼 준비 과정이 힘들지는 않았냐는 질문에 뜬금없이 "얘들아. 나 몰랐는데 내 머리가 옆짱구래!"라고 답했다. 그는 "나이 서른이 되도록 몰랐다"면서도 "어쩐지!"라며 이야기를 이어갔다. 스튜디오 촬영을 앞두고 헤어 디자이너 선생님을 만났는데 "신부님은 옆짱구가 있으신 편이라 그게 드러나지 않도록 정수리 쪽

볼륨을 더욱 살리는 방향으로 스타일링을 하면 좋다."고 조언했다고 전했다.

자신의 체형과 두상, 피부색에 따라 스타일링 진단을 돈 주고 받는 시대이니 전문가의 이런 진단은 고마워해야 하는 걸까. 실제로 친구는 그 진단에 대해 썩 만족스러워했다. 평소 스타일링을 할 때 마음에 들지 않는 경우가 있었는데 그 원인이 옆짱구 때문이라는 사실을 알았으니 앞으로 그에 맞게 꾸밀 수 있어 좋을 것 같다는 것이다. 그러면서도 "앞으로 관리해야 할 게 하나 더 늘었어. 이제 두상까지 가려야 해."라며 푸념했다. 결혼식 단상에 서기 위해 체형, 몸무게, 피부를 넘어서 두상까지 지적을 받아야 하는 것은 정녕 예비신부들이 거쳐야만 하는 통과의례인 걸까?

'신부 관리'의 도가 지나치기 시작했다는 것을 예비신부가 되고 나서 나에게 날아드는 소셜 미디어의 콘텐츠와 광고를 보며 체감하기 시작했다. 2025년 기준, 인스타그램에는 23만여 개의 '#신부관리' 게시글이 올라와 있다. 앞서 언급한 필수 코스 외에도 외음부, 유륜, 사타구니, 겨드랑이, 뒷목, 팔꿈치 등의 색소침착을 완화하고 밝은 톤으로 '되돌려' 놓을 수 있다고 약속하는 웨딩 케어 시술도 있었다. 예비신부라는 해시태그를 내건 계정들은 저마다 '마른 체형', '여리핏'으로 만들어준다는 약속을 내걸었다. 두 사람이 하나 되어 새로운 가족을 이루는 결혼을 앞두고 왜 여성들은 신체 부위의 색상에 대해 남몰래 고민해야 하는 걸까. "옷을 때마다 신경 쓰였는데 결혼 앞두고 라미네이트 미백 시술을 받고 광명을 찾았다.", "저 같은 돼지를 사람 만들어주신 에스테틱 사장님 감사드립니다."와 같은 자학적인 후기에는 핑크색 하트와 수줍은 웃음 이모티콘이 달려 있었다. 아마 후기를 작성하면 일정 금액을 할인해 주는 이벤트에 참여한 것이리라. 여성들은 사치를 경계하며 알뜰살뜰하게 외모 관리를 해야 했고, 그 기저에는 자기 부정과 학대가 깔려 있다.

에리히 프롬은 책 『자유로부터의 도피』에서 '신경증적 행동'과 '합리적 행동'을 중요하게 구분해야 한다고 말한다.[15] 합리적 행동에서는 행동의 결과가 동기와 대응한다. 예컨대 원하는 체중이라는 결과에 도달하기 위해 운동하는 동기가 있는 것이다. 그러나 신경증적 행동을 유발하는 것은 참을 수 없는 상황에서 벗어나려는 충동에 가깝다. 다른 사람과 적당히 비슷한 정도로 보이고 싶다는 충동, 이는 본질적으로 부정적인 성격을 지니고 있으며 오직 허구적으로 해결하는 방향으로 흐른다. 결과는 그가 얻고 싶어 하는 것과도 모순된다. 그날만큼은 세상 어디에도 없는, 아름다운 신부가 되고 싶었겠지만 이미 메이크업실에서 목도한 바와 같이 수십 수백 명의 신부들과 멀리서 보면 구분조차 할 수 없는 상태가 되어버리는 것이다. 에리히 프롬은 참을 수 없는 고독감과 허무함이 개인을 그 방향으로 몰아붙인다고 지적한다. 더불어 그는 인간이 자신을 증명하는 방식이 점점 '존재'에서 '소유'로 옮겨가고 있다고 지적한 바 있다. 사랑하는 경험 자체보다 어떤 이미지를 갖고 있느냐가 더 중요한 시대라는 것이다. 존재로서의 사랑을 드러내는 것이 아니라 소비를 통해 확보한 장면을 소유함으로써 자아를 증명하려는 셈이다. 자신의 자아(생리적으로서의 자아가 아니라 심리적 존재로서의 자아)를 제거하는 행위로써의 소비의 문제는 3장에서 조금 더 다뤄보도록 하자.

여성들은 인생에 한 번뿐이라는 결혼식을 앞두고 이렇게 자신의 외모에 엄격한 잣대를 들이밀고 관리한다. 그러나 이를, 결혼을 앞두고 '보여주기'에 심취한 몇몇 여성들의 과시적 사치쯤으로 치부할 수는 없을 것이다. 더 나은 신부감이 되는 일은 자기 관리라는 미명하에 이루어진다. 그러나 정말 자기 관리인가? 애초에 자기 자신은 언제부터 '관리'의 대상이 되었는가? 이쯤에서 짚고 넘어가야 하는 사실은 여성이 외모 강박에 시달리는 것은 결혼 적령기에 들어 생기는 새삼스러운 현상은 아니라는 것이다.

보이는 대상으로서의 신체

"지금 공부하면 아내의 얼굴이 바뀐다." 중고등학교 시절 선생님은 유쾌한 톤으로 이런 말을 자주 했다. 여자 학생들이 바르는 톤업 크림이며 빗는 철저히 관리하면서도 날이나. 그렇게 나의 몸은 언제 어디서든 평가될 수 있는 대상에 가까웠다. 여성은 일생을 거쳐 더 아름답기를 강요받는다. 출퇴근길 지하철 역사에서부터 마주했던 수십 개의 성형외과 광고 문구들이 떠오른다. "너도 모르는 최선의 네 모습을 찾아." 기억을 더 더듬어보면 막 수능을 마친 10대 후반의 여자 고등학생들에게는 "수능 끝! 이제 예뻐질 시간", "예뻐져서 대학 가자"라는 성형외과, 미용실, 패션 업계 광고가 줄을 잇지 않았던가. "딸아, 걱정마. 이제 시집갈 수 있을 거야 ......"[16] 간절하게 모은 두 손과 나란히 적힌 문구의 광고는 다름 아닌 성형외과 광고다. 해당 문구들이 시민이라면 남녀노소 누구나 탑승할 수 있는 지하철에 게재돼 있는 것이 우리가 사는 사회의 현실이었다. 성형은 엄연한 의료행위임에도 광고를 통해 손쉽게 누구나 '기호 상품'처럼 경험해 볼 수 있는 것으로 광고되고 외모지상주의를 부추긴다. 왜곡된 인식은 버스와 지하철 광고 구좌, 그리고 서로를 감시하는 사람들의 시선에 몸을 싣고 도시 곳곳으로 퍼지고 있다. 그리고 쌍꺼풀 수술이나 코 필러를 통해 네 안의 최선의 '미'를 추구하라는 전방위적인 공격을 개인의 전 생애에 걸쳐 퍼붓고 있다.

사실 웨딩드레스 셀렉을 앞두고 '가리고 싶은 부위가 없냐'는 플래너의 질문에 없다던 나의 답도 돌이켜 보면 거짓말에 가까웠다. 나는 어려서부터 짧은 치마, 바지를 좋아하면서도 입지 않았다. 연예인처럼 마르지 않은 다리를 가리고 싶었기 때문이다. 제자리에 쪼그려 앉았을 때 허벅지와 종아리 살이 양 옆으로 튀어나오는 것을 보고 (애초에 튀어나오지 않을 수 없는 신체 구조임에도 불구하고) 그 살을 손바닥으로 슬쩍 가려보면서 이만큼의 살만 싹 사라져도 좋겠다고 생각했다. 나는 언제나 마른 편에 속하는 아이였는데도 왜 순간적으로 그런 생각이 들었는지는 아직까지 의아하다. 중학교에 들어가기 전 겨울방학 동안 '마일리 사일러스 하체 운동'과 '강하나의 하체 스트레칭'을 달고 살았다. "하체는 타고나는 거예요."라는 영상 댓글을 보며 절망하고 나중에 커서 돈을 벌면 꼭 시술을 받을 것이라고 다짐하기도 했다. 10대 초반이었지만 성형 광고와 정보를 길에서도, TV에서도, 인터넷에서도 너무나 쉽게 볼 수 있었다. "몇 달 동안 걷지 못하고 침대에만 누워 있어야 하지만 그래도 참을 만하다."는 후기를 보면서도 근육 절제술의 가격을 찾아봤다. 달리기나 축구, 농구와 같이 뛰어다니는 체육 활동을 좋아하는 활달한 아이였는데도 그랬다. 그러다 '내가 운동을 얼마나 좋아하는데 이런 생각을!' 하는 생각이 번쩍 들어 누군가에게 들키기라도 한 것처럼 놀라 이것저것 찾아보던 화면을 꺼버리곤 했다.

나만의 문제는 아니었다. 여섯 개 국가의 12~19세 청소년을 대상으로 한 연구에서는, 전체 청소년의 약 45~55%가 실제 체중보다 자신을 더 뚱뚱하다고 인식하고 있었다. 이러한 왜곡된 신체 인식은 자기 자신에 대한 불만족 정서와 함께 나타났으며, 특히 소셜 미디어 사용량이 많을수록 체중 불만족도 역시 높아지는 경향이 확인됐다.[1] 우리나라도 예외가 아니다. 2023년 굿네이버스가 진행한 「아동·청소년의 체중관리 경험과 인식 조사」에 따르면, 조사에 참여한 여학생의 72%는 정상 체중이었지만 그중 89%가 체중 감량을 원하고 있었다. 평균적으로는 6.3킬로그램, 즉 자신의 체중의 약 11.5% 감량을 희망했다. 외모에 대한 강박을 내면화한 아이들은 특정한 얼굴과 몸을 '정답'처럼 받아들인다. 연예인처럼 바뀔 수 있다는 믿음을 가지고 '○○○ 주파수'*를 틀어놓고 잠에 들기도 한다. 더 끔찍한 사실은 외모 강박이 시작되는 나이가 점점 더 어려지고 있다는 점이다. 스페인에서 진행된 연구에서는 3~6세 유치원생 여아의 절반 이상이 현재 체중보다 더 마른 몸을 원한다고 답했다.[18] 다이어트와 예쁜 외모에 대한 강박은 아주 어린 시절부터 천천히 전방위적으로 주입되고 있는 것이다.

외모에 대한 압박감과 자신의 몸이 평가 대상이 된다는 메시지의 내면화는 결혼식이 다가오며 순간 폭발한다. 적절히 잘 꾸미는 것이 자기 관리라는 이름하에 독려됐고, 사회·경제적으로 자유가 보장된 성인이 되었기 때문이다. 평소 받고 싶었던 윤곽, 비대칭, 라인 관리 등의 상품들이 결혼식을 빌미로 봇물 터지듯이 터져 나왔다. 그리고 이내 '인생에 한 번뿐'이라는 결혼식에 자기 자신을 전시하기에 이르렀다.

예비신부들이 보이는 이러한 양상은 장 보드리야르가 정의한 '소비인간'과 정확히 같은 궤를 그리고 있다. 소비인간들은 자기 자신에 대해 향유를 의무로 삼거나 향유와 만족을 꾀하는 존재로 간주한다. 달리 말하면 행복해야 하고,

* 틱톡을 중심으로 확산되는 콘텐츠로, 특성 소리를 들으면 자신이 선망하는 연예인과 같은 외모나 성격을 얻을 수 있다는 믿음을 담은 주술적 콘텐츠. 가장 많이 언급되는 연예인으로 아이돌 가수 장원영을 뽑을 수 있다.

사랑해야 하고, 귀여워하거나 귀여움을 받아야 되고, 유혹하거나 유혹받아야 하며, 또 활력에 가득 차야 하는 존재로 간주한다는 것이다. 이 과정에서 기호와 사물을 집중적으로 사용할 수밖에 없고 모든 잠재력을 체계적으로 개발하고 소비하며 살아남는다. 그러니 신부들이 과시적이라거나 허영심이 있다는 비난은 옳지 않다. 소비는 이미 사적 영역에서의 자유와 독자적인 행동의 범주를 벗어난 지 오래다.

터뜨리듯 소비한 결혼식 끝에 외모 강박도 함께 영영 사라지면 얼마나 좋을까. 그러나 결혼식이 끝나고 난 뒤 현실은 바뀐 것이 없다. 샹들리에 아래에서 새하얀 드레스를 입고 웃으며 입장하던 신부들은 다시 자신의 삶의 궤도로 돌아와야 한다. 마찬가지로 '한 번뿐인 순간'들이지만 이제는 드레스를 잡아줄 헬퍼 이모도, 궂은일을 도맡아 주던 플래너도 없다. 에스테틱에서 관리받은 승모근과 얼굴 윤곽은 일주일이면 제자리로 돌아올 것이다. 축의금으로 '퉁' 쳐서 소비 자금을 확보할 수 있는 길도 더 이상 없다. 백일잔치, 돌잔치가 제2의 결혼식으로 또 하나의 스드메 패키지를 가져오는데 이 역시 한순간에 끝날 뿐이다. 여전히 내 인생의 주인공은 나고, 남은 모든 날들이 내 인생에 한 번뿐인 날이다. 그런데 우리는 인생의 가장 화려한 날, 아름다운 날이 이미 지나갔다는 감각에 스스로를 무방비하게 노출시키며 '출산 후 3개월 만에 다이어트 성공'이라는 또 다른 족쇄에 기꺼이 우리 몸을 내맡긴다.

무기력한 신부가 아름답다

예비신부를 위한 수많은 패키지를 지나 버진로드에 들어서기 전, 여성들은 신부 대기실에 입성한다. 신부는 그곳에서할 수 있는 게 없다. 혼자 고쳐 앉을 수 없고, 거울을 보고 매무새를 다듬을 수도 없다. 숍에서 받은 화장이 지워질까 음식을 먹을 수도 없고 꽉 쪼인 드레스 때문에 어깨나 목을 돌리며 긴장을 풀어낼 수도 없다. 신부가 앉은 건지 신부를 앉혀둔 건지, 신부 대기실인지 신부 전시실인지 싶다.

사진작가들은 신부에게 신신당부한다. 반가운 친구들을 보고서 너무 환하게 웃지 말라고. 팔꿈치가 어깨 위로 올라가도록 높이 손을 들어서도 안 된다고. 입을 '아' 모양으로 크게 벌리지 마라거나 이마에 주름이 가도록 눈썹을 위로치켜뜨지 마라는 당부도 잊지 않는다.

신부는 가로로 길쭉한 의자에 앉아 뿌리 내린 나무처럼꼿꼿이 앉아서 차분한 미소와 함께 손을 휘적인다. 손님을맞이하며 자기도 모르게 엉덩이를 옆으로 움직이면 곧바로헬퍼 이모 혹은 사진작가의 상냥하지만 짜증 섞인 말투가들려온다. "신부님~ 계속 움직이고 계신데 그러시면 안 되세요~" 헬퍼가 틀어진 드레스를 획 잡아당겨 바르게 만들면 신부는 재빠르게 눈치를 보며 민망하게 웃어 보이고 자신의 자리로 돌아간다.

무기력한 신부는 아름답다. 꽃으로 가득 꾸며진 신부의옆자리를 손님들이 분주하게 오가는 동안 신부가 하는 것이라고는 가장 예쁜 미소를 입가에 머금은 채 적당히 웃는 것뿐이다. 분명 자신이 주인공인, 인생에 한 번뿐인 날 신부는 무엇 하나 자기의 힘으로 할 수 있는 것이 없다.

사실 신부는 그럴 힘도 없다. 전날까지도 살을, 그날 아침까지도 붓기를 빼겠다고 밥도 제대로 먹지 않았으니 힘이 남아 있을 리 없다. 웨딩드레스를 입고 화장실을 가기가 어려우니 물도 마시지 마라는 조언도 있다. 게다가 드레스 코르셋은 있는 대로 조여져 있으니 숨쉬기조차 힘들다. 혼전임신을 했던 친구는 신부 대기실에 앉아 어두운 표정으로 나를 맞았다.

"너 표정 왜 이렇게 안 좋아?"
"드레스 때문에 숨쉬기가 너무 불편해."
"이래도 되는 거야? 임신했다고 말했어?"
"어. 근데 안정기 지나면 괜찮다고, 임신한 다른 신부들도 다들 그렇게 했대. 괜찮대."

완벽한 결혼식을 만들기 위해 수많은 투두 리스트를 만들고 체크하며 진두지휘하며 관장한 것은 분명 신부였다. 그러나 왜 여성들은 주도적으로 준비하는 결혼식에서소자새장을 박차고 나와 마음껏 날개를 펼치지 못하는 걸까? 왜 아름다워야 한다는 것 외에는 아무것도 요구받지 않는 걸까? 사실 이는 새삼스럽지 않다. 결혼식은 우리 사회가 그동안 여성에게 강요하고 있던 모습을 가장 극단적이고 화려한 방식으로 드러내고 있을 뿐이었다.

　그날 그 자리에 서기까지 예식장 곳곳에는 신부의 손이 안 닿은 곳이 없다. 신부는 때로는 웨딩 플래너로, 때로는 모델로, 때로는 예산 관리자로 꼼꼼하고 치밀하게 자신의 결혼식을 준비했다. 그러나 식장에 들어가는 순간, 자신은 아무것도 모른다는 듯 무기력하고도 수동적인 태도로 '신부'라는 역할에 임한다. 그러다 심지어 눈을 아래로 차분히 내리뜨고 아버지의 손에서 남편의 손으로 건네어진다. 이런 장면은 하객, 특히 여성 하객들이 함께 눈물을 흘릴 만큼 감동적인 순간으로 여겨지기도 한다. 그러나 '한 가정에서 다른 가정으로 출발'하는 이 자연스러운 장면은, 다시 한번 돌이켜볼 필요는 있다.

　사실 신부가 아버지의 손을 잡고 입장해 신랑에게 **인도**되는 의례는 서구 기독교식 결혼 예식에서 유래했다. 여성을 아버지의 소유에서 남편의 소유로 이전하는 가부장제적 상징 행위다.[19] 하지만 이러한 행위도 앞서 살펴본 새하얀 웨딩드레스와 마찬가지로 한국의 전통 혼례에는 존재하지 않는, 얼마 되지 않은 유행일 뿐이다. 전통 혼례에서는 신랑과 신부가 서로 마주 서서 절을 주고받는 교배례交拜禮, 반으로 나눈 표주박 잔에 술을 따라 나누어 마시는 합근례合졸禮 등의 절차로 식이 이루어졌는데, 이는 모두 부부가 서로를 존중하고 예를 갖추는 상호적 의례였다.[20] 결혼을 한 개인이 타인의 소유로 편입되는 사건이 아니라 두 사람이 평등하게 관계를 맺는 행위로 인식했던 것이다. 우리는 이러한 문화적, 역사적 배경을 본체만체하고 여성을 가부장제 질서에 복속시키는 서양 영화의 한 장면을 기꺼이 재연한다. 신부가 마치 아버지로부터 신랑에게 '넘겨지는' 장면은 여성을 독립적인 주체가 아니라 '누군가의 딸'이자 '누군가의 아내'로만 위치 짓는 문화적 장치임에도 말이다. 더욱 씁쓸한 것은 전통 혼례에 남은 관습에 대한 희망적 해석과 다르게, 결혼이라는 제도 자체는 동서양을 막론하고 '생계 부양자로서의 남편'과 '가사를 돌보는 아내'라는 성별 역할로 오래동안 규정되어 왔다는 사실을 부정할 수 없다는 거다.[21]

무기력한 신부, 이는 사실 결혼이라는 제도의 등장 배경에서부터 사회 내 여성의 약한 지위를 드러내고 있다. 결혼 제도가 애초에 여성과 여성의 몸을 소유하기 위한 제도적 장치이자 일종의 소유권 계약이었다는 해석이 지배적이기 때문이다. 만약 결혼식이 실로 사랑하는 두 사람이 동등하게 새로운 삶을 시작하는 장이라면, 누군가의 손에 이끌려 다른 누군가에게 인도되는 장면은 문제되지 않을 것이다. 그러나 가부장제적 메타포가 여전히 유효하다는 점에서 이는 단순히 관습으로 남은 퍼포먼스라고만 할 수 없다.

시대와 지역을 불문하고 혼인 제도에는 여성의 권리가 제한된 흔적이 남아 있다. 고대 로마에서는 딸이 결혼하면 남편의 가부장 수권으로 넘어갔으며 가부장은 가족 구성원에 대해 절대권을 행사했다. 중세 유럽의 관습법 아래에서도 여성은 결혼함으로써 법적으로 남편의 신분 아래 놓이며 법인격의 많은 부분이 남편에게 흡수됐다.[22] 한국에서도 신라시대부터 이미 귀족계급 사이에서 가부장적 혼인 관습이 나타났으며, 조선시대에 들어 성리학이 국가의 지도 이념이 되면서 여성에게 더욱 불리한 방향으로 혼인 제도가 변화했다.[23] 이러한 흔적은 최근까지의 판례에도 녹아 있는데 우리나라에서는 동의 없이 이뤄지는 부부 간 성관계를 강간으로 보는 '부부 강간죄'가 2013년에서야 사상 처음으로 인정됐다. 여러 전문가들은 해당 법이 여성을 소유물로 보는 것에 대한 잔재이며 여성의 자기결정권을 침해해 온 것이라고 해석했다.[24] 그러니 '잘 가꾼 여성의 몸'을 단상 위에 올려두는 오늘날의 결혼식은 이러한 사회 제도의 어두운 부분을 보여주고 있는지도 모른다.

결혼은 거래일까 사랑일까?

오늘날 결혼식은 결혼이 여성을 억압하는 수단, 계급 이동의 장치, 거래나 교환의 수단이 아닌 것처럼 보이기 위해 부단히도 포장된다. 그러나 낭만적 사랑, 이성애, 그리고 체계화된 성별 분업이라는 근대 결혼의 세 가지 핵심 요소는 여전히 작동하고 있다. 이것이 가장 극대화되어 드러나는 것이 바로 '상승혼'이다. 상향혼, 승강혼이라고도 불리는 상승혼은, 결혼이 단지 두 사람 간의 연애나 감정의 연대가 아니라 한 사람(주로 여성)이 자신보다 경제적·사회적 지위가 높은 상대와 결합함으로써 계급이나 지위의 상승을 꾀하는 결혼 전략을 의미한다. 역사적으로는 귀족 간 결혼이나 동맹적 결혼에서 흔히 발견되었는데 오늘날에도 '더 나은 배우자를 통한 삶의 개선'이라는 형태로 은밀히 재생산된다. 실제로 한 연구는 "여성의 소득을 상회하는 경제력을 가진 남성 인구가 많을수록 결혼율이 높아진다."는 조사 결과를 통해, 현대 결혼 시장에 공고하게 자리 잡은 상향혼의 문법을 증명한 바 있다.[25]

자원과 지위의 교환으로 인식되는 상향혼 관습은 특정 사회구조와 결합할 때 매우 폭력적인 양상을 띨 수 있다. 인도의 힌두교 결혼 풍습은 그 위험성을 보여주는 대표적인 사례다. 힌두교의 결혼 관습에서 여성은 자신의 카스트와 동등하거나 높은 남성을 선호하는 것이 보통이어서 자연히 양가 간에는 불평등한 관계가 형성된다. 그런데 이러한 현상이 초래하는 비극은 수치조차 처참하다. 인도의 국가범죄 기록국에 따르면 2017~2022년 사이 들고 온 지참금이 부족하다는 이유로 살해당한 인도의 신부는 무려 3만여 명에 달한다. 이는 하루 평균 스무 명, 1시간당 한 명의 신부가 목숨을 잃고 있음을 의미한다.[26] 행정 당국에 보고되지 않은 경우까지 고려한다면 실상은 더욱 심각할 것으로 추정된다. 게다가 유엔은 지참금이 누려워 출산 전 성별 검사를 통해 낙태되는 인도 여아가 매년 거의 40만 명에 이른다고 추정한다. 결국 결혼이 신분 상승이나 거래 혹은 단순한 자원의 교환으로 치부될 때, 그것은 더 이상 축복이 아니라 수많은 여성을 사지로 내모는 잔혹한 굴레가 된다.

인도의 지참금 살인이 물질적 거래의 노골적 폭력이라면, 현대사회는 낭만적 사랑으로 그 거래를 일정 부분 대신하고 있다. 낭만적 사랑을 통한 결혼은 과연 여성들을 구원할 수 있을까? 로미오와 줄리엣처럼 서로 한눈에 사랑에 빠져 계급 이동도, 물질 교환도, 거래도 아닌 낭만적 사랑의 결과로서의 결혼을 한다면 결혼은 여성을 억압하지 않을 수 있을까 하는 질문이다. 모두가 이미 답을 알고 있다시피 그렇지도 않다. 서구에서는 19세기 말에 이르러서 '사랑 없는 결혼은 의미가 없다.'는 식의 낭만주의 담론이 퍼지기 시작했다. 한국사회에서도 20세기 중후반 산업화와 도시화의 진전 속에서 '자유연애'와 '연애결혼'이 보편적 서사로 자리 잡기 시작했다.[27] 그러나 여성학자 슐라미스 파이어스톤은 그 낭만적 '사랑'이 출산보다도 더한 여성 억압의 주축일 수 있다고 지적한다. 로맨스가 남성 권력의 문화적 장치로서 작동하며, 여성의 관심을 성sexuality에만 매몰시키고 외모에 단일한 잣대를 부여함으로써 여성들의 개성의 발현을 억압하는 역할을 한다는 것이다. 앞서 살펴본 바와 같이 신부들이 '자기 관리'라는 이름으로 기꺼이 꾸밈 노동을 수행하는 것처럼 말이다. 파이어스톤은 이러한 행위가 겉으로는 자기 삶을 선택하고 관리하는 주체적 소비자이자 행위자 같지만 그리하여 얻은 자산은 사실 많은 경우 (특히 결혼 **적령기**에 접어드는 순간부터는 더욱) 남성의 경제력과 사회적 지위를 취하기 위한 수단으로 활용된다고 지적한다. 더 나은 배우자를 만나기 위해 자신을 끊임없이 시장의 언어로 단련하

169

고 지위 상승의 경쟁 속에서 자신을 상품화한다. 결국 로맨스, 그러니까 '낭만적 사랑'은 여성에게 자유의 서사를 부여하는 동시에 그 자유를 다시 자본과 젠더 질서 속에 묶어두는 장치로 작동한다.

　파이어스톤이 로맨스를 '함정'으로 보았다면, 보부아르는 여성이 왜 그 함정에 스스로 빠져들 수밖에 없는지를 사회적 불평등의 관점에서 분석한다. 시몬 드 보부아르는 1949년에 책 『제2의 성』에서 '사랑'을 비판적으로 분석하는 최초의 시도를 한다. 덕분에 사랑은 개인적인 문제가 아니라 정치적인 분석이 필요한 주제로 부상하게 되었다. 보부아르는 남녀의 사랑이 독립된 개인들의 평등한 만남이 되기보다 여성에게 치명적인 것이 되는 이유를 사적인 존재로 길러져 온 여성의 사회화 과정에서 찾는다. 사회학자 김현경은 보부아르의 이론을 근거로 "현대사회에서 남성은 주체이며 초월에의 희망을 갖는 개인으로 길러지는 데 반해 여성은 자기의 주체성 속에서 절대를 발견할 수 없는 타자로 길러져 왔다."고 이야기한다. 무기력한 여성이 아름다운 이유가 바로 여기에 있다. 여성들은 남성과의 사랑 속에서 완전한 자기희생과 소멸을 꿈꾸는 방식을 추구한다. 여성이 사랑에 목매는 존재가 되는 것은 여성이 원래 그런 존재이기 때문이 아니라 사랑에서만 의미 있는 자기 존재를 추구할 수 있기 때문이라는 것이다.[28] 보부아르는 '진정한 사랑'이 가능하기 위해서는 여성이 보다 독립적으로 삶을 영위할 수 있는 조건이 확립되어야 하며 그러한 조건들 속에서 다른 방식으로 사회화되어야 한다고 주장한다. 김현경은 여성의 경제적 자립이라는 기본적 조건이 무르익지 않은 상태에서 수입된 서구의 '낭만적 사랑'은 급격히 붕괴되는 사회적 위기 상황에서 나온 대응 방식일 가능성이 높다고 보았다.[29] 남성이 무릎을 꿇고 여성에게 프러포즈하는 것은 왜 감동적인가? 그러한 행위들이 "권력을 가진 강한 쪽에서 이런 연기를 해야만 황홀하고 짜릿한 에로틱의 감정이 유도"되기 때문이다. 예컨대 노예가 무릎을 꿇는 경의에는 황홀한 자극이 없다. 강력한 힘을 자랑하는 주인이 무릎을 꿇을 때 비로소 의미가 있다.

보부아르 이후 반세기가 흘렀지만 결혼식장의 풍경은 크게 달라지지 않았다. 꼼꼼하고 야무지게 결혼을 준비하던 신부들은 식 전날을 단 한 모금의 물로 버티며 청순하고도 연약한 얼굴빛까지 연출한다. 달라진 게 있다면 이제 그 연출을 누구의 강요도 없이, 스스로 더 완벽히 해낼 줄 안다는 사실뿐이다.

그래서일까. 활력이 넘치는 신부, 와하하 호탕하게 웃는 신부, 누구의 도움도 없이 식장을 활보하는 신부들을 보면 그렇게 반갑다. 결혼식의 추세도 많이 바뀌어가고 있다. 베일로 얼굴을 가려 결혼식 전까지 누구도 눈을 마주치지 못하게 하던 시대를 지나, 뿌리 내린 무거운 드레스 안에서 부끄럽다는 듯이 아름다운 미소만 머금고 있던 시대를 지나, 이제는 거추장스러운 드레스를 활짝 걷어내고 당당하게 서서 하객들에게 악수를 내미는 신부들이 있다. 우리에게는

171

더 다양한 모습의 신부들이 필요하다.

가방순이와 부케순이의 숙명

"너 내 가방순이 해줄래?"

"가방순이가 뭔데?"

"결혼식날 신부 따라다니면서 가방 들어주고 도와주는 거야."

"어…… 내가 잘할 수 있을까? 한번 해볼게!"

처음 가까운 친구의 가방순이 역할을 제안받았을 때 반가웠고 고마웠다. 결혼식이라는 중요한 날, 가장 가까이에서 정신없을 신부를 도와줄 수 있다는 사실이 기뻤다. 잘 해내고 싶었다. 그래서 처음 해보는 '가방순이' 역할을 인터넷에 검색했고 그 내용을 다음과 같이 재구성해 보았다.

오늘은 가방순이의 역할에 대해 알아보겠습니다! 신부는 본식 당일, 드레스 때문에 대기실에서 꼼짝없이 앉아만 있어야 해요. 이런 신부를 위해 가방순이가 신부의 손발이 되어주는 거죠! 가방 안에는 휴대폰, 손거울, 립글로스 등을 준비하고 축의금 및 식권을 잘 챙겨주면 돼요. 신부가 목이 마를 때를 대비해 빨대를 챙겨서 꽂아 주면 더욱 센스 있겠죠! [……] 다음 포스팅에서는 가방순이 추천 착장과 가방을 추천해 드리겠습니다!

신부가 아름다운 모습으로 꼼짝없이 앉아 있어야 하기 때문에 손발, 눈과 귀가 되어주어야 하는 것이 가방순이의 역할이었다. 가방순이는 편안한 신발과 옷을 입되 신부의 체면이 설 수 있는 명품 브랜드 옷이면 좋고, 밝은 미소로 지인들을 챙겨주라는 당부도 덧붙여 있었다.

내가 수행한 가방순이의 역할은 다음과 같다. 신부 옆에 서서 신부의 친구들이 비밀리에 전해주는 축의금을 가방에 밀어 넣기, 신부의 입술이 너무 연해졌다 싶으면 메이크업 선생님에게 가서 "입술이 좀 지워진 것 같아요." 하고 말해주기, 이미 두 명의 메인 사진작가와 한 명의 아이폰 스냅 사진작가가 열심히 촬영 중인 신부를 또 아이폰으로 촬영하기 정도의 과제도 주어졌다.

나는 그날 가방순이의 역할을 꽤나 성실하게 잘 해냈다. 그런데 생각지 못한 부작용이 있었다. 결혼식의 단면을 너무 가까이서 지켜보게 된 것이다. 그리고 그것들을 빠르게 학습했다. '이건 이렇게 하는 거구나, 저건 저렇게 해야 하는구나. 이건 어떻게 그렇게 한 거야? 팁 좀 알려줘.' 여성들은 가장 가까운 여성들의 결혼식을 진심 담아 축하하고 응원하면서 그러한 결혼식을 나 역시 재현해야 한다는 가짜 욕망에 사로잡힌다. 신부가 걸어 들어가는 새장의 문을 잘 걸어 잠가주는 역할을 하고 있는 것만 같아 마음이 불편하면서도, 이 허구적인 연극의 무대에조차 오르지 못해 낙오

될지도 모른다는 막연한 두려움과 설렘이 공존했다. 신부들은 '허례허식이 지긋지긋하다'면서도 자신을 담당해 준 플래너 소개부터 세세한 팁들을 아낌없이 전수해 준다.

그런데 가방순이보다 더 막대한 역할을 부여받는 이가 있으니 바로 신부의 꽃을 전해 받는 부케순이다. 부케순이는 보통 신부의 여성 친구 중 결혼을 앞둔 미혼 친구로 지정되는데, 지인들의 박수갈채 속에서 부케를 받고 신랑 신부 사이에 서서 기념 촬영까지 해야 하기 때문에 외모 꾸밈에 대한 부담이 훨씬 크다.

인터넷에는 부케순이 코디를 두고 신부의 체면이 걸려 있기 때문에 '완전무장' 해야 한다는 조언이 이어진다. 따라서 헤어, 메이크업, 코디를 모두 신경 쓰면서도 주인공인 신부보다 더 꾸민 듯한 느낌은 들지 않도록 적당히 수위를 조정해야 한다. 부케순이를 위한 헤어와 메이크업 서비스는 이미 메이크업숍에서 하나의 상품으로 판매하고 있다.

하지만 부케순이의 역할과 부담은 결혼식이 끝나고 난 이후 본격적으로 시작된다. 부케로 받은 꽃이 시들기 전에 해당 꽃을 잘 말리고 꽃을 활용한 아름다운 굿즈를 만들어 신부에게 돌려주어야 하기 때문이다. 부케순이를 맡은 적 있는 한 인터뷰이는 다시는 하고 싶지 않은 기억이라고 털어놨다. "부케를 받고 나서 생화인 꽃이 상태가 더 안 좋아지기 전에 얼른 꽃집에 가져다줘야 한다는 거예요. 그래서 식 끝나고 뷔페 먹는 동안에도 꽃이 잘 담겨 있는지 계속 확인해야 했고 밥도 쫓기듯이 먹고 검색해 둔 꽃집으로 부랴 부랴 갔죠." 그는 신부가 그렇게까지 해달라고 주문한 적은 없지만 자신에게 부케순이라는 역할을 제안해 주었으니 그만큼 해주고 싶었다고 했다. 여성들의 완벽주의가 또다시 그 힘을 발휘하는 순간이다. 이렇게 부케는 부케순이의 손을 거쳐(혹은 부케순이가 결제한 주문서를 거쳐) 반지 홀더, 압화 액자, 오르골, 조명, 티 코스터, 소이 캔들 등으로 다시 태어난다. 생화가 손상되지 않도록 잘 말리고 적당한 주물 틀에 레진 혹은 왁스로 굳혀 만들어야 하기 때문에 셀프로 만드는 것은 사실상 불가능하다. 따라서 부케순이들은 보통 사비로 해당 주문을 넣는데 가장 저렴하게는 5만 원에서 보통 10~20만 원을 지불한다.

흥미로운 사실은 2010년대 후반에 결혼을 한 신부들은 해당 관습에 대해 전혀 모르는 눈치라는 것이다. 2017년 결혼을 한 신부는 "요새 그런 것도 생겼어? 나는 부케도 던져보고 받아봤지만 처음 들어봐."라고 답했다. 2020년대 이후로 결혼한 신부 중에 해당 관행을 모르는 이는 없었다.

부케를 던지는 풍습은 중세시대 유럽에서부터 이어져 왔다. 결혼하는 부부의 사랑과 행복, 운을 이어받아 결혼을 잘 하라는 뜻이 담겨 있다. 그러나 그 이면에는 결혼을 여성의 사회적 지위 향상 수단으로 본 가부장적 세계관이 숨어 있다. 부케 던지기 관습은 미혼 여성들이 신부의 몸이나 의복을 만져 강제로라도 '결혼운'을 나눠 가지려했던 소동에서 기원했기 때문이다.[30] 상향혼이 여성의 생존 전략이었던 당시의 시대상을 살펴보았을 때 부케 던지기는 결국 축복의 형식을 빌려 대물림되는, 신분 상승의 사다리에 오를 기회를 한 여성이 다른 여성에게 하사하는 행위였다.

나아가 현대에는 '부케를 받으면 6개월 내 결혼해야 한다', '받은 꽃을 100일 간 말리면 복을 받는다' 같은 근거 없는 속설들이 덧붙여져 부케순이는 역할이 더욱 달갑지 않은 것이 됐다. 여성들의 완벽주의가 이곳에서도 또 다시 발동될 것이 분명하기 때문이다. 신부의 유일한 목표가 '아름다워지기' 혹은 '남들에게 부끄럽지 않게 결혼식 잘 해내기'가 되지 않아야 하는 것처럼 부케순이 역시 해묵은 관습을 유지하기 위해, 또 자신의 역할을 최대한 완벽하게 잘 해내기 위해 꽃을 잘 보관하고 굿즈를 만들 적당한 숍을 찾는 역할을 자처하지 않아도 될 것이다.

인터넷에는 가방순이, 부케순이의 역할과 함께 딱 맞는 하객룩, 가방, 축의 금액 등이 줄줄이 소개되었는데 그중에서도 한 가지 눈에 띄는 것은 '가방순이 절교' 키워드다. 가장 가까운 사이였기에 가방순이의 역할을 맡았을 신부의 친구는 결혼식 당일 신부만큼이나 긴장한 마음으로 식에 임하는데 아이러니하게도 둘의 끈끈했던 관계는 식 이후 새로운 시험대에 오르는 신세가 된다.

> "가방순이했는데 5만 원 주고 끝이네요……. 축가 팀은 10만 원씩 줬다는데 이게 맞나요."
> "신행 다녀와서 연락도 없다가 다 같이 만나는 자리에서 기념품 하나 주고 끝이네요."

깊은 우정은 순식간에 선물 금액이나 사례비로 환산되고, 서로를 향한 호의마저 회계 장부의 한 줄로 평가된다. 이는 축의금을 얼마나 주고받았는지로 관계를 평가하는 '축의금 논란'에 익숙해진 우리에게 새삼스러운 일도 아닐지 모른다. 그러나 한 가지 확실한 것은 자본주의에 좀먹힌 결혼식은 여성들의 우정마저 손쉽게 가르고 있다는 것이다. 여성 친구들, 여성 웨딩 플래너……. 여성들은 서로 지지하는 방식이 아니라 평가하고 소비하는 방식으로 관계를 맺게 됐다. 결혼식 역시 더 이상 사람을 이어주는 의례가 아니라 관계를 시험하고 서열화하는 구조가 되어버렸다. 에바 일루즈가 『감정 자본주의』에서 이야기한 것처럼, 자본주의적 교환 논의 안에서 사랑과 친밀성까지 재구성되며 감정마저도 교환가치의 원리에 따라 평가된다. 신부들의 로망, 설렘, 사랑, 우정뿐 아니라 걱정, 불안함, 초조함까지, 모든 감정은 하나도 빠짐없이 기업이 수익을 창출할 수 있는 기회가 된다. 의례를 집어삼킨 자본주의는 여성 자신, 그리고 그들의 관계까지도 말라비틀어진 부케의 꽃잎처럼 만들고 말았다.

자본화된 결혼식의 진짜 비극

자본화된 결혼식의 가장 큰 비극은 정신을 차려보면 결혼식이 끝나 있다거나, 결혼식 준비를 하다가 정작 인생에 한 번뿐인 다른 소중한 순간이 다 가버린다거나, 30분을 위해 수천만 원의 돈을 쓰는 것에 있지 않다. 최악은, 결혼 준비를 시작한 이후에 가게 되는 가장 가까운 친구의 결혼식을 자신도 모르는 사이 평가하게 된다는 것에 있다.

단출한 청첩장을 받으면 '돈을 좀 아꼈구나'라는 생각이 앞서고, 호텔 동시 예식이라면 '남편이 돈이 좀 많나?'라는 추측이 따라온다. 부케순이나 가방순이 역할을 자처해 친구의 결혼식을 가까이 보면서 이해하게 된 경우에는 더욱 그러했다. 서울 시내 위치한 식장의 대관료와 식대 할인 조건까지 줄줄 꿰며 '여기는 돈이 꽤 남겠군.' 하는 속물적 셈법이 자연스레 뇌리를 스친다. 가장 소중한 친구의 가장 아름다운 날에조차 말이다. 결혼을 준비하기 전까진 상상도 못했던 일이다.

자본주의는 물고기의 살결을 칼로 섬세하게 도려내듯, 결혼식 면면의 아주 작은 디테일까지도 얇게 발라내어 상품과 등급을 만들고 가격을 매겼다. 예비신부와 예비신랑은 그것들을 아낌없이 소비했다. 분명 신랑 신부 자기 자신과 하객들을 위한 선택이었다. 그런데 무한한 선택과 소비 끝에 신랑 신부, 그리고 그 식에 참여한 하객들은 그 누구보다 섬세한 기준을 가지고 평가하는 사람이 되어 있었다. 가장 살 알기에 가장 잘 보이는 것이다.

결혼 준비를 시작하고 나서야 깨달았다. 예비신부로서 내 앞에 펼쳐졌던 많은 쇼핑 리스트들이 아름답게만 보이던 친구들의 결혼식을 바라보는 시선을 달리 만든다는 것을 말이다. 특히 결혼식에서의 아름다움을 한 가지 방식으로 인식하기 시작했다. 여리여리한 마른 몸매, 새하얀 피부, 머리카락 한 올의 헝클어짐조차 허용하지 않는 단정한 머리까지. 나는 어느새 조화, 생명, 회복, 나다움 같은 아름다움의 원형적 에너지에는 온데간데 관심도 없고 그저 하얀 피부, 작은 얼굴, 여리여리한 몸매, 거기에 시시각각 바뀌는 '예쁜 사진'의 트렌드 규범을 적극적으로 내면화했다. 그리고 그것을 기준으로 타인을 평가했다. 독일의 철학자 요한 프리드리히 헤르바르트의 말에 의하면 이렇게 왜곡되고 편향된 미의식은 도덕성과 필연적으로 연결된다. 자기 자신에 대한 왜곡된 평가를 하거나 타인을 평가할 때도 (심지어 아주 사랑하는 친구의 결혼식에 방문해서도) 외모 중심의 가치관에 매몰될 수 있는 것이다. 모든 미적 판단과 도덕적 판단이 그 얄디얕은 기준에 지배받게 되는 것을 나는 결혼 준비를 하는 과정에서 실시간으로 목격했다.

　　나만의 문제는 아니었다. 고가의 프리미엄 라인 드레스를 본식 드레스로 셀렉했다던 신부는 가끔 해당 디자인의 드레스를 입은 신부 사진을 보면 '식장은 어디지?', '신랑은 뭐 하는 사람이지?' 하고 생각하게 됐다고 했다. 완벽하게 결혼식을 치러낸 신부들은 초대받은 결혼식에서 끝없는 비교와 평가를 숨 쉬듯 했고, 그로부터 벗어나기 위해 노력해야 했다. 심지어 결혼할 생각이 없다고 밝힌 인터뷰이도 "결혼을 해본 적도 없고, 할 생각도 없는데 이제는 장소만 들어도 사람을 평가하게 됐다."고 씁쓸한 소회를 밝혔다. "결혼식 장소만 들어도 '아, 얘가 이 정도구나.' 혹은 '어? 나랑 비슷한 줄 알았는데 아니네? 남편은 뭐 하는 분이지?'라고 생각하게 돼요. 내색은 안 해도 장소만 들어도 수준이 성적표처럼 다 나오죠. 근데 저만 알고 있는 건 아닐걸요? 다들 알고 있는데 모르는 척하고 있는 거죠." 그는 호텔 결혼식이라는 것을 듣고도 '이름만 호텔'인지, '진짜 호텔'인지 훤히 꿰뚫어 보게 된 자신이 싫다고도 했다. (이렇게 빠삭하게 알게 된 비결은 소셜 미디어의 알고리즘 덕분이라고 했다.)

이제 우리는 결혼식장 이름을 들었을 때 누구의 결혼식이었는지보다 "아. 거기 밥 진짜 맛있는 곳!" 하는 찬사, 혹은 "거긴 밥이 너무 맛없더라." 하는 씁쓸한 혹평으로 먼저 기억한다. 교통 편리성도 평가 대상에서 둘째가라면 서럽다. 하객들이 주차하느라 진을 빼어서는 안 되고, 비수도권 지역에서 올라오는 사람을 위해 터미널과 역으로 바로 갈 수 있는 지하철 노선이 있어야 하며, 가까운 터미널 혹은 지하철역에서 하객을 실어 나를 셔틀버스도 준비되어야 한다. 이 모든 '옵션' 역시 평가의 대상이 되어 있었다. 하객 입장에서는 어쩌면 자연스러운 일이지만, 평가를 더욱 야박하게 하는 이가 있으니 바로 자신의 결혼을 앞둔 예비부부다. 결혼식장을 가득 채우는 결혼 적령기인 친구들은 스스로 결혼을 순비하면서 더욱 적극적인 평가자로 전락한다. "에이, 그래도 하객들을 위해서 돈 좀 쓰지." 생각하게 되는 것이다.

결혼식에서는 꽃 장식, 뷔페의 수준, 교통 편리성과 하객들에게 제공되는 선물이 곧 양가의 경제적 능력과 사회적 자본을 드러내는 상징이 된다. 피에르 부르디외는 1979년 이미 소비 행위가 단순한 취향의 문제가 아니라 사회적 위계를 드러내는 '구별짓기'의 수단으로 작용한다고 지적한 바 있다. 그는 특히 음식, 의복, 예술 취향 같은 일상적 소비마저도 개인의 사회적 지위를 상징적으로 과시하고 타인과의 차이를 확립하는 방식으로 작동한다고 보았는데 자본화된 의례에서는 그것이 더욱 극적으로 발현된다. 공동체적 연대와 축하의 자리를 차지하는 대신, 서열화된 비교와 과시의 장으로 변모하는 것이다. 결국 결혼식은 사랑과 연대, 축하의 의례라기보다는 누가 더 많은 자본을 동원할 수 있는지를 가시적으로 증명하는 경쟁의 장으로 기능하게 됐다.

"살을 못 빼서 죄송해요"

웨딩 플래너로 일한 지 6개월이 된 인터뷰이는 "플래너님…… 죄송해요. 다이어트를 못 했어요."라는 말을 자주 듣는다고 했다. "들을 때마다 당황스럽죠. 이 착한 신부는 살을 빼지 못했다고 왜 누군가에게 죄송하다고 하는 걸까요?" 하지만 당황한 기색은 금물. 죄송할 필요가 뭐 있냐며 상냥하게 위로한 뒤, 시무룩한 신부 앞에서 꼼꼼한 조언과 함께 프로페셔널함을 유지한다. "신부님, 괜찮아요. 촬영은 포토샵으로 다 가릴 수 있어요. 본식까지 붓기만 관리 잘 해주세요!" 이런 대사가 일 잘하는 플래너로서 자신이 응당 뱉어야 하는 대사라는 것을 그는 잘 알고 있다. 그러나 같은 여성으로서 왜 이토록 외모에 집착해야 하는지에 대한 의문과 씁쓸한 마음이 드는 것을 막을 길이 없다.

국내 최대의 온라인 결혼 커뮤니티에는 '뚱신'이라는 단어가 심심치 않게 올라온다. '뚱뚱한 신부'의 줄임말이다. 관련 글을 읽고 있으면 지금 이 대한민국에서 도무지 무슨 일이 일어나고 있는 것인지 싶다. 스스로를 '뚱신'이라고 밝힌 한 예비신부는 스튜디오 촬영 날에 너무 속상한 일이 있었다고 '고민토로방'에 털어놨다. 사연을 재가공하면 이렇다. "이모님(헬퍼)이 계속 눈치 주는 말을 하더라고요. 촬영 시작할 땐 활짝 웃고 있는데 점점 제 표정이 계속 울먹이는 표정이더라고요. 눈물을 겨우 참는 표정이요. 나중에 사진을 보고 너무 속상했어요." 신부는 현장에서 마음에 드는 드레스를 선택할 때마다 "신부님은 팔뚝 살 때문에 어차피 못 입으세요."라며 단칼에 거절당했다. 결국 플래너와 이모님이 체형 커버가 잘 된다며 추천해 준 드레스를 입어야 했다. "고가의 드레스를 입게 하려는 고도의 추가금 유도 전략이라면 '그러려니' 했겠지만 추가금도 없었으니 그것도 아니었다." 예비신부의 촬영을 망칠 만큼 외모에 대해 폭언을 쏟아낸 '이모님'은 30만 원의 일급으로 고용된 사람이었다. 하지만 그는 신랑에게도 가서 "신부님 팔뚝 살이 장난 아니네요."라며 장난하듯 신부의 몸을 평가하고 비하했다. 댓글에는 자신도 비슷한 경험을 겪었다는 '뚱신'들이 등장해 글쓴이를 위로했고 위축되지 않고 드레스를 고르거나 촬영할 수 있는 '뚱신' 전용 스튜디오나 플래너를 추천해 주기도 했다.

같은 날 또 다른 '뚱신'의 글이 올라왔다. "드레스를 입은 제 모습이 보기 싫다."며 자신의 모습이 흉측해 보인다고 털어놓았다. "드레스를 입은 제 모습이 너무 싫고, 왜 이런 모습을 다른 사람들에게 보여야 하는지 모르겠어요." 상냥한 예비신부들은 그 글에도 진심 어린 조언과 위로를 이어갔다. 볼레로나 웨딩 리본, 베일을 이용해 살을 가리는 법, 포토샵을 하기 위해서는 목이나 팔 주변에 장식이 많이 없는 드레스를 입어야 한다는 것, 비만 치료제 '위고비'나 지방흡입을 추천한다는 조언도 있었다.

다른 사람이 내 외모를 흉보지 않을까 하는 불안감은 개인의 감정 차원을 벗어나 병리적 증상으로 해석할 수 있다. 외모 강박에 의해 사람과의 소통을 두려워하는 불안장애, 사회적 외모 불안social appearance anxiety으로 볼 수 있는 것이다.[31] 뚜렷한 근거 없이 다른 사람이 내 외모를 부정적으로 평가할 것이라는 생각에 사로잡히는 것이 대표 증상이다. 이러한 증상이 더 심각해지면 단순히 자신감이 부족한 수준을 넘어 일상생활을 못 할 정도로 심해질 수 있는데, 이는 신체이형장애body dysmorphic disorder로 진단될 수 있다. 강박장애의 일종으로 다른 사람들에게는 사소해 보이는 작은 결점에 과도하게 집착하는 증상이 대표적이다. 강박적으로 거울을 보고, 과하게 치장하거나, 외모에 대한 집착으로 일상생활을 제대로 하지 못하는 것도 해당한다.

사회적 외모 불안, 신체이형장애……, 낯선 병명을 들어본 적은 없지만 대표적인 증상들은 너무나 익숙하다. 나는 중고등학교 시절부터 교복 주머니에 작은 거울과 색이 들어간 립밤이나 틴트를 넣어두고 다녔다. 조금 더 심했던 친구들은 고데기나 헤어롤로 앞머리를 손질하지 않으면 급식실에는 물론 운동장에도 가지 않으려고 했다. 선도부 선생님들은 회초리를 드는 시늉을 하며 화장하는 학생들을 단속했는데, 애초에 교복 회사들이 교복에 화장품을 넣는 작은 안주머니를 만들어두고 10대 중후반의 여자 학생들에게 '남심 저격', '슬림핏' 같은 멘트와 함께 광고[32]하는 것이 현실이었음에도 그랬다. 외모와 관련한 불안 증세는 비단 '사춘기 소녀'에게 한정되는 현상이라고 볼 수 없는데 한국여성정책연구원의 자료에 따르면 여성은 청소년 및 청년, 중장년층에 이르기까지 전 생애에 걸쳐 외모 강박에 시달린다. 화장하는 시늉을 하며 어른들의 귀여움을 한 몸에 받던 아이는 '얌전하게' 구는 착한 딸로 자라, 결점 하나 없는 피부를 가진 아름다운 신부로 완성되고 훗날 자녀의 결혼식에서 혼주 한복을 두고 파스텔톤이냐 딥톤이냐, 덧치마냐 갈래치마냐를 고민하게 되는 것이다. 외모 관리 행동은 정신 건강 위험과 직접적으로 연결된다. 여러 통계가 여성의 외모 강박이 청소년기부터 내면화되어 사회 전반에 뿌리내리고 있고 여성에게 외모에 대한 사회적 압력과 강박이 더욱 두드러지게 나타나고 있음을 보여준다.[33] 특히 한국여성정책연구원의 연구 보고서에 따르면 여성의 72.8%가 외모에 꾸준히 신경쓰는데(남성은 54.2%), 이러한 외모 강박은 우울증과 직접 연관된다.[34] 사회는 여성의 불안을 자극해 외모 관리를 부추기면서도 섭식장애나 외모 강박증 같은 문제를 개인의 나약함으로 돌려버린다.

　　외모 강박은 누군가의 딸, 아내, 어머니로 알려지는 결혼식과 같은 행사 자리가 아니라 자신이 좋아하고 잘하는 일을 할 때조차 여성을 옥죈다. 신속하고 정확하게 뉴스와 사안을 전달해야 하는 아나운서에게도, 군사력, 경제력, 국가 영향력으로 전 세계 1위를 차지하는 미국이라는 나라의 대통령 후보로 선 자에게도 외모라는 잣대가 주어진다. 2016년 미국 대선 후보였던 힐러리 클린턴은 "버락 오바마는 '그냥 침대에서 굴러 나와 정장을 걸칠 수' 있지만 나는 대중 앞에 나설 때마다 몇 시간 동안 머리와 옷차림을 다듬고 화장을 해야 한다."고 발언한 적 있다. 이 발언을 다룬 뉴스 기사에도 클린턴의 외모를 비하하는 댓글이 우후죽순 달렸다. 이것이 여성이 살아가는 이 시대의 현실이었다. 하지만 상황은 더욱 나빠졌다. 소셜 미디어가 강화하는 외모지상주의는 전 연령, 전 성별에 걸쳐 강화되고 있기 때문이다. 한국갤럽이 1994년부터 2015년까지 10년 주기로 실시한 「외모와 성형수술에 대한 인식조사」 결과를 보면, '본인의 외모에 대해 얼마나 신경을 쓰십니까?'라는 질문에 '매우 또는 어느 정도 신경 쓴다'고 답한 비율이 10년마다 56%, 58%, 64%로 증가 추세를 보였다.[35] 성별에 상관없이 보이는 것에 모두가 시달리게 된 것이다.

　　외모를 가꾸는 일은 곧 '자기 개발'로 포장되고 사회적 보상까지 연결되기에, 외모 집착은 오히려 교묘한 방식으로 권장되기도 한다. 자기 관리, 갓생, 투자라는 이름으로 말이다. 사회가 제시하는 기준에 맞게 자신을 가꾸려고 기꺼이 노력하는 이들을 비판할 수 없는 이유다. 특히 여성들은 평생에 걸쳐 자신의 신체를 대상화하고 그것을 내재화하며 외모를 관리하는 데에 어마어마한 돈과 시간을 쓴다. 고통 끝에 또 해내고 마는 완벽주의에 대해서는 대단한 찬사로, 그 과정에서 필연적으로 경험하게 되는 신체적, 정신적 고통에 대해서는 나태함과 게으름쯤으로 치부된다. '뼈말라'와 '뚱신', '도치맘'과 '맘충' 사이에서의 조리돌림은 완벽주의가 생기도록 작동해 온 사회의 동작 방식과 정확히 일치한다.

　　마케팅학 연구자 크레이그 톰프슨과 엘리자베스 허슈만은 자아 지각을 부추기는 소비 활동, 이상적이고 바람직한 신체에 대한 느낌, 그리고 자신의 용모에 대한 만족감을 강조하는 복잡한 문화 이데올로기를 '사회화된 신체'라는 개념을 들어 설명한다.[36] 여성들은 사회화된 신체에 집착하며 인정 욕구와 자기혐오 사이를 끝없이 오간다. 2024년 국제미용성형외과학회에 따르면 세계에서 인구 1000명당 성형수술자가 가장 많은 나라로 한국이 꼽혔다.[37] 통계에 따르면 1000명 당 8.9명이 성형을 했는데 서울 여성 셋에서 다섯 중 한 명은 1회 이상 성형수술을 받은 것으로 추정될 정도다. 과거에는 눈을 커 보이게 하는 쌍꺼풀 수술, 코를 높아 보이게 만드는 코 수술이면 족했다. 그러나 지금은 어떤가? 얼굴이 작아 보이게 만들기 위해 귀를 옆으로 더 길고 입체적으로 만드는 귀 필러, 각막 주위에 원형 링을 삽입하여 눈동자를 커 보이게 하는 눈동자 수술, 목과 쇄골 라인이 더 날씬해 보이도록 어깨 끝 근육을 확대하는 어깨 필러까지 해야 하는 시대가 오고야 말았다.

우리나라의 외모지상주의가 극에 달한다는 사실은 잘 알고 있었다. 동네 앞 슈퍼마켓에 갈 때도 메이크업을 하는 사람들이 넘쳐나고, 거리에는 당장 쇼핑몰 모델을 해도 될 것 같은 트렌디한 옷과 가방, 액세서리를 한 사람들이 거리를 걷는다. 그러나 이러한 외모지상주의가 삶의 가장 중요한 통과의례 중 하나인 결혼식에서도 신부를 가장 보편적인 아름다운 모습의 거푸집에 찍어내는 역할을 하고 있다는 사실은 몰랐다. 진심으로 축하받아야 마땅한 순간마저도 말이다.

심지어 결혼 후 임신과 출산을 경험할 수 있다는 점에서 외모 강박의 문제는 더욱 치명적이다. 출산은 여성의 신체를 필연적으로 변화시키는데, 이때 사회가 규정한 '정상 신체'에 대한 강박이 내면화되어 있다면 심각한 자기 혐오와 우울증으로 이어질 수 있다. 보건복지부「2024 산후조리 실태조사」에 따르면 산모 68.5%가 산후 우울감을 경험했다.[38] 인구보건복지협회에 따르면 우울증의 원인 4위에 '출산 후 변화한 몸'이 차지한다.[39] 그러는 동안에도 소셜 미디어에는 출산 후 단 몇 주 만에 임신 전의 몸으로 **회복**했음을 과시하는 사진이 넘쳐나고 '아기 엄마 같지 않다'는 말이 최고의 찬사로 오간다. 이러한 극명한 대비는, 외모에 대한 집착이 단순한 개인의 성향이나 허영심이 아니라 생애 전환기

마다 여성의 정신 건강을 벼랑 끝으로 내모는 구조적 위기임을 적나라하게 보여준다.

외모에 대한 강박은 남성 혹은 타인의 시선에 의해서만 촉발되는 것이 아니다. 한 연구에 따르면 여성은 거울이 있는 방에서 혼자 수영복을 입어보는 행위만으로 사이즈와 몸매에 대해 관심을 갖게 되고 이는 곧 몸에 대한 수치심으로 이어진다.[40] 실제로 수영복을 입은 여성을 본 사람이 아무도 없음에도 여성들은 스스로 자신을 거울에 비춰 보는 것만으로도 자신을 대상화하고 평가하는 것이다. 그러니 신체의 여러 부위가 드러나는 새하얀 드레스를 종류별로 입어보며 여기가 어떻다느니 저기가 어떻다느니 친근하고 상냥한 목소리로 '최상의 아름다움'을 위해 도와주는 것 역시 신부가 자신의 몸에 실망하는 것에 크게 기여하고, 이는 곧 철저한 '신부 관리'로 이어지게 된다.

우리의 결혼식 장면들은 《하퍼스 바자》와 《코스모폴리탄》 잡지 1면에 실려 전 세계의 이목과 집중을 받을 일도 없다. 하물며 정성 들여 인스타그램에 올린 사진들도 또 다른 게시글에 묻혀 이내 사라질 것이다. 좋아요 몇 개, 댓글 몇 개가 다일 것이다. 그런데도 신부들이 자기 얼굴의 솜털이 완벽하게 제모되었는지, 메이크업은 적당히 속광은 나되 겉광은 눌러져 생기 있는 얼굴이 되었는지, 드레스는 자신의 신체 단점을 보완하면서도 장점을 더욱 극대화하는 방식으로 연출되고 있는지를 시시각각 신경써야 하는 이유는 도대체 무엇인가.

외모와 완벽주의에 대한 탐닉이 결혼식에서 끝나지 않는다. 아니, 오히려 이제부터 본격적인 시작이다. 결혼식이 끝나면 화이트, 아이보리, 크림색 사이의 벽지를 고민하며 인테리어 디자인과 가전 구매를 위한 여정을 떠나게 될 것이다. 다시는 오지 않을, 그야말로 인생에 한 번뿐인 아이의 백일, 첫돌, 두 돌을 기록하기 위한 아이 옷 대여와 스튜디오 예약을 위해 발품을 팔게 될 것이다. '완모'를 위해 새벽 5시 알람을 맞춰두고 일어나 유축하고, 언어 학습을 위한 최적의 발달기를 놓치지 않기 위해 영어 유치원을 찾아보고, 유기농 재료만을 활용한 이유식 큐브를 직접 만들어 얼리거나 합리적인 가격으로 공동구매를 찾아보고, 그러면서도 피부와 체중 관리를 놓치지 않을 것이다. 그러면서 스스로 '맘충'이지는 않는지, 외모와 자기 관리를 포기한 '아줌마'가 되지는 않았는지 검열하고 또 검열할 것이다.

'조리원 동기'와 '돌준맘'의 등장

또래에 비해 이른 나이에 결혼하고 출산한 친구는 "출산과 육아가 체질"인 것 같다면서 행복한 신혼 생활을 보여주어 미혼 여성 친구들의 부러움을 한몸에 샀다.

"너 결혼 어떻게 했니? 나 정말 하기 싫어 죽겠어. 그냥 눈 감았다 뜨면 결혼식이 끝나면 좋겠어."

"힘내라. 결혼식 다음에는 돌잔치다."

그녀의 목소리는 단호했다. 눈이 번쩍 뜨였다. 결혼식 다음이 돌잔치라고? 이 모든 야단을 (심지어 육아와 업무 복귀 고민을 동시에 하면서) 또다시 반복해야 한다는 강력하고도 근거 있는 불안감이 마음 깊이 엄습했던 것 같다. 결혼식을 준비하며 마주했던 크고 작은 어려움들이 출산과 육아를 하게 되면 곱절, 세 곱절은 더 크게 다가올 것이라는 사실에 본능적으로 두려웠다.

"그게 무슨 말이야? 돌잔치는 왜 또."
"너 돌준맘이라고 들어봤어? 결혼식만큼은 아니어도 못지 않다. 나도 진짜 깜짝 놀랐잖아. 거의 준결혼식이야."

돌준맘은 '아이의 돌을 준비하는 엄마'라는 뜻이다. 웨딩 카페에 모였던 '예비신부'들은 저마다 버진로드를 지나 '신부' 그리고 '엄마'가 되어 맘카페에 다시 모였다.

홀을 대관할 것인지? 식대는 얼마짜리로? 사람은 몇 명까지 초대할 것인지? 사회자는 전문 사회자로?
아이 돌 사진 촬영 콘셉트는 어떻게? 셀프로, 스튜디오로? 옷은 몇 벌이나 갈아입을 것인지?

줄줄이 쏟아지는 돌준맘의 고민을 보며 기겁했다. 백일잔치, 돌잔치, 두 돌잔치를 진행하는 과정이 결혼식 준비 과정과 놀랍도록 비슷했기 때문이다. 유일하게 달라진 것이 있다면, 너무 화려하거나 노출이 많지 않으면서도 단정하고 조숙한 엄마의 모습을 보이기에 충분한 '돌잔치 드레스'를 고민해야 한다는 것이었다. 동시에 아기 기저귀와 분유가 가득 찬 묵직한 가방을 들쳐 메야 한다는 것 정도? '예신님' 다음에 내가 걸어 들어가게 될 곳은 '조동(조리원 동기)'과 '돌준맘'의 세계였다.

　　0.8. 매해 세계 최저 출산율을 갱신하고 있는 한국에서 산후조리원은 언제나 극성수기다. 가정과 사회에서의 돌봄 실패에 대한 비용은 조리원이라는 사설 서비스로 위임됐고, 여성이 출산 후에 마땅히 보장받아야 하는 회복과 휴식의 시간과 공간마저 돈 있는 자는 누리고 돈 없는 누릴 수 없는 사치의 영역이 되어버렸다. 한국에 산후조리원이 등장한 건 1990년대 후반 무렵이다. 출산휴가와 육아휴직을 오래 쓰기 어려운 열악한 문화에서 친정과 시댁 도움 없이 출산 후 편하게 쉴 수 있는 곳은 삽시간에 인기를 끌었다. 보건복지부가 발표한 「2024년 산후조리 실태조사」에 따르면, 우리나라 산모 열 명 중 여덟 명이 출산 후 산후조리원을 이용한다. 치솟는 인기에 임신과 동시에 산후조리원 '예약 전쟁'에 뛰어들어야 할 정도로 공급이 부족한데, 이 과정에서 발생하는 불투명한 시장 구조, 탈세 등의 문제들은 놀라울 정도로 웨딩 업계와 비슷하다.

출산 직후 산모와 신생아가 2~3주간 머물며 식사, 마사지, 청소, 신생아 관리 등 전방위적 서비스를 받는 구조는 외형적으로는 '휴식'의 형태를 띠지만, 실상은 출산 이후의 소비가 집중되는 새로운 시장으로 기능한다. 가격이 천차만별인 데다, 화장품이나 육아 용품, 스튜디오 등과 연계한 추가 비용 프로그램이 즐비하다. 몸조리를 위해 들어온 산후조리원에서 각종 '교육' 프로그램을 명목으로 제품을 판매하고, '무료 서비스'라는 미끼로 기념사진을 찍게 한 뒤 추가 비용을 요구하는 일이 흔하다.[41] 출산 후의 회복, 수유, 수면, 신생아 돌봄까지 모든 과정이 상품화되고 여성의 몸은 회복의 주체가 아닌 '관리의 대상'으로 (또다시) 전환된다.

같은 시기에 입실한 산모들은 '조리원 동기'라 불리며 서로 정보를 공유하고 수유 팁이나 아기 잠버릇, 모유량을 비교한다. 입학, 입사 동기를 거쳐 이제는 조리원 동기가 중요해졌다. 분명 힘이 되고 연대할 수 있겠지만 그 속에는 은밀한 경쟁과 서열이 존재한다. 이용 중인 조리원의 등급, 마사지 횟수, 신생아실 관리 수준, 퇴실 선물의 브랜드까지 그모든 것이 서열과 순위를 가시적으로 드러내는 지표로 작동하기 때문이다. 조리원은 가격에 따라 급이 나뉘는데 2020년 274만 원이던 산후조리원 전국 평균 이용료는 2024년 6월 기준 366만 원으로 올랐다. 특히 산후조리원이 가장 많이 몰려 있는 서울의 평균가격은 491만 원으로, 2020년 375만 원 대비 약 30% 상승해 500만 원에 육박했다.[42]

서울 강남의 '5성급' 조리원은 2주 비용만 1755만 원에 달한다.《뉴욕타임스》는 서울의 산후조리원이 세계 최고 수준의 서비스를 제공하지만, 동시에 한국의 출산율이 세계 최저인 이유를 설명하는 데에도 도움이 된다고 보도했다.[43] 회복을 서비스로, 돌봄을 외주로 돌리는 사회에서 조리원은 결혼 이후에 이어지는 소비의 연장선상에 있었다.

2018년 인천의 한 조리원을 졸업한 인터뷰이는 아직도 동기 대화방이 메신저에 남아 있다고 했다. 처음에는 같은 시기에 출산한 엄마들과 수유량 등에 대해 소통할 수 있어 좋았지만 소셜 미디어보다도 더 가까이서 서로의 생활을 비교하게 된 것이 힘들었다고 털어놨다. "처음엔 서로 위로하고 공감하다가 어느 순간부터는 정보전이 돼요. '어느 병원 시술이 좋다더라.', '요즘 유아차는 이게 트렌드라더라.', '어디 유치원은 지금부터 대기 신청해야 한다.' 같은 식으로요. 비교하고 사야 하는 게 끝도 없이 많아요." 웨딩 산업이 여성을 '아름다운 주인공'으로서 소비 주체로 포섭했다면, 산후조리원은 여성을 '회복되는 몸' 혹은 '아이를 생각하는 엄마'로 다시 상품화하여 제품을 판매한다. 그런데 근본적인 의구심이 든다. 왜 산업은 이렇게까지 결혼 적령기의 앞뒤에 위치한 여성들을 최고의 저격수마냥 겨누고 있는가?

일단 '결혼 적령기'가 여성의 삶의 맥락에서 쓰이는 방식부터 살펴보자. '적령기'는 말 그대로 제때, 그러니까 젊은 여성이 주어진 유효기간 내에 가야 결혼에 '실패'하지 않을 수 있다는 식의 담론에서 많이 사용된다. 얼핏 들으면 자연스럽게 나이를 지칭하는 말 같지만 실은 여성의 삶을 특정한 궤도에 올려놓는 사회적 압박에 가깝다. 30대 초반의 남성에게는 '아직은 일할 때'라는 격려가 주어지지만, 같은 나이 대의 여성에게는 '더 늦기 전에 서둘러야 한다'는 압박이 반복되기 때문이다. 여성학자 정희진은 "여성의 시간은 사회가 규정한다."고 말한다. 결혼, 출산, 육아는 여성이 '스스로' 선택하는 것처럼 보이지만 사실은 국가와 자본이 설정한 생애 주기에 따라 선택하도록 유도되는 구조라는 것이다. 결혼 적령기 담론은 여성을 자유로운 개인으로 인정하는 대신 재생산과 돌봄의 주체로 소환한다.

이러한 결혼 적령기의 여성을 산업이 노리는 이유, 답은 간단했다. 돈이 되기 때문이다. 여성들은 결혼을 앞두고, 진행하며, 끝나는 모든 과정 동안 격렬하게 소비한다. 책 『습관의 힘』에서 결혼을 앞둔 여성이 얼마나 완벽하게 시장의 먹잇감이 되는지를 적나라하게 보여주는 사례가 등장한다. 저자 찰스 두히그는 미국 기업 타깃Target이 고객의 데이터를 기반으로 어떻게 판매를 촉진하는지 그 사례를 소개하는데 그 대상은 다름 아닌 '임산부'다. 아니, 더 정확히 말하면 '임신을 곧 할 것으로 예상되는 여성'이다. 기업은 막 결혼을 마친 부부를 최고의 광고 타깃으로 여기고 밑 작업을 시작한다. 출산을 하게 되면 아이를 위해 그 어느 때보다 많은 소비를 하게 될 것이고 이는 기업의 이윤으로 이어질 수 있기 때문이란다. 결혼도 마찬가지. 1년 전부터 결혼을 준비하는 예비신랑과 예비신부가 하리라 기대되는 것은 딱 하나밖에 없다. 소비다. "소매 기업에게 임신한 여성은 금광과 다름없"으며 "아기를 가진 부모는 황금알을 낳는 거위"다.[44] 기저귀, 물수건으로 시작한 쇼핑이 곧 주스, 과자, 화장지, 양말까지, 신생아를 둔 부모(특히 여성)는 한번 쇼핑을 시작하면 앞으로 단골손님이 될 가능성이 높기 때문이다. 아이를 가진 후에 산모나 부모에게 접근하면 너무 늦다. 따라서 기업은 (법적 공방이 이뤄질 수 있음에도) 소비 데이터와 패턴을 기반으로 '임신할 것 같은 여자'를 분별해 내기 이른다. 이후에는 베이비 샤워 용품, 칼슘·마그네슘·아연 등 영양제, 기저귀 가방으로 쓸 만한 큼직한 핸드백을 산 고객이 몇 월에 출산 예정일인지 집요하게 추적한다.*

이는 감시 자본주의 현상과도 맞닿아 있다. 결혼, 임신, 출산과 같은 개인의 중요한 전환점이 사적 경험이 아니라, 기업이 데이터를 통해 예측하고 선점하는 상품이 되는 것이다. 감시 자본주의의 시선은 예비신부에서 예비 엄마가 된 삶의 순간을 따라 실시간으로 이동·추적하는데, 그 과정에서 소비는 선택의 결과가 아니라 선행 데이터에 따라 필연적으로 발생하는 사건에 가깝다.

결혼이라는 포문을 연 두 사람은 앞으로의 새로운 가족 생활에서도 선택의 연속 앞에 설 것이다. 어떤 신혼여행을 갈 것인지, 집은 어떻게 꾸밀 것인지, 아이를 낳는다면 산후조리원에 갈 것인지, 백일잔치를 할 것인지⋯⋯. 선택과 소

---

* 이러한 내용은 '타깃'의 전현직 직원을 인터뷰하여 작성되었으나, 타깃은 이에 대해 고객들에게 필요한 것을 더 싼값에 더 많이 제공함으로써 직접적인 이익을 주기 위한 것이라고 하면서도 사실이 아니라고 반박했다.

비를 거듭한 끝에 '완벽한' 결혼식을 치른 이들이 과연 그 모든 서열과 정당성으로부터 벗어난 선택을 할 수 있을까? 익숙한 삶의 과정들을 모두 천편일률적인 모습으로 완벽하게 반복적으로 수행하게 되진 않을까? 완벽한 결혼식을 해낸 부부들이 맞이하게 될 미래 역시 천편일률적인 형태가 될 가능성이 높다는 것은 너무 절망적인 예측일까.

"0원으로 스드메 졸업했어요!"
다단계에 빠진 예비신부

원래 결혼식은 두 사람이 하나 됨을 축하하는 자리였다. 온 동네가 하나 되어 함께하고 박수 쳤다. 그러나 결혼식은 더 이상 온 동네가 함께 준비하던 잔치가 아니다. 결혼식의 '주인공' 신부는 고군분투하며 식을 준비한다. 혼자서 그 큰 행사를 치르려니 불안할 수밖에 없다. 초조해진 신부들이 새로운 커뮤니티 공간을 찾아 모였으니 그곳이 바로 결혼 준비에 필수라는 웨딩 카페다.

　나는 대학교 시절부터 블로그에 기록하기를 좋아했다. 서로 글을 쓰고 공유하는 '이웃'들도 비슷한 또래로 형성됐다. 그런데 최근 특이한 현상을 하나 발견했다. 교환학생이나 해외여행을 주제로 글을 써오던 이웃 블로거들이 결혼을 할 때가 된 것인지 하나둘 웨딩 기록으로 주제를 바꾸기 시작했다. 또 새롭게 이웃을 추가하는 사람들 중에서도 블로그의 첫, 그리고 유일한 콘텐츠가 '#결혼준비'인 사람들도 많아졌다. 글의 제목은 이런 식이었다. "본식 스냅 예약 후기", "청담 변형 헤어 실장 추천", "2부 드레스 투어 후기"……. 심지어 이런 콘텐츠들은 '준비편', '계약편', '실전편'과 같이 시리즈로 연재되고 'W1, W2' 혹은 'Chapter 1, 2' 등으로 표기되어 주차별, 주제별로 꼼꼼하게 기록된다. 글쓴이들은 대부분 친절하고, 상냥하며, 적당히 귀엽고 유머러스한 밈을 사용하는 친근함도 잃지 않는다. 공통적으로 승모근 관리를 하며, 제모를 하고, 피부 관리도 빼놓지 않는다. 그런데 이러한 글들은 대부분 특정 카페로의 가입을 유도하고 있었다.

학창 시절부터 결혼 준비까지, 블로그로 소식을 전하던 이웃들은 웨딩 블로그를 시작하는 이유를 두고 "웨딩 비용을 절감하기 위해 블로그를 시작"했다고 소개했다. 심지어 한 이용자는 "결혼이 끝나고도 8000만 원을 추가로 벌었다"고 간증했다. 광고 수익만으로는 그렇게 큰돈을 벌 수 있는 것도 아닐 텐데 신부를 주축으로 하는 결혼의 수익화는 어떻게 가능할까?

비결은 간단했다. 신부들은 웨딩 컨설팅의 온라인 카페 혹은 개인의 블로그에 게시글을 쓸 때마다 글 중간중간에 자신의 '할인 코드'를 써 넣는다. 해당 추천 코드로 새로운 사람이 유입되어 결제가 이뤄지면 글쓴이와 새로운 결제자 모두 해당 업체로부터 할인 혹은 페이백을 받는다. 스드메를 비롯한 청첩장, 스냅사진, 심지어 예신용 네일아트나 피부 관리까지 이 모든 비즈니스가 철저히 '만들어진 입소문'으로 운영되니 이 가운데서 예비신부들은 스스로 욕망을 만들어내는 생산자이자 소비자가 되는 셈이다.

그러나 이 과정에서 예비신부들은 더 많은 소비를 이끌어내기 위해(더 많은 수익을 내기 위해) 스튜디오 촬영에만 그치지 말고 야외 촬영을, 한복 촬영을, 인생네컷 콘셉트 촬영을 추가로 하라고 다른 예비신부들을 적극 독려한다. 판매에 도움이 되는 것이 아니더라도 '예쁜 돈봉투에 넣어 주어야 한다', '스태프들의 간식을 손수 포장해 주어야 한다'는 괴담도 보통 이 과정에서 퍼뜨려진다. 자신만의 경험에서 나오는 '꿀팁'을 공유해야 글이 인기를 끌 수 있기 때문이다.

블로그와 카페 글에는 머리카락 한 올까지 보정하는 포토샵까지 거친 사진들이 '영화 속 한 장면'같이 남는데, 그것을 얻기 위한 고통스러운 과정과 비싼 요금은 생략된다. 부추긴 소비 끝에는? 남들이 부러워할 만한 아름다운 사진과 짭짤한 수익이 남는다. 레퍼런스를 찾아보는 신부들은 아기 오리가 가장 먼저 발견한 인물을 엄마로 인식하고 따라가듯 그의 뒷걸음을 졸졸 쫓게 된다. 타깃이 된 예비신부들은 값싸게 식을 치를 수 있는 정보를 찾아 다단계 마케팅이 넘쳐나는 인터넷 세상을 이리저리 헤맨다.

작은 규모의 개인 인스타그램 피드만 잘 꾸며도 여러 협찬과 광고를 받을 수 있는 시대. 복잡한 결혼 준비 과정을 잘 정리하고 공유해서 돈을 버는 게 뭐 그리 잘못됐나 싶다. 자꾸만 더 많은 소비를 강요받는 대상에서 벗어나 스스로 양질의 정보를 공유하고 이 난관을 함께 겪어나가고 있는 많은 신부들에게 서로 도움이 될 수 있다면야, 그리고 심지어 돈까지 벌 수 있다면야, 그것보다 더 좋은 선순환은 없을 것이다.

그러나 이 '웨딩 부업'이 어딘가 석연치 않은 것은, 심지어 불쾌한 골짜기를 보는 것처럼 마음 한구석이 찝찝해지는 것은 왜일까. 웨딩 부업은 웨딩 산업의 전체적인 파이를 키워갈 때 유효한 비즈니스이기 때문이다. 그리고 그 타깃이 인생에 한 번뿐인 결혼식을 앞두고 있는 결혼식의 '주인공' 신부이기 때문이다. 동시에 신부들은 사람을 끌어오면 돈을 주는, 소비자가 판매자가 되는 다단계의 주인공이 되고 말았다. 다단계 판매의 핵심은 소비자를 하위 판매원으로 가입하도록 하여 그 하위 판매원이 동일한 판매 활동을 하는 것에 있는데, 신부들에게 주어지는 역할과 정확히 동일하다. 물론 다단계 판매는 '방문판매 등에 관한 법률'에 의해 전혀 불법성이 없음을 밝혀둔다. 문제는 다단계 업체에서는 판매원이 곧 유통 채널이 된다는 특징 자체인데, 판매자이면서 소비자인 신부들이 스스로 유통 채널이 되어 또 다른 신부를 끌어들인다는 것이다. 어마어마한 규모의 웨딩 산업 아래 예비신랑과 예비신부의 순간은 '인생에 단 한 번뿐'이라는 이유로 산업의 큰 숙주로 전락하고 말았다.

국내에서 가장 큰 웨딩 카페의 가입자 수는 2026년 2월 기준 140만 명을 넘겼다. 책을 쓰기 시작한 2025년 130만 명이었던 것을 비교해 보면 1년도 안 되는 시기에 10만 명의 신부가 새롭게 유입된 것이다. 하루에 올라오는 게시글만 1만여 개에 달한다. 이곳에서 신부들은 결혼이라는 중대한 사안을 앞둔 사람끼리만 공유할 수 있는 걱정과 설렘, 여러 자잘한 '꿀팁'들을 나누며 위로를 받는다. 불안과 걱정은 지극히 당연한 것이며 너는 혼자가 아니라고 토닥여 주는 따뜻한 글도 자주 볼 수 있다. 온라인 커뮤니티가 가져다주는 심리적 안정감은 분명해 보였다.

신부들이 어찌나 꼼꼼한지, 플래너 없이 결혼을 준비해 보려는 나에게 웨딩 카페는 큰 도움이 됐다. 무엇을 어디서 부터 언제 준비해야 할지 모를 때, 여러 '예신' 블로그와 웨딩 카페를 오가며 나의 투두 리스트를 만들 수 있었다. 그런데 참고하려고 저장해 둔 글들을 뒤늦게 들어가면 글이 사라진 경우가 많았다. 처음엔 글쓴이가 마음이 바뀌어 게시글을 내린 정도라고 생각했다. 그런데 웨딩 커뮤니티에 발을 들인 지 며칠이 되지 않아 '삭제 간증' 글이 일상적으로 올라온다는 것을 알게 됐다.

┗ 3시간 들여 쓴 글이 삭제됐어요. 업체에 대해 정말 좋은 말만 써줬는데 어떤 부분 때문인지 모르겠지만 명예 훼손이라고 하네요.

┗ 모르셨어요? 좋은 글이든 나쁜 글이든 카페 제휴 업체가 아니면 글이 삭제돼요.

살펴보니 이러하다. 항간의 오해와 달리 예비신부들은

예비신부들을 돕는 것에 적극적이다. 자신이 겪은 일을 누군가 똑같이 겪지 않도록 결혼 준비라는 험난한 길을 먼저 걸어본 선배로서 글을 쓰고 정보를 나눈다. 때론 상냥하게 빠뜨리면 안 될 부분을 꼼꼼하게 확인해 주고, 때론 분노에 불타며 자신이 겪은 수모를 누군가가 다시는 겪지 않았으면 하는 마음으로 한 줄 한 줄 눌러 글을 쓴다. 그런데 돈이 되지 않는 정보는 검열되고 쉽게 삭제된다. '제휴 업체'에 관련된 글이 아니라는 이유, 부정적인 인식을 심어줄 수 있다는 이유가 그것이다. 이것이 웨딩 카페라는 공간이 지닌 생태계의 원칙이었다. 공동체로서 웨딩 카페가 가지고 있던 장점은 자본의 논리에 의해 빠르게 씻겨나갔다.

사실 웨딩 카페 전에 먼저 등장한, 여성들을 위한 온라인 공간이 있다. 바로 '맘카페'다. '돌준맘'의 시기를 거쳐 '둘째맘'이 되어가는 한 워킹맘을 만났다. 결혼식이 끝나고 나서도 이어지는 소셜 미디어의 폐해에 대해 묻고 싶었다. 산후조리원에서 태어난 지 한 달 이내 촬영되는 신생아 '본아트' 사진, 제2의 스튜디오 촬영이라는 돌 사진을 소셜 미디어에 업로드했는지 물었다. 그러자 그는 곧바로 피곤해했다. "사진 올리는 것마저 뭐라고 하실려는 거예요?" 그런 게 아니라고 둘러댔으나 돌아오는 길 곰곰이 생각했다. 나는 그것에 대해 뭐라고 하려고 한 게 맞았다. 그는 덤덤한 목소리로 말을 이어갔다. "엄마들이 소셜 미디어를 하면 이러나 저러나 욕먹는 결과밖에 없는 것 같아요. 근데 그거라도 올리는 낙이 있거든요. 아기 낳기 전에는 '맘카페…… 굳이?'

라고 생각했는데 요새는 다른 소셜 미디어보다 맘카페에 더 자주 들어가요." 육아하는 여성들은 고립되어 있다. 끝없는 가사 노동 사이에서 자신을 잃어가며. 그들이 찾은 곳이 엄마들이 소통하는 공간, 맘카페다.

맘카페는 2000년대 중반에 네이버와 다음 같은 포털 사이트에 지역 기반으로 개설되기 시작했다. 아이가 있는 엄마들이 모여 육아, 교육, 지역, 살림 정보를 공유하는 인터넷 커뮤니티였다. 엄마들은 그곳에서 출산과 육아라는 공통점을 가지고 소통하고 연대했다. 그러나 어느 순간 "나만 불편한가요?" 같은 말투로 마녀사냥을 한다는 '맘충'들이 몰려 있다는, 마녀사냥을 당했다.

웨딩 카페와 맘카페에는 공통점이 있다. 결혼도 육아도 여성만의 몫이 아니었건만 여성만의 몫이 되어버렸고, 그들은 함께할 공간을 온라인에서 찾았다는 것이다. 또 두 카페는 모두, 활발한 소통과 트래픽을 바탕으로 결혼과 육아뿐 아니라 다양한 정보를 공유하는 종합 커뮤니티로 확장됐다. 그러나 시간이 흐르면서, 이 공간들은 기존 사용자 간의 소통과 정보 공유보다는 업체와 소비자를 위한 이익 창출의 플랫폼으로 변질됐다. 규모가 큰 카페일수록 '공동구매'와 '제휴 할인' 같은 상업적 활동이 중심이 됐다. 처음에는 엄마와 예비신부를 위한 다정한 글이었던 소개글조차, 이제는 자신의 이름으로 물건을 하나라도 더 팔기 위한 상업적 도구가 되어버린 것이다. 웨딩 카페와 맘카페, 주 이용자는 여성이지만 운영자 대부분이 남성이라는 점도 큰 아이러니다.

소셜 미디어는 어떻게 우리의 감정을 지배하는가

앞서 많은 독자가 눈치챘다시피 앞서 살펴본 결혼 산업의 많은 문제에는 소셜 미디어라는 1등 공신이 세운 혁혁한 공이 숨어 있다.

　우리는 결혼식장에서도, 여행지에서도, 심지어 브라이덜 샤워의 한 장면에서도 '살고 있는 순간'보다 '보이는 장면'을 먼저 의식한다. 미술평론가 존 버거는 "현대의 이미지는 사물 그 자체가 아니라 욕망의 체계를 보여준다."고 말했는데 소셜 미디어 세계에서 이미지는 욕망 그 자체다. 우리는 더 이상 삶을 보기 위해 사진을 찍는 것이 아니라 누군가의 욕망 체계 안에 편입되기 위해 사진을 찍는다. 그러나 버거는 "보는 것은 언어 이전에 존재한다."고도 말했다. 보는 행위는 단순히 시각 정보를 수용하는 것이 아니라, 무엇을 인식할지 선택하는 적극적인 행위다. 바로 이러한 특징 때문에 삶의 단면을 썰어내 가장 아름다운 순간만을 보여주는 공공연한 시각적 전시, 소셜 미디어가 그토록 유혹적인 것이다. 그 안에 우리가 살고 있다.

　우리는 인류 역사상 가장 많이 기록하는 세대다. 동시에 실제로 잘 사는 것보다 잘 살아 보이는 것이 중요해진 시대이기도 하다. 2005년까지만 해도 미국 성인 가운데 소셜 미디어를 이용하는 사람은 5~7%에 불과했다.[45] 그러나 20년이 지난 지금 비율은 80%까지 증가했으며, 소셜 미디어는 단번에 우리 삶의 모습을 바꾸어놓았다.[46] 스마트폰을 들고 하루 평균 4시간 이상을 화면 속에서 살아가며 그중 절반 가까운 시간을 인스타그램, 틱톡, 유튜브 같은 시각 중심 플랫폼에 쏟아붓는다. 2010년대 초반까지만 해도 단순한 연결 기술이었던 소셜 미디어는 이제 개인의 인식 체계와 자아 형성 방식마저 바꿔놓고 있다. 우리는 몰아치는 파도 위에 거침없이 몸을 실었고, 타인의 삶에 대해 지나칠 정도로 높은 해상도의 이미지를 소화하며 인생을 살아가게 됐다. 나 자신에 대해 이해하기도 전에 다른 사람의 시선에 대해 먼저 이해하고 있다.

사회학자들은 소셜 미디어가 자기 정체성 형성에 미치는 영향을 오랜 기간 연구해 왔다. 최근 10년간 발표된 연구를 분석해 소셜 미디어 사용이 정체성 발달에 미치는 영향을 종합적으로 검토한 논문에 따르면 소셜 미디어는 크게 세 가지 지점에서 자아 정체성에 혼란을 가져온다.[47] 비교 중심적 환경, 피드백 구조, 전시의 강박이 그것이다. 그런데 이 세 가지 지점은 소셜 미디어에 자신의 결혼식 사진을 게시한 신부가 겪는 부정적 경험의 형성 과정과 비슷하다.

첫째, 비교 중심적 환경. 저마다의 사진과 이야기를 올릴 수 있는 소셜 미디어 특성상, 우리는 다른 사람의 가장 아름답고 재미있는 순간을 소비하며 자신의 일상과 자연스럽게 비교한다. 따라서 결혼 적령기가 되면 소셜 미디어의 피드에는 친구들의 프러포즈 소식이 속속들이 올라오기 시작한다. 소셜 미디어에 게시되는 결혼식의 문제는, 황홀했던 감동을 너무나 손쉽게 빼앗긴다는 것에도 있다. '오, 여기서 프러포즈 받았네', '와…… 차를 선물로 받았구나', '7부 다이아 목걸이를 받았네' 소셜 미디어를 통해 실시간으로 공유되는 프러포즈를 보며 뱉어내는 그 짧은 감탄 속에서 이유 모를 부아가 치밀어 오른다. 외적인 요소에 대한 탐닉이 산불처럼 번진다. 둘째, 피드백 구조. 소셜 미디어에는 '좋아요'나 공감, 댓글과 같은 소통 창구가 마련되어 있는데 이 과정에서 외적 평가에 의존하는 자기 인식이 강화된다. 결국 외부의 시선을 재빠르게 내면화하는 무대가 되고 마는 것이다. 자신의 결혼식마저 얼마나 많은 '좋아요'와 공감, 댓글을 받았는지 살피는 과정에서 그 누구도 아닌 바로 신부 자신이 '신부'의 이미지를 내재화한 후 적극적으로 재생산하게 된다. 셋째, 전시의 강박. 소셜 미디어에 자기 자신에 대한 경험을 오롯이 실을 수 있으면 좋겠지만 연구진은 많은 이들이 소셜 미디어를 이용할 때 경험보다 연출하고, 공유보다 전시하는 경향성을 밝혀냈다. 연구진은 소셜 미디어를 두고 "정체성 발달을 지원하기보단 오히려 불안정하게 만드는 사회적 거울"이라고 표현한다. 신부는 자신이 신부로서 경험한 것을 온전히 공유하여 축하와 기쁨의 마음을 키우려 했겠지만 사실은 연출하고 전시하는 과정에서 그 감정은 발달되지 못하고 오히려 불안정해지는 것이다.

　　동부온타리오 어린이병원연구소 연구진은 소셜 미디어 사용 시간을 줄이면 청소년들이 자신의 체중과 외모에 대해 갖는 관점을 개선할 수 있다는 것을 발견했는데,[48] 마찬가지로 신부 역시 소셜 미디어 사용 시간을 줄이면 결혼식 혹은 결혼에 대한 만족도를 개선할 수 있지 않을까? 많은 연구가 청소년기 소셜 미디어 사용의 유해성을 뒷받침하는데, 결혼을 앞둔 20대 후반에서 30대 초반의 여성들에게도 얼마나 유해한 영향을 미치는지 연구가 절실하다.

미국 질병통제예방센터의 2024년 보고에 따르면 10대와 20대 여성의 우울증은 지난 10년 사이 60% 이상 증가했다. 소셜 미디어 사용 시간이 하루 3시간을 넘는 그룹에서 자살 시도율은 사용하지 않는 그룹보다 2.5배 높았다. 사회심리학자 조너선 하이트는 책『불안 세대』에서 스마트폰의 시대가 단순한 기술적 변화가 아니라, 인간 정신의 진화를 되돌려놓는 사건이라고 지적했다. 실제로 2020년대 이후 한국의 10대 자살률은 OECD 평균의 두 배이고 20대 여성의 자살률은 지난 15년간 꾸준히 상승세를 이어오고 있으며, 많은 학자들이 이것이 소셜 미디어의 사용과 무관하지 않다고 지적한다.

이렇게 유해하다는 것을 눈치챘다면 모두가 소셜 미디어로부터 벗어날 법도 한데 우리는 그러지 못한다. 그것은 우리가 의지 박약과 도파민 중독, 나태 지옥에 빠졌기 때문인가? 그렇지 않다. 페이스북 초대 사장 숀 파커에 의하면 중독은 소셜 미디어의 부작용이 아니라 의도적으로 설계된 것 중 하나다. 콘텐츠에 쏟아지는 반응의 예측 불가능성은 도박과도 같은 황홀감을 준다. 이 알고리즘을 몇 번만 반복해도 우리는 강한 아드레날린과 도파민을 갈망하고 그것들에 중독된다. 알고리즘은 우리의 클릭과 체류 시간을 학습해 가장 오래 머물 수 있는 콘텐츠를 끊임없이 제시한다. 우리의 중독은 우연한 부작용이 아니라 의도된 설계다.

강력한 중독성으로 소셜 미디어 세상에 잔류하게 된 사람들은 더욱 고독해진다. 철저한 알고리즘 때문이다. 소셜 미디어는 인공지능과 알고리즘의 발전으로 우리 삶을 거푸집에 가두고 있다. 개인화를 약속하는 알고리즘의 등장은 고독해진 나의 뒷통수에 문을 걸어 잠근다. 내가 좋아하는 사진, 이야기, 상품, 사람…… 그것들을 무한히 반사하는 거울 사이에 우리는 갇힌다.

잠시 숨을 고르며 생각해 보자. 누군가의 지극히 평범한 일상 기록, 그것은 처음에는 아무런 잘못이 없었을 것이다. 그저 친구들과 잊지 못할 소중한 순간을, 또 영상과 사진으로는 다 담지 못한 많은 이야기를 나만의 개인 공간에 남겨두고 싶은 것이었을 테다. 그런데 이상하다. 그 모든 일상 기록이 쌓이고 쌓이는 소셜 미디어에서 우리는 서로의 결핍을 자극하고 욕구를 조장한다. 평범했던 일상의 기록은 어디서 무엇이 잘못되어 서로를 치밀하게 소비하고 또 소비하게 만들었을까. 내 몫이 아니던 욕구는 서로의 평범한 일상을 지지대 삼아 위태로운 젠가처럼 계속 쌓여가고 있다. 이내 무너질 것이 명백한 채로.

비보가 '날아든다'는 표현처럼 소셜 미디어 속 신부들의 사진은 사방에서 날아들어 뇌리에 꽂힌다. 신부들이 결혼을 준비할 때 참고하는 핀터레스트, 인스타그램, 유튜브 등에 올라오는 사진들은 아무리 '#일상' 해시태그를 달고 있다고 하더라도 진짜 일상과는 거리가 멀다. 사진들은 모두 각 분야 전문가의 손길을 거쳐 메이크업, 세팅, 연출 그리고 포토샵까지 처리된 증강 현실에 가깝기 때문이다. '다단계' 홍보 대사를 자처한 신부들이 많아진 소셜 미디어 세상에서는 더욱 그렇다. 그저 완벽하게 아름다운 사진을 보고 있노라면 애초에 '나다운 결혼식'을 꾸미겠다는 욕심은 빠르게 사라진다. 그저 '더 예쁜, 더 완벽한, 더 화려한' 화보 촬영을 위한 무리한 결정을 하게 된다. 혹은 그러한 결정을 할 수 없는 자기 자신(과 배우자)의 처지를 비관하기 시작한다.

결혼식과 소셜 미디어의 합작은 외부성externality을 더욱 강하게 만든다. 외부성은 '어떤 경제 주체의 행위가 제3자에게 의도하지 않은 이익이나 손해를 주고도 이에 대한 대가를 치르지 않은 것'으로 정의된다. 다른 사람에게 좋은 영향을 주고도 대가를 받지 않는 경우를 '긍정적 외부성positive externality', 반대로 다른 사람에게 나쁜 영향을 주고도 이에 대해 보상하지 않는 경우를 '부정적 외부성negative externality'이라 부른다.

마강래는 책 『지위경쟁사회』에서 외부성의 개념을 설명하기 위해 직장에서 스트레스를 받아 야밤에 노래를 부르는 한 남자를 예시로 든다. 만약 이 남자의 노래가 이웃의 심금을 울린다면, 그는 긍정적 외부성을 발생시킨 것이다. 하지만 누군가의 단잠을 깨우고 불편하게 만든다면, 이것은 부정적 외부성이 된다. 피해를 준 측에서는 "그럴 의도가 없었다"고 하지만 당하는 측에서는 불쾌한 경험이다. 경제학에서는 이런 부정적 외부성 효과가 존재할 때 사회적 비용social costs이 사적 비용private costs보다 커진다고 이야기한다. 앞선 예시를 이어 설명하면 노래를 부르는 남자가 들인 사적 비용은 '노래를 부르기 위해 쓴 힘과 시간 비용' 정도다. 반면 사회적 비용은 이 사적 비용에다 '이웃에게 간 피해를 없애는 데 들이는 비용'까지 포함된다. 방음 시설을 설치하는 데 써야 하는 돈일 수 있고 이웃의 피해를 보상하기 위한 선물 등이 될 수도 있다. 사회적 비용이 사적 비용보다 크다는 얘기는, 부정적 외부성을 일으킨 당사자가 자신이 부담해야 할 비용을 타인에게 떠넘긴다는 의미다. 남자는 자신이 짊어져야 할 비용의 일부를 다른 사람에게 떠넘기면서 한밤중에 노래를 과대 생산하는 것이다.

　　이 개념을 유념하며 오늘날의 결혼식을 떠올려보자. 결혼식의 사회적 비용은 단순히 신랑과 신부의 지출을 넘어선다. 성대한 결혼식을 치르는 것의 사적 비용은 신랑 신부가 결제해야 하는 막대한 결제 대금, 큰 규모의 행사를 준비하고 진행하는 것의 스트레스 정도가 될 것이다. 그런데 사회적 비용은 어떠한가? 그 영향은 계산하기 어려울 정도로 막대하다. 누군가의 아주 성대한 결혼식은, 또 다른 누군가의 결혼식을 상대적으로 남루한 것으로 전락시킨다. 또래 집단과 주변 지인들에게 '이 정도는 해야 한다'는 무언의 압박을 남긴다. 한 쌍이 보여준 과시적 소비가 다른 이들의 기대 수준을 높이고, 나아가 사회 전반의 혼례 비용을 끌어올리는 것이다. 나의 결혼식이 다른 사람의 기준이 되고 결국 모두가 더 높은 수준의 소비 경쟁에 내몰린다. 이것을 가능하게 하는 것이 바로 소셜 미디어다. 모두가 빠르게, 성실하게 달리는 세상은 어떤가? 놀라울 정도로 획일화되어 가고 있다. 소셜 미디어가 쏘아 올리고 자본주의가 만들어낸 양극화는 좋은 것을 비슷하게 연출하고 싶은 마음을 불쏘시개로 쓰며 화르르 타오르고 있다.

만약 웨딩 촬영물, 하객 인증숏, 화려한 연회장의 모습이 개인의 소중한 기억으로만 간직되면, 혹은 참여한 참석자들에게만 공개되면 외부성의 범위가 현저히 줄어들 것이다. 그러나 인스타그램, 블로그, 유튜브 등으로 실시간 생중계될 때 결혼식은 개인적 의례를 넘어 자본주의적 소비 경쟁의 무대로 변모한다. 그로 인해 유발된 사회적 비용은 지인과 또래 집단, 나아가 사회 전체가 떠안게 된다. 신랑 신부가 지불한 사적 비용보다 훨씬 큰 사회적 비용이 주변 사람들의 삶과 선택에 스며들며 공동체의 의례는 개인 그리고 사회 전체의 부담으로 전가된다.

이러한 굴레 안에서 이익을 보는 이는 누구일까? 바로 기업이다. 소셜 미디어가 만들어낸 환상을 수행해 주는 대리인을 자처하며 돈을 버는 웨딩 산업도 있지만, 소셜 미디어 기업도 스스로 돈을 번다. '남들만큼만' 하려는 욕구는 소셜 미디어 세상에 들어가며 사실상 '평균'이 아니라 '상향화된 이미지'로 끌어올려진다. 딜로이트의 2023년 보고서에 따르면 설문에 참여한 2만 2000명 이상의 Z세대 및 밀레니얼 중 각각 51%와 43%가 "소셜 미디어를 사용하면서 감당할 수 없는 물건을 사고 싶어진다"고 답했다. 기업들은 바로 이런 구매 욕구 덕에 돈을 번다. 바로 사진 및 영상에 태그된 상품 클릭 시 쇼핑몰로 이동해 구매할 수 있게 하는 서비스를 제공하면서다. 특히 인플루언서를 앞세운 라이브 이커머스의 시장 규모는 2024년 3조 원에서 2026년 10조 원으로 연평균 50%씩 성장할 것으로 전망됐다.[49] 지극히 사적인 공간으로 여겨지는 소셜 미디어 공간의 상업화는 더 빠르고 더 많은 판매 촉진을 가능하게 했다. 이처럼 소셜 미디어는 우리의 정체성을 흩트릴 뿐 아니라 내가 감당할 수 없는 물건에 대한 가짜 욕구를 창출하고, 이를 토대로 기업들은 어마어마한 수익을 창출하고 있다.

이 과정에서 물건과 서비스는 가격의 인플레적 상승과 똑같은 정도로 빠르게 사멸한다. '트렌디한 아름다움'은 빠르게 사라질 것을 각오하고 등장하며, 유행이라는 이름으로 조직적인 폐기가 이루어진다. 장 보드리야르의 표현을 빌리면 개인 또는 집단의 '역기능적인' 소비가 '기능적인' 소비보다 더 빨리 증대되고 있는 것인데, 체계는 결국 자기 자신에게 기생하게 된다.[50]

잠깐. 이런 문제를 보며 '이게 꼭 결혼식만의 문제인가?'라는 생각이 들었다면, 정답이다! 이것이 결혼식에만 적용될 리 없다. 반복해서 말하지만 결혼은 시작이자 상징일 뿐이다.

3

결혼식은
죄가 없다

처음엔 결혼식의 모든 면면이 신랑 신부에게 돈을 뽑아 먹기 위한 자본주의의 상술이라고 생각했다. 하지만 진심을 담아 결혼식을 준비하는 것, 그런 간절한 신랑 신부를 돕는 일이 정말 잘못된 일일까? 자본의 도움을 받아 의례를 치르는 것이 꼭 씁쓸하기만 한 일일까? 평생 단 한 번일지도 모르는 약속의 순간을 더 정성스럽게 만들고 싶다는 마음 역시, 인간다운 욕망의 일부는 아닐까?

이 질문에 답하기 위해서는 결혼식, 아니 '의례'라는 것이 애초에 무엇인지에 대한 근본적인 질문으로 돌아가야 한다. 의례는 무엇일까? 의례는 단순한 행사가 아니라, 사람을 사람답게 만드는 삶의 중요한 지표이자 사회적 장치다. 우리는 365일이 지났다는 이유로 새해를 기념하고, 생일 케이크의 초에 불을 붙였다가 몇 초 지나지 않아 바로 입김으로 끈다. 떠난 이를 위해 두 번 절하거나 묵념한다. 이러한 의식들은 아무런 의미가 없는 것처럼 여겨져도 그것을 반복해서 수행하는 과정에서 우리는 공동체와 연결되어 있음을, 주어진 삶의 의미가 분명히 있음을 새삼스레 경험한다. 결혼식도 마찬가지다. 사랑하는 사람들 앞에서 버진로드를 걷는 의식을 통해 우리는 중대한 삶의 전환을 사회적으로 승인받는다. 그 과정에서 살아 있음을 실감한다.

그렇다면 문제는? 공동체가 약해진 자리에 자본이 개입하며 발생했다. 의례는 점점 연출의 대상이 됐다. 그리고 이 잠식은 결혼식에서 끝나지 않을 것이다. 출산과 육아, 돌잔치, 아이 교육, 나아가 장례까지 이어지는 생애 주기 전반의 의미를 빼앗을 것이다.

이 장에서는 의례가 자본화되는 과정에서 무엇이 변했고, 무엇이 왜곡되었는지를 살펴볼 것이다. 주어진 모든 것을 성실하게 수행했음에도 삶이 공허해지고 외로워진 이유를 물을 것이다. 나아가 의례를 의례답게 해내기 위해 반드시 지켜야 할 것, 그리고 과감히 내려놓아야 할 것은 무엇인지 질문하려 한다.

공동체가 무너진 자리에 뿌리를 내린 자본

책을 막 써 내려가기 시작하고 또 동시에 나의 결혼식 준비에 한참 스트레스를 받던 시기, 아빠에게 이렇게 서러움을 성토했다.

"아빠, 결혼식 준비 하기 싫어 죽겠어! 다 의미 없어."

"왜. 그래도 재밌지 않냐?"

"재미는 무슨…… 이것저것 신경 쓸 게 한둘이 아니야."

"엄마 아빠 결혼할 때는 아빠 친구들이 온종일 버스 타고 걷고 이동해서 엄마 집까지 갔어. 함팔이 하려고. 요샌 그런 것 안 하잖아? 그럼 번거로울 게 뭐 있어. 돈만 내면 다 알아서 해주고. 편하지."

"아빠, 그거야. 그게 싫다는 거야. 나랑 아무 상관도 없는 사람들이 돈만 내면 다 해준다고. 그게 뭐가 의미가 있는데?"

그렇게 아빠와 나는 둘이 마주 앉아 한국 결혼식의 변천사를 들춰보기에 이르렀다. 나의 주장대로 오늘날 성대한 결혼식은 다 사치이기만 한 것일까? 과거에 비해 현대의 것에 더 큰 문제가 생긴 걸까? 그렇다면 과연 언제부터, 왜 그렇게 된 것일까? 만약 현대의 문제가 아니라면 내가 오늘날 결혼식에 이토록 불편함을 느끼는 이유는 무엇일까? 답을 미리 밝혀두자면 문제는 결혼식 그 자체가 아니라 그 틈새에 자본이 파고든 방식이다.

나의 부모님 세대의 1980~1990년대 결혼식 모습을 찾아보니 놀랍게도 지금과 크게 다르지 않았다. 웨딩드레스, 예식장, 스튜디오 촬영, 신혼여행까지. 화려함은 오히려 둘째가라면 서러울 정도였고 오늘날 웨딩 산업의 전형과 놀라울 만큼 비슷했다. "와, 이게 영상으로 남아 있네?" 감탄했

217

더니 아빠는 "그 정도로 옛날 사람은 아니"라며 서운해했다. 맞다. 그 정도로 옛날 일이 아닌 결혼식의 형태가, 겉보기엔 비슷할지 몰라도 내면을 따져보면 놀라울 만큼 달라져 있었다. 이는 곧 우리들의 'K-프러포즈', 'K-결혼식'의 양상도 십수 년도 안 되어 모두 바뀔지도 모른다는 것을 의미하기도 했다. 가장 유행하는 드레스와 스튜디오를 사수하기 위해, 가장 트렌디한 메이크업을 받기 위해, 지나치게 많은 에너지를 쓰지 않아도 된다는 위로가 될지도 모르겠다.

문화사회학 연구에 따르면 전통 혼례는 그 진행 방식과 절차에 따라 조선시대, 일제강점기, 해방 이후 등으로 촘촘히 나뉘어 설명될 수 있는데, 이 책에서는 장소를 기준으로 크게 두 개념으로만 나누어보려 한다. 1960년대 이후 마을 어귀나 집 마당에서 이루어진 것을 일컬어 '전통 혼례'로, 1980년대 이후 웨딩홀과 결혼식장에서 진행된 것을 '현대화 결혼'으로 나누었다. 신부 신랑의 한복이 각각 흰 드레스와 양복으로 바뀌기 시작한 것도 둘을 나눌 수 있는 기준이 되겠다.

사랑채나 안채에서 혼주와 가족들을 중심으로 진행된 전통 혼례는 1960년대까지만 해도, 그러니까 '한강의 기적'이라는 이름으로 국민소득이 가파르게 상승하기 시작할 때에도 꽤나 공고히 그 모습을 유지했다. 하지만 1980년대에 이르며 소비지출이 소득 증가율을 추월하기 시작하면서 시장에 흐르는 돈은 생활양식을 크게 바꾸기 시작했다. 특히 부자들의 양식이 빠르게 바뀌었다. 몇몇 재벌가 집안이나 연예인들이 새하얀 드레스를 입고 현대화 결혼식을 치르기 시작한 것이다. 이때까지만 해도 현대화 결혼식은 여전히 일부 고소득 계층의 전유물이었고, 대부분은 전통 혼례의 방식으로 식을 치렀다. 하지만 중산층 이상의 가정에서도 TV를 들이기 시작하며 그러한 모습은 점차 대중에게 퍼져갔다. 1990년대에 접어들며 계속된 경제성장은 일부 소득 계층뿐 아니라 전체 시민들의 삶의 모습을 바꾸기 시작했다.

전통 혼례에서 현대화 결혼식으로 넘어가며 결혼 비용은 급격히 늘어났다. 1980년대 부부의 평균 혼례 비용은 약 1113만 원에 불과했지만, 1990년대에는 약 2947만 원으로 세 배 가까이 올랐다. 임금이 꾸준히 상승했음에도 결혼식에 드는 비용은 여전히 도시 노동자 월 평균 소득의 약 스무 배에 달했다. 게다가 주택 비용이 급격히 상승해, 1985년에 한 쌍의 부부가 신혼집을 마련하고 혼인을 올리기 위하여 약 2년 10개월 동안 저축을 하면 됐는데, 1990년에는 약 3년 8개월 동안 소득 전부를 저축해야 하는 수준이었다.[1]

오늘날 그 지출 대상은 무궁무진하게 많아졌다. 돈으로 할 수 있는 것들이 많아지면서 우리는 망설임 없이 소비하기 시작했다. 직접 찾아가 축하하거나 애도를 전하는 대신 화환을 결제하고, 사랑을 표현하는 대신 고가의 가방을 구매한다. 누군가에게 도움을 요청하는 번거로움 대신 '메이크업' 혹은 '이모님' 서비스도 구매할 수 있게 됐다.

철학자 한병철은 책『리추얼의 종말』에서 우리가 돈을

주고 사람을 고용함으로써 인간적 관계를 맺지 않고도 나를 위해 노동하게 하는 현실을 꼬집는다. 오늘날 우리는 결혼식 하객마저 '알바'로 고용하는 시대에 살고 있다. 하객 수는 신랑 신부가 얼마나 사회생활을 원만하게 잘 하였는가를 보여주는 지표 역할을 한다. 그러니 부족하면 친구나 지인 역할을 해줄 아르바이트생을 고용하는 것이다. 하객 알바는 결혼을 '졸업'한 신부들이 자처하는 경우가 많다. 가장 가까이서 준비한 당사자인 만큼 하객 스트레스를 알고 있고 그런 만큼 저렴한 가격에 하객 서비스를 제공하는 것이다. 과거에는 개인이 속한 집단의 지원과 보호를 따를 수 있었지만, 현대사회에서는 개인이 소비로써 공동체의 장을 뒤늦게 연출한다. 삶이 실패하지 않았음을 증명해 내기 위해 치장하는 것, 돈으로 모든 게 가능해진 결혼식의 씁쓸한 민낯이었다.

아빠의 결혼식으로 다시 돌아가 보자. 오늘날과 겉모습은 비슷할지라도 그 속내를 들여다보면 여전히 공동체를 기반으로 할 때라야 가능한 형태였다. 공동체의 노동과 참여가 필수적이었다. 예컨대 춤을 추지 않으면 들어가지 않겠다고 으름장을 놓는 함진아비, 함진아비보다 한술 더 뜨는 주변의 신랑 친구들, 마을 어귀에 앉아 부채질을 하고 있는 마을 어른들까지, 마치 신랑 신부의 주변 사람들이 주어진 역할을 충실하게 이행하는 하나의 단막극처럼 결혼식이 진행됐다. 다른 어떤 준비물과 체크리스트보다 함께하는 사람들이 있어야 비로소 완성되는 행사였다. 딱 30년 전 당시만 해도 결혼식은 마을 사람들의 참여가 없다면 불가능한 공동체적 의례에 가까웠다. 하지만 오늘날 결혼식에 참여한 하객들의 역할은 그 의미와 함께 축소됐다. 하객들은 청첩장 모임에 참석했다면 10만 원 이상 축의를 하는 것, 휴대폰 뒷면의 플래시를 밝게 켜서 신랑 신부를 비추어주는 것, 버진 로드의 끝에 서서 꽃가루를 날려 예쁜 웨딩 사진의 배경을 연출하는 것 정도의 들러리 역할을 부여받는다.

농촌에서 도시로, 가족에서 개인으로 흩어지기 시작하며 결혼을 함께 준비할 마을이나 공동체도 소멸하기 시작했다. 이때 웨딩 박람회와 컨설팅 업체가 등장했고, 결혼식을 위한 모든 절차 역시 개인의 소비 선택지로 흡수됐다. 처음에는 공동체의 빈자리를 채우고 신랑 신부와 혼주의 수요에 응해 공급하는 역할을 자처했다면, 지금은 오히려 끊임없이 수요를 만들어내며 공급을 정당화하고 있다. 끝없는 비교와 경쟁을 거듭하며 결혼식은 더 이상 '의례'가 아니라 '상품화된 경험'으로 자리 잡기에 이른다. 인생의 가장 중요한 순간이라고 불리는 결혼식마저 성장하는 시장과 소비 자본주의의 논리에 깊숙이 편입되기 시작한 것이다. 이로써 결혼식은 '자본화된 의례'의 가장 대표적인 사례가 됐다.

물론 전통 혼례라고 해서 항상 건강한 공동체를 기반으로, 신랑 신부를 위하는 마음으로 작동하기만 한 것도 아니다. 1996년 MBC 뉴스에서는 "물질만능주의에 찌든 잘못된 결혼 문화"로 함 문화가 지적된다.[2] 함은 전통적으로 신랑 측이 신부 측에게 고마움을 표시하는 작은 상징이었는데,

여기에 과도하게 비싼 값을 지불해야 하는 부담이 생기면서 부터다. "일생에 한 번밖에 없는 좋은 날인데 돈 문제를 갖고 실랑이를 하고 그러면은 서로 기분이 상하잖아요. 그래서 달라는 대로 주게 되는 거 같아요." 오늘날 스튜디오 사진 셀렉을 마치고 나온 신부가 할 만한 대사를 1990년대 전통 혼례 방식으로 치른 신부도 똑같이 하고 있다. 자본의 힘은 전통이냐 현대냐 그 형태를 따질 것 없이 결혼식의 본질을 빠르게 흐리고 있었다.

동시에 현대화 결혼식이라고 의례의 역할조차 전혀 수행하지 못하는 것도 아니다. 오늘날의 결혼식도 분명 의례로서 충분한 역할을 해내기도 한다. 만나기 어려운 친지들이 한자리에 모이고 졸업 후 연락도 잘 못 하던 반가운 얼굴들이 함께 식사한다. '청첩장 모임'이라는 계기로 그동안 고마웠던 사람에게 맛있는 밥도 턱턱 살 만한 좋은 계기가 주어진다. 소중한 사람들 앞에서 새로운 시작을 약속하고 걸음을 내딛는 것, 그것만으로도 결혼식은 의례로서 역할을 해내고 있는지도 모른다. 하지만 1년에 단 하루, 단 몇 시간을 위해 고가의 선물을 주고받고, 있는 그대로의 모습을 받아들이지 않고 시술과 성형에 돈과 시간을 쓰고, 결정적으로 결혼식을 잘 진행하는 것보다 그것을 소셜 미디어에 올리는 것이 더 중요한 의식이 되는 상황에서, 결혼식이라는 의례의 본질은 빠르게 퇴색될 수밖에 없는 위태로운 기로에 처해 있다. 그러니 살아본 적 없는 시대에 대한 막연한 향수보다 우리가 되찾아야 하는 결혼의 본질에 집중하는 것이 더욱 중요하다.

　앞서 살펴본 대로 결혼식 문화의 변화는 마을 공동체의 붕괴와 개인화, 그리고 상업화의 궤적과 놀라울 만큼 닮아 있다. 문제는 이것이 결혼식만의 문제가 아니라는 것이다. 돌봄, 교육, 환대, 연결, 사랑이 없어진 사회에서 그것을 대체할 만한 서비스만이 증식하고 있다. 생의 대소사를 함께 준비할 공동체가 사라진 자리에 흩어진 개인이 기댈 곳은 기업과 그들이 만들어낸 서비스뿐이었다.

결혼식이 드러내는, 한국사회의 진짜 모습

더 많은 노동과 소비, 그리고 교육은 결혼식의 수준뿐 아니라 사회적 표준 전체를 지속적으로 끌어올렸다. 이내 모두가 바라던 풍요로운 사회가 도래했다. 신혼여행은 제주도에서 해외여행으로, 발리와 하와이를 거쳐 이제는 칸쿤으로 간다. 서로에게 줄 선물로 명품 가방과 시계를 턱턱 사는 것도 당연해졌다. 그러나 풍요 속에서 우리는 행복해졌는가?

　결혼 준비가 새삼스레 싫은 이유는 우리가 살아가는 방식을 그대로 담고 있기 때문이다. 정해진 대로 살아가라고, 맡겨놓은 듯한 정상성을 요구받는다. 1년 전부터 손품 발품을 팔아 스드메를 장만하고, 멕시코 칸쿤의 올 인클루시브 호텔을 예약하고, 다시 일상으로 돌아와서는 '내 집 마련'을 꿈꾸며 회사에서 하루 대부분의 시간을 보낸다. 그렇게 온 힘을 다해 달리는데 우리는 이상하리만치 지극히 평범한 일상을 쳇바퀴 돌듯 살고 있다.

앞서 결혼 준비 과정의 문제들을 살펴보며 '결혼하지 말아야겠다'라는 생각으로 귀결한 독자도 있을 것이다. 그러나 문제는 결혼이라는 선택 자체가 아니라 자본주의와 경쟁사회가 만들어낸 과제 수행 구조에 있다. 부지런하고 꼼꼼하게 모든 과제를 완수해야만 '좋은 부부'가 되는 것은 결코 아니다. 그럼에도 우리는 체크리스트를 수행할수록 '준비된 신랑' 혹은 '준비된 신부'가 될 수 있다고 믿으며 그 기준을 향해 쉼 없이 달린다. 이를 따르지 않는 배우자에게, 혹은 스스로에게조차 '너는 결혼할 생각이 없는 사람이구나?'라며 채근한다. 그 기준에 도달할 수 없을 것 같으면? 포기해 버린다. 포기의 경험이 쌓이면 자신의 존재 자체를 실패로 해석하기 시작한다. 스스로를 게으른 신부, 준비되지 않은 신부로 탓하는 것이다. 문제는 과제, 기준, 포기가 결혼에서 끝나지 않는다는 것이다. 결혼에서 육아를 거치며 스튜디오 촬영, 다이어트, 드레스 셀렉의 의무는 모유 수유, 수제 이유식, 학원 픽업과 같은 의무로 자연스럽게 전환된다. 다양한 방식으로 존재할 수 있었던 돌봄은 그렇게 표준화된 수행 과제로 환원된다. 부족한 신부는 부족한 엄마, 이기적인 엄마로 변모한다. 이러한 서사는 우리 모두가 알다시피 매우 치명적이다. 컨베이어 벨트식 과제 수행 구조는 비혼의 증가, 저출생, 그리고 우울감의 확산과도 무관하지 않다.

10대에는 입시를, 20대에는 취직을, 30대에는 결혼을 향해 전속력으로 달려왔다. 질문하지 않고도 그것을 잘 해내는 법을 족집게로 배우면서 말이다. 결혼식이라는 성대한 프로젝트도 관성에 따라 가볍게 성공시켜 버렸다. 그러나 가족이라는 공동체는? 감당할 수 없는 프로젝트라는 것이 눈에 뻔히 보인다. 우리는 기꺼이 그것을 포기했다. '몇 포세대'라는 표현에는 영 관심도 없다. 내 삶의 주체성을 기꺼이 내어주며 살아가고 있는데 몇 개를 포기했든 그 숫자가 뭐 그리 대수란 말인가. 높은 자살률, 낮은 출산율. 하다 못해 유전자가 생명체에 각인해 두었을 제1원칙인 생존과 번식의 욕망마저 저버린 것이 우리의 모습이다. 일평생을 거쳐 좋은 학교로의 입학을, 졸업을, 대기업으로의 입사를, 결혼을, 출산을, 내 집 마련을 강요받으며(혹은 전혀 강요받지 않고 즐기며 해왔다고 믿어오며) 살아왔다. 이 모든 살인적인 경쟁과 그 경쟁에 가담한 결과는? 실제로 살인을 만들어냈다. 사람들은 생명을 만들어내지 않기로 결심하는 것에 그치지 않고 스스로 목숨을 끊는다. 한국인들은 계속 해서, 더 많이, 스스로 목숨을 끊고 있다. 성실이 미덕이라고, 경쟁이 일상이라고, 불안은 숙명이라고 태평하게 강요한 결과다.

보건복지부 통계에 따르면 우리나라 성인 네 명 중 한 명은 평생 한 번 이상 정신 건강 문제를 경험하는 것으로 나타났다.[3] 우울증, 불안장애, 조현병 등 주요 정신 질환의 비율은 해마다 증가하는 추세다. 특히 한국은 OECD 회원국 가운데 자살률 1위로 10대부터 30대까지 청년층의 주요 사망 원인 역시 자살로 집계된다. 2024년 한 해 동안 자살로

생을 마감한 사람은 총 1만 4439명, 하루로 따지면 약 마흔 명이 스스로 목숨을 끊고 있는 셈이다.

　결혼식도, 결혼도, 자기 자신의 삶도, 그리고 그에 따른 당연한 결과로 새로 태어나는 아이도 사라지고 있다. 1990년 평균 24.8세였던 여성의 초혼 연령은 2015년에는 30.0세로, 27.8세였던 남성의 평균 초혼 연령은 32.6세로 높아졌다. 아예 결혼을 하지 않은 비혼 집단의 비중 역시 증가하고 있다. 한국보건사회연구원이 발표한 「저출산·고령 사회에 대한 국민인식조사」 결과를 보면 응답자의 34.0%만이 결혼에 긍정적이었다. 이 중 '반드시 해야 한다'는 비율은 4.7%에 불과했다. '해도 좋고 하지 않아도 좋다'는 중립적인 응답은 49.3%였다. 14.8%는 '하지 않는 것이 낫다'는 부정적인 입장이었다.[4] MZ세대에 속하는 2030세대의 혼인율도 10년 전과 비교해 약 40%가 줄어들었다. 가사, 출산, 가족 부양 등 결혼 후의 역할과 결혼 자금에 대한 부담이 결혼을 기피하는 가장 큰 이유로 꼽힌다.[5] 이미 북미나 서유럽의 대부분 국가에서 혼인율은 하락하고 있으며 동유럽 국가들과 아시아 국가에서도 점차 감소하고 있다.[6] 그러나 그중에서도 압도적으로 절망적인 것은 다른 어느 나라에 비해도 이례적으로 낮은 출산율이다.

　한국의 출산율은 전 세계가 기함할 정도다. 합계출산율이란 여성 한 명이 평생 낳을 것으로 기대되는 평균 출생아 수를 말하는데, 통계청 국가통계포털에 따르면 대한민국 합계출산율은 2018년 1명대가 무너진 이후 매년 하락했다.

2019년 0.918명, 2020년 0.837명, 2021년 0.808명, 2022년에는 0.778명으로, 역사상 최저 수준을 계속해서 갈아치우고 있다. 출생아가 줄면서 어린이집, 유치원, 소아과 등이 급감하는 상황이 계속되면 열악한 육아 환경 때문에 아이를 더 낳지 않게 되는 악순환이 심화될 것이라고 전문가들은 예상한다.[7] 이상림 서울대학교 인구정책연구센터 책임연구원은 한국의 저출생이 단순히 경제문제가 아닌 '정서의 문제'라고 진단했다. IMF 사태 이후 무너진 가족의 친밀성, 입시 경쟁을 통해 자녀에게 불안을 대물림하기 싫은 심리, 그리고 수도권 집중이 청년들의 가족 형성을 가로막고 있다는 것이다.[8]

물론 저출생 위기를, 결혼과 출산을 이야기하는 것이 여성의 몸을 가족과 국가의 틀 안으로 다시 불러들이려는 시도라는 지적이 있다. 이현재는 "재생산 노동에 대한 사회의 통제는 여성의 생애를 가족 단위의 경제 전략 안에 가두는 효과를 낳는다."고 지적한다.[9] 저출생 해결법으로 골반 근육의 수축과 이완을 반복하는 케겔 운동을 이야기하는 시의원의 침 튀기는 연설을 보고 있노라면[10] 그 끔찍한 전략으로부터 전속력으로 벗어나고 싶다는 강렬한 충동에 시달리게 되는 것이 분명 우리의 탓은 아닐 것이다. 그 길의 끝에 저출생으로 인한 국가의 몰락, 인류의 멸종이 있다는 것이 같은 인류로서 참 유감이지만 말이다.

싸울 상대도 없이 치러지는 고군분투의 결과로 우리 삶이 사라지고 있다. 작가 조지 오웰은 영국 북부 탄광촌을 취재한 르포에서 그곳 광부들이 불평등과 부조리를 순순히 받아들이는 모습을 이렇게 서술했다. 그들은 행동하는 게 아니라 무엇에 따라 처신하는 것이라고. 무수히 많은 힘이 노동자에게 압력을 줘서 피동적인 역할만 하게 된다고. 그들은 자신들이 신비로운 권위의 노예임을 알고 있다.[11] 예비부부도 마찬가지 아닐까. 우리도 적극적으로 아름다운 허영심의 부부로 행동하는 게 아니라 무언가에 떠밀리듯 그곳에 서게 되는 건 아닐까.

모든 것이 빠르게 변화하는 환경 속에서, 우리는 그저 제자리에 머무르기 위해 온 힘을 다해 달리고 있다. 루이스 캐럴의 소설 『거울 나라의 앨리스』에서 '달려도 달려도 제자리'인 레드퀸의 세계와 비슷하다.

기억할 수 있는 것은 여왕과 손을 맞잡고 뛰었고, 여왕이 너무나 빨리 달리는 바람에 따라잡으려고 갖은 힘을 다 썼다는 사실이었다. 그러는 와중에 여왕은 계속해서 소리를 쳤다. "더 빨리, 더 빨리!" 앨리스는 더 이상 빨리 갈 수 없었지만, 숨이 너무 차서 그런 말을 할 수도 없었다. 그중에서도 가장 신기한 것은 나무와 주변의 다른 것들이 전혀 위치가 바뀌지 않는다는 점이었다. 여왕과 앨리스가 아무리 빨리 달려도 전혀 움직이는 법이 없었다. "모든 것들이 우리를 따라 같이 움직이는 건 아닐까?" 앨리스는 당황스러워하며 말했다. [……] 둘 다 어찌나 빨리 달렸던지 공중을 스치듯 날아갔고 발이

땅에 닿지 않을 정도였는데, 그러나 앨리스가 녹초가 되자 그들은 뚝 멈추었다. 앨리스는 땅바닥에 주저앉아 어지러워하며 숨을 헐떡이고 있었다. [……] 앨리스는 깜짝 놀라 주변을 둘러보았다. "아니, 세상에, 여태까지 내내 이 나무 아래 있었던 게 틀림없어요! 모든 게 전과 똑같다고요!" [……] "같은 장소에 있으려면 네가 달릴 수 있는 만큼 힘껏 계속 달려야 한단다. 다른 데 가고 싶다면, 최소한 두 배는 더 빨리 달려야 해!"[12]

나다운 결혼식이라는 착각, 취향의 함정

불안해진 신부들은 결국 다시 검증된 소비 경로인 인스타그램 속 레퍼런스, 유명 숍의 패키지, 이미 제도화된 각종 추가 비용에 자신을 의탁한다. 자유로부터 도피한다. 웨딩 산업은 바로 이 지점에서 성장한다. 결국 우리는 무한한 자유의 세계에 사는 것이 아니라, 산업이 설계한 '자유의 모양' 안에서만 선택한 것이다. '나다운 결혼식'이라는 구호는 그 착각의 정점이다. 무수한 옵션과 인스타그램의 레퍼런스는 '당신만의 결혼식을 하라'고 말하지만, 실제로는 모두 같은 언어, 같은 조명, 같은 표정 속에서 자신을 표현한다. 이제 묻자. 그 선택은 정말 나의 것인가?

　책 집필을 위해 이십여 명의 신랑 신부를 만나보며 특이한 점을 하나 발견했다. 인터뷰에 참여한 신랑 신부 중 딱 두 경우를 제외하고* 신랑 신부가 하나같이 '자신만의 개성을 추구하기 위한' 촬영을 고민하고 시도했다는 것이다. 심지어 결혼식 자체를 아예 진행하지 않은 한 신랑도 함께 촬영한 스냅사진에 대해서는 만족스러워했다. 한 신부는 총 1년 반 만의 준비 기간을 거치고 스드메에 총 1200만 원의 비용을 지불했는데 "우리의 취향을 잘 드러내기 위해 업체 선정 단계에서부터 고민을 많이 했고, 그 결과 다른 부부와는 달리 특별한 사진을 남길 수 있었다."고 했다. 그러나 그가 보여주는 사진들을 보며 구체적으로 어떤 부분을 어떻게 다르게 연출한 것인지 몇 번이나 되묻지 않을 수 없었다. 신부가 민망해하지 않도록 최선을 다해 정말 궁금하다는 듯이 물었으나, 돌아오는 답변에도 의아함은 계속됐다. 자신만의 개성을 담았다는 드레스의 패턴, 소품 아이템, 선글라스의 디테일 등은 좀처럼 눈에 띄지 않았기 때문이다. 분명 신랑 신부는 자신만의 취향을 담뿍 담아내기 위해 아주 구체적인 것 하나까지 집중하며 엑셀 시트에 준비물과 레퍼런스를 정리했을 것이다. 그러나 '웨딩 촬영'이라는 카테고리 안에서 신랑 신부가 의도했던 미묘한 차이는 모두 흐려지고 끝내 사라졌다. 결혼식을 진행하지 않았다던 신랑이 의미 있는 여행지에서 찍었다는 스냅사진이 오히려 더 '부부다운' 사진으로 보였다.

* 혼전 임신으로 2개월 만에 결혼식을 마친 예비신부와 8년간의 웨딩 관련 업무에 자신의 결혼식은 '남들이 하는 대로만' 하고 싶었다는 예비신부, 딱 두 사람만 예외였다.

이러한 착각을 시각화해 볼 수 있는 완벽한 장소가 있다. 바로 해질녘 제주도 해변가를 찾아가 보는 것이다. 열셋, 열넷, 열다섯……. 검정색 드레스를 입고 손을 맞잡은 채 낭만적인 장면을 연출하는 커플들을 세는 것은 열 손가락으로도 부족하다. '흔한 제주도 웨딩 스냅 현실'이라는 이름의 사진 속에는 모두 판박이로 찍어낸 듯 같은 옷, 같은 헤어스타일, 같은 분위기의 연출로 웨딩 촬영을 진행하는 신랑 신부를 스물, 아니 서른 쌍 정도 볼 수 있다. 전망 좋기로 유명한 서울의 공원도 상황은 마찬가지다. 언덕과 하늘의 경계선에 서서 같은 곳을 바라보고 있는 수십 쌍의 부부들을 지켜보는 것은 썩 민망한 일이다. 그러나 어쩌겠는가. 이런 촬영의 결과물은 모바일 청첩장을 멋지게 채워줄 테니 참고 웃음 짓는 수밖에.

물론 해변가의 쓰레기를 줍는 결혼식, 입장 티켓을 판매하는 파티와 공연 형태의 결혼식, 버진로드 대신 900킬로미터의 순례길을 걷는 결혼식도 분명 있다. 그러나 이러한 결혼식은 인터뷰 대상이 될 정도로 눈에 띄는 몇몇 사례일 뿐, 우리는 드디어 되찾게 된 낭만과 자유의 결혼식마저 붕어빵의 거푸집에 찍어라도 낸 듯 복제해 내는 데 여념이 없다.

결혼 적령기에 접어들면서 회사의 메신저에는 '저…… 결혼합니다!'라는 진심 담긴 한마디로 시작하는 글과 함께 모바일 청첩장이 많이 올라왔다. 오랜 친구들과의 단체 대화방도 예외는 아니었다. 결혼 소식을 알 수 있어, 또 축하할 수 있어 분명 기뻤다. 그러나 신랑 신부가 자신의 취향을 담고자 부단히 노력했을 그 사진들은 놀랍도록 똑같았다. 운동을 좋아하는 부부의 보디 프로필 콘셉트 사진, 전통 한옥에서 찍은 한복 복장 콘셉트 사진, 선글라스를 끼고 찍은 발랄한 콘셉트 사진까지. 분명 고민 끝에 나온 콘셉트겠지만 뚜렷한 기시감을 지울 수가 없었다. 사진을 하나하나 넘겨보며 "너무 예쁘다"고 감탄했던 순간에는 그보다 더 진심일 수 없었으나 천편일률적이지 않으려는 천편일률적인 시도에 나까지 가담하고 싶지는 않다는 생각이 드는 것이 더 솔직한 마음이었다.

그러나 결혼 준비를 시작하며 뒤늦게 깨달았다. 제주도 바다를 수놓은 수십 쌍의 커플, 색종이 조각과 꽃가루를 날리며 카메라를 향해 웃고 있는 커플들은 정확히 나와 같은 생각이었을 것이라고. 나 역시 '나는 저렇게 틀에 박힌 촬영을 하지 말아야지!' 했지만 홀린 듯이 핀터레스트의 레퍼런스를 보며 나에 대한 이해와 탐구보다도 전시된 아름다운 것들을 필사적으로 따라하려 했다. 절박함은 집착에 가까웠다. 밝은 미소로 청첩장을 나누어준 이들도 틀에 박힌 촬영을 하고 있었을 리 없었다. 저마다 메이크업이 달랐고, 촬영 소품이 달랐으며, 콘셉트도 달랐을 것이다. 다 똑같아 보이는데 무슨 콘셉트가 다르냐고? '천만의 말씀, 만만의 콩떡'이다. 스튜디오 촬영은 크게 인물 중심과 배경 중심 두 부류로 나뉘고 그 안에는 더욱 세부적인 연출과 스타일링 선택지가 있다. 이 과정에서 웨딩 플래너가 도움을 주긴 하지만 결국 자기 자신의 체형과 취향, 분위기에 맞추기 위해서는 신랑 신부가 여러 레퍼런스를 분석하며 둘에게 딱 맞는 콘셉트를 사전에 정해 간다. 언뜻 보기에는 똑같아 보이는 결과물도 사실은 각도, 조명, 분위기, 연출 방법에 따라 수만 가지의 조합일 수 있다는 사실은 웨딩 사진을 직접 찍기 전까지는 몰랐다.

그러나 모두가 특별함을 연출하려던 노력의 결과가 틀에 박힌 사진이 되고 마는 것은 어째서일까? 소셜 미디어에 올라온 수천 장의 웨딩 사진들은 놀랄 만큼 비슷한 구도를 보여준다. 역광을 받으며 하늘을 바라보는 장면, 색종이 조각이 흩날리는 순간의 웃는 얼굴, 제주 해변의 손 맞잡은 커플들⋯⋯. 개성을 담고자 한 시도는 클리셰로 반복되며 표준화되고 만다. 피에르 부르디외의 말을 빌리면 우리는 필사적으로 '구별짓기'를 통해 사회적 위계를 재생산하려 하지만 결국은 비슷한 조건을 가지고 있는 소속 집단으로서 집단적 동질성을 띠게 된다. 달리 보이고 싶으면서도 필연적으로 그 굴레 안에 안착할 때 비로소 안심한다.

심지어 화장을 하지 않은 것과 같은 자연스러운 메이크업마저 연출한다. 우리는 "자연을 이미 해체하고 파괴한 후에, '자연스러운 것'들로 소비할 수 있는 기호로서 부활했다".[13] 개성도 마찬가지다. 내 입술 같지만 내 입술보다 더 나은 MLBBMy Lip But Better 메이크업, 화장하지 않은 자연스러움을 연출하기 위해 얇은 파운데이션을 서너 겹 바르고 또 덧바르는 클린걸clean girl 메이크업이라는 이름으로 말이다. 지독한 근성으로 자연스러움을 연출한다. 개인의 반복된 선택은 개인의 정체성을 형성한다. 아니, 연출한다.

인터뷰 당시 4개월 뒤 결혼을 앞두고 있던 한 신부는 자기 자신에 대해, 그리고 자신의 취향에 대해 잘 이해하고 있다고 생각해 왔다. 10년이 된 팔에 있는 3센티미터가량의 문신도 자신의 취향을 잘 담은 문신이었다. 그런데 웨딩드레스를 입어본 후 그는 문신 제거를 결심했다. "제가 이 타투를 하고 10년 동안 한 번도 문신한 걸 후회한 적 없어요. 근데 드레스 피팅하고 나서 이걸 지우러 갔어요. 지우려는 것에 망설임이 없었어요. 총 5회에 걸쳐 지우는 과정이었는데, 1회 받고 나올 때서야 문득 '내가 뭐하고 있는 거지?' 이런 생각이 들더라고요. 분명 내가 좋아하고 나에게 의미가 있는 것이었는데 문신을 한 채 드레스를 입은 모습이 흔하지 않으니까 없애려고 한 거죠. 일단 제거술은 취소했는데 사실 지금도 긴가민가해요. 정 거슬리면 메이크업이나 포토샵으로 가리면 되겠죠."

가장 중요한 날, 적절하게 자신의 외모를 꾸미는 것은 분명 중요한 일이다. 자신이 좋아하는 색상, 선호하는 취향의 옷을 고르는 것도 분명 의미가 있다. 하지만 신부들이 저마다 가장 자기 자신다운 모습으로 결혼식장에 서는 것이 아니라 그저 거푸집에 찍어낸 듯 복제된 클론과도 같은 '완벽한 신부'가 되려고 하는 것에서 문제가 생긴다. 드레스 앞쪽으로 머리카락 몇 올이 넘어와서 스튜디오 촬영을 망치고 그 후 본식까지 쭉 기분이 좋지 않았다는 신부, 부유방을 가리기 위해 재재가봉을 진행할 정도로 웨딩드레스에 신경을 썼지만 결국 결혼사진을 다시는 보고 싶지 않다는 신부
……. 자신의 손으로 쌓아 올린 완벽주의 외모의 모래성에 스스로 갇히는 신부들의 증언들이 내리 이어지는 것이 현실이었다. 피부과 시술, PT, 다이어트 식단은 '자기 개발'의 한 형태로 정당화되며, 결혼식이 다가올수록 신부의 몸은 스스로의 것이 아니라 '완벽한 신부상'을 구현하기 위한 프로젝트가 된다. 우리는 누군가가 만들어둔 가장 아름답고도 전형적인 신부의 모습, 그 안에 자신을 끼워 넣고 있다.

이쯤에서 살펴보자. 도대체 취향이란 무엇이고 개성이란 무엇인가? 왜 우리는 둘만의 사랑을 속삭이면서도 남들이 다 하는 프러포즈로 사랑을 확인하려 하고, 남들이 다 하는 스튜디오 촬영을 하면서 또 다시 나만의 취향과 개성을 살리고자 하는가? 개인의 선택과 소비가 곧 정체성을 규정하는 사회다. 예식장을 보고, 웨딩 사진을 보고, 드레스를 보고 신랑 신부의 센스와 미감에 감탄한다. 그러나 이러한 감탄은 사실 개인의 안목에 대한 찬사가 아니라 자본이 만들어낸 이미지를 향한 숭배에 가깝다. '개인의 취향'이라는 이름으로 포장된 소비는 이미 오래전부터 후기 자본주의의 전형적인 특징으로 지적되어 왔다. 장 보드리야르는『소비의 사회』에서 현대사회에서 우리가 소비하는 것은 실재 그 자체가 아니라 기호와 이미지라고 지적한다. 웨딩 사진 속의 드레스, 헤어스타일, 소품 하나하나는 두 사람의 사랑을 기록하는 장치라기보다 이미 사회적으로 코드화된 결혼의 이

미지를 재현하는 부호인 것이다. 신랑 신부가 강조하는 우리만의 개성 역시 결국 계급의 언어라는 체계 내 변주에 불과하다.

경제학자 프레드 허슈는『성장의 사회적 한계Social Limits to Growth』라는 책에서 희소성을 물리적 희소성과 사회적 희소성으로 구분한다. 물리적 희소성이란 말 그대로 눈에 보이는 자원이 부족하다는 뜻이다. 반면에 사회적 희소성이란 '타인이 가지지 못했기 때문에' 자신에게 만족감을 주는 재화가 부족함을 의미한다. 오늘날 사회적 희소성은 가격으로 구분된다. 그렇기 때문에 물리적으로 만족스러운 결혼식장을 찾기보다 사회적으로 희소한 것을 찾아 끊임없이 헤매고, 그것은 '부정적 외부성'의 원칙에 의해 또 다른 신부가 사회적 희소성을 찾기 위해 치는 발버둥으로 이어진다.

문제는 이 과정이 단순히 이미지의 복제에 머무르지 않는다는 데 있다. 이미지는 또 다른 이미지를 낳고, 소비는 또 다른 소비를 요구한다. 취향이 돈이 되는 시대. 사람들은 취향에 집착하기 시작했다. "취향이 없다는 건…… 뭐랄까 돈이 없이 자랐다는 것처럼 보이는 것 같아요. 어렸을 때 악기를 하나 배우거나, 외국어를 하거나, 이런저런 문화를 충분히 체험하고 자란 애들이 진짜 금수저라는 말이 있잖아요. 그런 걸 다 누리진 못했지만 나도 내 취향이 있다는 걸 보여주고 싶은 느낌이에요. 그게 단순히 비싼 명품을 사는 것보다 더 있어 보이는 거죠." 호텔 결혼식을 진행한 한 신부는 취향은 곧 부의 상징인 것 같다고 답했다. 더 나다워야 한다,

더 특별하고 싶다는 강박은 곧 더 많은 선택지, 더 비싼 상품의 선택으로 이어진다.

그러나 '나'에 대한 이해가 아닌 최신 유행 카탈로그에 대한 집착에서 시작하는 취향이 내 것일 리 만무하다. 우리는 실재하는 사랑과 순간을 기록하는 것보다 특별한 사랑을 소비하기 위한 경쟁에 뛰어든다. '나다운 결혼식'이라는 착각은 그렇게 개인의 욕망을 포장하면서, 실은 구조적으로 과잉 소비를 밀어붙이는 장치로 기능한다. 그 과정에서 우리는 끝없이 새로운 지출을 합리화하고 정당화한다. 오늘날 '취향'은 소비를 끊임없이 자극하는 가장 세련된 명분이 됐다.

더불어 나다운 것이 나만을 위한 결혼식을 뜻하는 것은 아니다. 결혼식은 하나의 의례이자 축제로서, 공동체의 다른 구성원이 함께 참여함으로써, 축하함으로써 완성된다. 그러니 나만 좋아서는 안 되는 것, 신부만 주인공이 될 수도, 되어서도 안 되는 것이 바로 결혼식이다. 맹목적인 소비 관습을 탈피하고 낭비와 오염을 최소화하는 동시에, 다른 사람과 함께 어울려 공동체를 (잠시나마) 회복하고 함께 즐기는 축제로 나아가야 했다. 그렇게만 된다면 신부가 대형 웨딩홀의 공장형 버진로드에 서 있든, 하우스 웨딩의 어딘가에 서 있든 그것은 큰 문제가 되지 않는다.

더 많은 선택지는 우리를 행복하게 할까

스웨덴과 한국, 두 나라에서 결혼한 신부를 만났다. 그는 한국 결혼식에 방문하기 위해 스웨덴에서 온 친구들이 드레스와 웨딩홀이 너무 아름답다고 몇 번이나 감탄했다고 했다. "유럽에서는 그렇게 비싼 드레스라면 정말 부자가 아니고서야 입을 수 없어요. 한국처럼 웨딩 플래너나 중개업 서비스가 체계적으로 돼 있지 않거든요. 대여만 100~200만 원이라면 사는 건 얼마나 비싸겠어요. 저는 한국의 여러 드레스 중에 가장 기본으로 고른 건데도, 스웨덴에서 온 친구들이 드레스가 너무 예뻤다고 계속 말하더라고요. 생각해 보면 제가 스웨덴에서 갔던 결혼식에서는 수수한 원피스 같은 드레스를 입는 경우가 많았어요. 어머니나 할머니가 입던 드레스라고 소개하는 경우도 많았고요. 한국에서는 보기 힘들죠. 싸고 편하게 빌릴 수 있으니까."

그의 말대로 웨딩드레스의 퀄리티뿐 아니라 우리나라의 웨딩 서비스는 다른 나라에 비해 뛰어나다. 서비스의 다양화는 더 많은 옵션을 펼쳤고 이것은 드레스와 결혼식의 상향 평준화, 가격의 합리화를 가져왔다고도 볼 수 있다. 예컨대 미국이나 유럽에서는 여전히 웨딩 플래너와 스타일리스트, 전문 촬영 팀을 모두 개별적으로 섭외해야 하고 그 과정에서 발생하는 인건비와 장소 대관료가 상대적으로 높다. 한 통계 자료에 따르면 미국의 평균 결혼식 비용은 2023년 기준 3만 5000달러(약 4600만 원)다.[14] 이 수치는 보석, 약혼

반지, 신혼여행 비용을 제외한 금액인데 한국의 약 2300만 원보다 두 배에 달하는 수준이다. 영국은 2만 8500달러(약 3900만 원), 프랑스는 2만 1800달러(약 3000만 원)로 한국보다 높다.

빨리빨리의 나라, 한국은 웨딩 산업에서도 빠르게 두각을 드러내 '스드메'로 대표되는 패키지 시스템을 일찍이 정착시켰다. 상대적으로 합리적인 비용 안에서 높은 완성도를 구현한 것이다. 게다가 이런 서비스를 두고 신랑 신부가 줄을 서서, 심지어 1년 전에 선입금 예약을 할 만큼 인기가 많다. 해외에서 'K-웨딩' 촬영을 하러 한국을 방문하는 여행 상품이 인기를 끌 정도다. 과연 내가 이걸 비판해도 되는 걸까? 지극히 평범한 자본주의의 논리 아니던가? 하지만 '최효율'의 서비스가 과연 신랑 신부에게 파라다이스를 가져다주었는지는 물어봄 직하다. 누가 아는가. 새삼스러운 질문은 다이소와 코스트코에서 펼쳐지는 화려하고 다양한 상품에 우리가 빼앗기고 있는 것이 무엇인지 다시 돌아보게 할 상상력을 제공할지도 모른다.

사실 결혼식이라는 큰 일생일대의 행사가 신랑 신부의 주도하에 진행된 것이 얼마 되지 않았다. 결혼의 주체가 혼인 당사자의 몫으로 여겨지게 된 것은 불과 한 세기 남짓에 불과하다. 가부장제의 구조 아래에서 집안의 명운을 걸고 치러진 중매결혼, 신분 상승의 사다리로 활용된 정략결혼이나 상승혼, 모두 신랑 신부 당사자보다 집안과 공동체의 이해관계가 앞섰던 시대의 산물이다. 지금까지도 결혼식의 주인, 행사를 주재하는 사람이라는 뜻의 '혼주'가 양가 부모님을 지칭하는 단어로 사용되고 있다. 하객을 맞이하고 결혼식의 시작을 알리는 중요한 역할은 오래전부터 양가 부모님의 몫이었다. 그러나 일제강점기 말기부터 '신식 결혼식'이 보급되었고 1960~1970년대 산업화·도시화 과정에서 자유로운 연애와 선택으로 결혼을 준비하는 시대가 열렸다.[15]

납치 결혼을 하던 때는 지났다. 부모님이 하라는 대로 상대의 이름과 얼굴도 모른 채 중매쟁이의 손에 이끌려 첫날밤을 맞이해야 하는 시대도 지났다. 우리는 우리 손으로 파트너를 고르고, 플래너를 정하고, 메이크업 대기실에 앉아 있게 되었다. 그러나 우리는 정말 행복해졌는가? 바야흐로 열린 자유연애와 소비 자본주의의 시대, 우리는 우리가 원하는 방향으로 잘 나아가고 있는가? 일생일대의 중요한 행사 진행의 키를 드디어 잡은 신랑 신부가 할 수 있는 것은 고작 예식장의 음악부터 꽃 장식까지 마음대로 커스터마이징하는 것이다. 낭만과 자유를 토대로 결혼식의 '주인공'이 된 우리는 그저 소비만 꽃피운다.

바야흐로 커스터마이징의 시대다. 커피 한 잔을 시키려고 하더라도 샷 추가, 물 온도, 거품 크기, 당도 조절, 얼음 모양, 얼음 양을 선택할 수 있다. '시럽 한 번'을 '카라멜 드리즐 2분의 1, 초코 드리즐 2분의 1'로 나누어 선택할 수 있게 됐다. 공급이 넘쳐나는 세상은 사람들의 수요를 만들어냈다. 그러니 결혼식은 어떨까? 앞서 살펴본 것들은 준비 과정에서의 선택이고, 결혼식 당일에도 선택할 것이 많다. 등장

음악, 조명의 색, 하늘에서 떨어지는 꽃의 색깔마저도 하나하나 커스터마이징할 수 있는 대소비의 시대가 열렸다.

다양한 옵션이 만들어낸 절망적인 풍요로움 속에서 자기다움은 어떻게 챙길 수 있을까? 남들과 달리 속눈썹을 강조한 화장법을 받는 것, 남들이 흔히 입지 않는(혹은 입지 못하는) 값비싼 실크 드레스를 입는 것으로 충분한가? 그것을 소비하면 우리는 진정한 자유와 개성을 회복할 수 있나? 웨딩 업계는 이러한 고민을 묻거나 답하기도 전에 이를 구매 가능한 형태로 부활시켜 적극적으로 판매하고 있었다. 신랑 신부들은 웨딩 박람회를 오가며 대형 마트의 식품 종류만큼이나 다양한 소비의 늪에서 허우적거린다. 그러나 에어컨이 시원하게 나오는 대형 마트에 꽉 찬 쇼핑 카트를 들고 돌아다녀도 그것이 충만한 나다움과 행복함을 뜻하지 않는다는 것을 우리 모두 알고 있다.

앞서 프러포즈를 비롯한 다양한 웨딩 상품이 고급화됨에 따라 그 뒤로 등장하는 '저렴이' 서비스에 대해 소개한 적 있다. 프리미엄 서비스와 비슷한 수준을 약속하면서도 합리적인 가격을 앞세운다. 이는 과연 신랑 신부를 위한 것일까? 분명히 더 싸게 구매하게 되었을진 몰라도 끝내 그 소비의 늪에서 빠져나올 수가 없다. 다양한 소비 옵션은 신랑 신부를 집어삼킨 소비의 늪에서 둘을 구출해 주는 것이 아니라, 그저 둘이 늪 안에 충분히 머무르게 두면서 또 다른 '옵션'의 문을 열어주어 무한히 소비 굴레에서 빠져나오지 못하게 만들기 때문이다. 웨딩 산업은 가장 효율화된, 그래서 가장 착취적인 산업이었다.

독일의 철학자 오도 마르크바르트는 '둘'을 뜻하는 독일어 zwei와 '의심'을 뜻하는 zweifel 사이의 언어적 연관성을 언급하며, 어떤 상황이든 가능성이 두 개만 되어도 우리는 쉽게 의심하게 된다고 지적했다.[16] 가능성이 둘 이상으로 갈라질 때 의심과 거리가 생긴다는 것이다. 우리는 '선택의 자유'라는 함정 속에서 안정감을 찾기 쉽지 않다. 소비를 거듭하면 삶이 더 나아져야 할 것 같지만 본질 찾기는 점점 어려워진다. 가능성이 많아질수록 우리는 더 자유로워지는 대신 더 불안해지기 때문이다. 매일 수십 수백 개의 선택지가 펼쳐지는 현대인의 생활에서 그 불안은 더욱 증폭된다. 무엇을 먹을지, 어떤 옷을 입을지, 어떤 사람과 살아갈지, 어떤 방식으로 사랑하고 성공할지, 끝없는 가능성의 나열 속에서 우리는 자유를 부여받았지만 동시에 무력감을 짊어지게 됐다.

신부들은 이러한 현상을 온몸으로 겪고 있다. 분명 다섯 벌의 드레스를 입어보며 가장 마음에 드는 드레스를 선택하고서도 돌아오는 길에 마음이 편치만은 않다. '1번을 할 걸 그랬나?', '3번을 한 번 더 입어볼걸 그랬나?', '돈을 추가하고서라도 다른 숍 투어도 해볼 걸 그랬나?' 친구들과 가족에게 이런저런 넋두리를 늘어놓다 보면 불안한 마음은 더 커진다. 노벨 경제학상을 수상한 허버트 사이먼은 '선택의 극대화'의 개념을 들어 이러한 신부의 감정에 언어를 부여한다. 그는 선택 가능한 대상이 너무 많아지면 '만족한 선택'

에서 '극대화하는 선택'으로 태도의 전환이 일어난다는 점에 주목했다. 첫 번째로 주어지는 **충분히** 좋은 선택지로 만족하지 못하고 **최고로** 좋은 선택지를 찾기 위해 혈안이 된다는 것이다. 하지만 평가를 하는 과정에서 부정적 선입견이 자리 잡고 '부정성 강화'를 통해 상품이나 서비스의 부정적 측면에만 집중하게 된다.[17] 신부들이 다양한 선택지 안에서 모든 것을 골라두고도 결혼식 전날까지 두 발 뻗고 잠들지 못하는 현상이 생기는 이유다. 선택지가 많아지면 내가 선택하지 못한 것에 대한 기회비용이 자기 전 눈앞에 어른거린다. 경제학 혹은 사회심리학에서는 '미리 앞당겨진 후회anticipated regret'라고도 설명한다. 자신의 선택을 극대화하려는 욕망은 잃어버린 기회에 더욱 미련을 가지게 하고, 선택하지 못한 것에 대해 미리 앞당겨 후회하는 것이다. 이는 의지의 힘을 약화하고 선택 능력을 저하시킨다.[18] 이처럼 많은 사회경제학자들은 이미 다양한 연구를 통해 더 많은 선택이 항상 소비자를 위한 것이 아님을 여러 방면에서 증명했다. 그럼에도 '더 많은 선택'을 제공해 주는 것이 마치 우리를 위한 것이라는 기업과 웨딩 업계의 입장은 다소 당황스럽다. 아주 명확하게도 그들의 이익을 증대하기 위한 활동이다.

참고로 자본을 이기는 것이 하나 있었으니 그것은 바로 종교이자 신념이었다. 성당에서 결혼식을 치른 신부는 독실한 가톨릭 신자인 예비 남편을 만난 게 얼마나 다행인지 모르겠다며 연신 화색이 돌았다. 성당에서 소박하게 진행하는 것에 정당성이 부여된 것이다! 호화스럽게 하지 않아도, 화려한 꽃 장식을 하지 않아도, 그것이 돈이 없어서라거나 그럴 능력이 있는 배우자를 못 만나서가 아니라 "종교 때문이야!"라고 말할 수 있게 된 것에 안도했다. 이것은 실로 큰 아이러니다. 중세에서 근대로 넘어오면서 인간은 신과 공동체의 절대적 질서에서 벗어나 개인으로서의 자유를 얻었다고 기뻐했다. 더 이상 태어나는 순간 신분과 삶의 방식이 정해지는 세계가 아닌, 무엇을 믿을지, 어떻게 살지, 누구와 결혼할지 스스로 선택할 수 있는 존재가 되었다는 사실은 오랫동안 인류가 꿈꾸던 해방처럼 보였다. 그러나 신, 교회, 공동체, 전통이 삶의 방향을 결정해 줄 때 인간은 안정감도 얻고 있었다. 반대로 근대사회에서 인간은 자유를 얻는 동시에 고립과 책임을 함께 떠안게 됐다. 무엇을 선택하든 그것은 온전히 개인의 선택이 되었고, 실패 역시 개인의 몫이 되었다. 에리히 프롬은 바로 이 지점에서 인간이 자유를 기쁨만으로 경험하지 못하고, 오히려 불안과 공허를 느껴 다시 소유와 소비에 집착하게 된다고 설명했다. 같은 맥락에서 사회학자 콜린 캠벨은 소비를 두고 "인간이 신앙의 형태로 다시 찾은 감정의 의례"라고 말한다. 소비주의를 근대 이후 신의 자리를 대신한 세속적 종교로 보는 것이다. 우리는 무한대로 증식한 자유 속을 헤엄치다, 그 불안을 견디지 못해 다시 다른 사람의 삶, 정답 같은 삶, 돈에 정착하게 됐다.

다시 한번 말하지만 이는 물론 웨딩 산업만의 문제는 아니다. 현대인은 그렇게 극대화된 소비 옵션 안에서 방향을 잃는다. 아무것도 확실히 결정하지 못한 채, 혹은 이미 내린 결정이 틀렸을까 두려워하며 타인의 삶을 끊임없이 엿본다. '저 학교에 입학했었다면 어땠을까?', '저 결혼식장에서 했다면 더 좋았을까?' 가능성이 무한한 사회에서 우리는 자유 대신 피로를, 자율 대신 불안을 얻었다. 현대사회가 그토록 많은 불안과 우울을 배출하는 것도 소비만능주의와 무관하지 않다.

더 많은 선택지는 우리 삶을 도처에서 천천히 소비의 늪으로 몰아넣고 있다. 아이와 함께하는 놀이동산을 떠올려보자. 부모님은 아이를 데리고 기구를 세 번 탈 수 있는 입장권을 살지, 다섯 번 탈 수 있는 입장권을 살지 고민하면 됐고, 그때 무제한 입장권을 사주게 되면 우주를 다 준 것 같은 기쁨을 선사할 수 있었다. 솜사탕에 헬륨 풍선이면 그만 한 선물이 없었다. 그러나 지금은 어떤가? 머리띠, 머리끈, 가방, 볼펜, 옷…… . 아이들의 눈을 끄는 기념품은 순식간에 불어났고 입장권 종류만 해도 수십 개에 달한다. 입장권만 구매하고 '패스트 트랙'을 별도로 구매하지 않으면 아이들은 더위 혹은 추위 속에서 온종일 기다려야 한다. 차곡차곡 쪼개지는 소비의 다양성은 결코 우리를 더 나은 삶을 살게 하지 못했다.

최선의 '신붓감' '신랑감'을 찾아서

더 큰 문제는 소비주의적 태도의 대상이 사람에게도 확장되었다는 것이다. 결혼식뿐 아니라 결혼 상대를 찾는 일에서조차도 우리는 소비자의 정체성을 취한다. 내가 만나고 있는 이 사람이 정말 최선일까? '더 좋은' 선택지가 있지는 않을까? 더 예쁜 드레스, 더 값싼 셔틀버스, 더 화려한 예식장을 찾는 매의 눈처럼 더 나은 신랑감과 신붓감을 놓치지 않으려는 우리는, 그렇게 평생을 약속하는 사람마저 비교하고 소비했다.

　　"걔 이번에 헤어졌대."
　　"오, 진짜? 괜찮은 여자 매물 있는데. 걔랑 소개해 줄까."
　　"물어볼게. 근데 걔는 키도 크고 성격도 좋아서 금방 FA 시장 떠날듯?"

　　Free Agent, 자유계약시장이라는 말을 운동선수를 이야기할 때가 아닌 일상의 순간에도 사용하게 된 것은 30대에 접어들기 시작하면서부터였다. 대학교 대외 활동, 장학금 정보를 공유하던 친구나 선배와의 단체 대화방에 어느덧 소개팅 '매물' 정보가 올라오기 시작했다.
　　'매물'을 올릴 때는 나름대로 규칙이 있다. 이름, 몸무게나 키, 집안, 학력 등 간단한 스펙이 먼저 올라왔다. 그리고 이내 서너 장의 사진이 올라오는데 얼굴이 적당히 보이면서

246

도 그렇다고 너무 잘 보이지는 않는, 정확한 이목구비보다는 전체적인 느낌과 분위기가 돋보이는 사진들이 대부분이었다. 통일화된 규격의 소개를 보고 있노라면 사람을 두고 매물이라고 표현하는 것이 과장은 아니라는 생각이 든다. 가끔 친구들과 서로 사진을 찍어주다 '이거 소개팅 사진으로 딱이다.'라는 표현도 칭찬의 뜻으로 사용되는 것이 이 시대의 초상이다. 에바 일루즈는 19세기 중반 이후 발전한 사진술이 남성과 여성의 성적 매력을 하나의 표준으로 만들어 규범화했다고 지적한다. 그리고 이것은 배우자를 선택하는 기준과 방식에도 영향을 미쳤다.[19]

2002년, 결혼정보회사 듀오가 웨딩 컨설팅 회사인 듀오웨드를 시작하면서 웨딩 박람회인 '듀오웨딩페어'를 독자적으로 열었다. 이는 단순한 사업 확장이 아니었다. 사랑과 결혼이 본격적으로 시장의 언어로 번역되기 시작했음을 보여주는 신호에 가까웠다. 돈으로 물건을 구매하듯 사람을 매칭하고 결혼 준비 과정 전체를 패키지 상품으로 구매하는 것, 과연 이것이 우리의 가치관에 어떤 영향을 미칠지 진심으로 궁금했다. 에리히 프롬은 『자유로부터의 도피』에서 이러한 현상을 일찍이 경계했다. 그는 뉴스, 사건, 상품 광고가 아무런 경계 없이 뒤섞일 때 사람들이 세계와 진정한 감정적 관계를 맺지 못하게 되고, 결국 감각이 무뎌질 수 있다고 보았다.[20] 그러니까 배우자가 될 사람의 얼굴과 스펙, 드레스 종류, 케이터링 업체의 서비스 설명이 동일한 정보의 층위에서 소비되는 순간, 우리는 삶의 의미를 스스로 구성하기보다 외부에서 제시된 선택지에 반응하는 존재로 변해갈 수 있다.

생각해 보면 결혼을 준비하는 과정 자체가 쇼핑이자 프로젝트가 되었으니, 결혼이라는 제도의 의미와 가치 역시 달라질 수밖에 없다. 우리는 유리장 안에 있는 상품들을 하나씩 고르듯이 결혼할 사람을 찾기 시작하다 이내 스스로를 유리장 안에 진열하기 시작했다. 신붓감, 남편감을 찾을 때조차 서로를 상품으로 이해하는 방식으로 변해갔다. 소셜 미디어와 알고리즘 중심의 콘텐츠 탐색 시대에 들어서면서 이러한 경향은 더욱 강화됐다. 이제는 사랑하는 사람들의 얼굴, 드레스와 웨딩홀 종류뿐 아니라 전쟁으로 사망한 사람 수, 동네 맛집 메뉴, 할인 쿠폰, 그리고 그 맛집에서 일어난 어느 날 밤의 CCTV 화면까지 한데 묶여 소비된다. 더 이상 무엇이 삶이고 무엇이 상품인지 구별하지 못한 채, 모든 것을 동일한 해상도의 정보로 소비하게 되면 어떤 일이 일어날까? 소비자로 살아간다는 것은, 결국 삶과 죽음, 사랑과 시장 논리 사이의 차이를 서서히 인식하지 못하게 되는 과정일지도 모른다.

배우자 선택 '시장'은 감정적 교류를 위축시키고 관계마저 합리적 계산의 영역으로 끌어들였다.[21] 기술은 우리로 하여금 스스로를 선택하는 존재로 인식하게 만들었고 사랑과 만남마저 최선의 선택이 만들어낸 결과여야 한다는 사고를 강화했다.[22] 그런데 문제는 근거를 활용하는 '합리적' 의사 결정에 대한 강박은 감정과 직관에 따라 행동하는 능력을 점점 잃게 만든다는 것이다. 인지심리학자 게리 클라인은 선택 조건의 과잉은 사람들로 하여금 서로 비교하게 만들며 이런 비교가 빠르고 직관적인 결정을 내릴 능력을 오히려 약화시킨다고 주장한다. 우리는 직관적 선택을 의심한다. 그 대신 여러 조건을 가늠하고 비교하며 대상이나 인물 혹은 상황을 잘게 나누어 '합리적으로 비교'하는 과정을 통해 평가하고 저울질한다. 일상에서 화장실용 청소솔을 살 때도, 선물용 과일 바구니를 살 때도, 우리는 우리의 촉감과 미감을 믿는 대신 쿠팡이나 네이버의 리뷰 점수와 후기를 더욱 믿는다. 그것이 없다면 도무지 구매할 수 없다는 듯이 결벽적으로 군다. 그러나 직관적 선택은 사실 가장 믿음직한 단 하나의 내 편인지도 모른다. "직관은 우리가 인생을 살며 예전에 겪은 사건들 덕에 갖추게 된 짐작이나 충동, 통찰, 직감, 예견, 판단 등을 가지고 어떻게 행동해야 한다고 말해주는 능력"이기 때문이다.[23] 우리는 왜 어떤 드레스를 입고 '마음에 든다'는 생각이 들고 나서도 몇 번이나 웨딩 플래너에게, 예비 남편에게, 친구1에게, 친구2에게, 엄마에게, 시어머니에게, 인스타그램 팔로워들에게, 유튜브 구독자에게, 묻고 또 묻게 되었을까? '이 사람이다'라는 확신 대신 '이 사람과 결혼해도 될까요?' 확인하고 또 확인하며, '이런 사람과 결혼해라' 혹은 '하지 마라'는 콘텐츠에 속절없이 흔들리게 되었을까? 나의 직관이 그것이 아니라고 말하는 데도 사람들이 정해둔 '예식장 순위 TOP 10' 리스트와 '명품 가방 티어'를 보면서 결혼식장과 선물을 결정할까?

작가 엘리자베스 길버트는 『결혼해도 괜찮아』에서 선택의 확증 편향이 가져오는 불행을 묘사한다. 최선의 선택이었기에 가장 행복해야 한다는 강박. 그 기대에 미치지 못하면 결혼은 실패로 이어진다. 그는 정혼이라는 보수적인 문화가 쇠퇴하고 사랑하는 사람을 배우자로 선택하는 문화가 등장하면서부터 이혼율이 기하급수적으로 증가했다고 이야기한다. "우리는 사랑하는 사람을 배우자로 선택할 수 있는 권리를 달라고 요구한 지 채 5분도 되지 않아, 사랑이 식은 뒤에는 그 배우자와 이혼할 수 있는 권리를 달라고 주장한다." 이혼율이 급증하게 된 데에는 여러 배경이 있겠지만 네모난 신용카드 하나로 개인의 행복과 자율성을 가장 극대화하는 삶을 사는 시대에, 나에게 득이 되지 않는 혹은 흥미가 사라진 결혼을 견딜 인내심이 사라진 것은 부정할 수 없는 사실이다.

더 많은 선택과 합리적 선택은 우리를 행복하게 만들었나? 오늘날 결혼은 더 행복한 선택으로 가는 길목과는 아주 먼 곳에 위치하고 있는 것만 같다. 내가 선택한 최선의 옵션인 만큼 나에게 가장 큰 행복을 가져다주어야 한다고 기대하기 때문이다. 내가 이 사람을 선택하지 않았더라면, 저 사람을 선택했더라면, 그 많은 성립하지 않을 가정들은 우리의 삶에 그림자를 드리운다. 소비의 늪에서 우리는 사랑하는 법도, 살아가는 법도 잃어가고 있다. 웨딩 산업이 만들어낸 관계의 상실은 부부간에만 오는 것이 아니다. 부부의 행사를 가장 가까이서 함께하는 웨딩 플래너의 처지도 구석으로 몰아넣는다.

웨딩 플래너가 처한 숙명

"천직을 만난 것 같아요. 제가 하는 일이 진심으로 좋아요."
대기업과 스타트업을 거치며 경영 관련 업무를 하던 I는 현
재 웨딩 플래너라는 새로운 꿈을 펼치고 있다. 그는 결혼식
이라는 큰 행사를 앞둔 신부 가장 가까이에서 든든하게 지
원할 수 있는 것이 감사한 일이라고 했다. 자신을 믿고 맡겨
준 만큼 더 최선을 다해 신부에게 딱 어울리는 결혼식을 진
행할 수 있게 돕고 싶다는 것이다. 또 결혼 당일 신랑 신부
뿐 아니라 혼주와 가족들이 모두 행복해하는 모습을 보면
서, 또 자신 덕에 결혼식을 무사히 마쳤다는 신부들의 다정
한 메시지를 받아 보면서 "역시나 이 업을 하기 잘했다."고
생각하며 힘을 받는다.

하지만 "웨딩 플래너라고 하면 어떻게든 돈을 뜯어내
려는 사람처럼 보는 것 같아 속상하다."고도 털어놨다. 몇
몇 신부들은 자신에게 일을 맡기면서도 자신을 충분히 신뢰
하지 못하거나 존중하지 못하는 게 씁쓸하다고 했다. 동시
에 이러한 현실을 인정할 수 밖에 없다고 했는데 그 배경에
는 웨딩 플래너가 그렇게 될 수밖에 없는, 즉 '역량'에 따라
충분히 많은 이윤을 남길 수 있는 구조의 한계가 있기 때문
이다.

사실 웨딩 플래너는 결혼하는 부부에 있어 구세주 같은 존재다. 가장 가까운 지인, 가족, 마을 공동체가 도맡아 하던 역할을 면면이 도와주는 것이 바로 웨딩 플래너이기 때문이다. 그렇기에 웨딩 플래너와 부부의 만남은 실로 굉장히 중요하다. 하지만 웨딩 플래너와 예비신부의 만남은 랜덤 배정이 기본이다. 신랑 신부가 박람회에 가기 위해 전화번호를 기입해 두면 업체 측에서 배정된 플래너가 전화를 해오는데, 그렇게 어떠한 정보도 기반하지 않은, 콜택시를 부르면 오는 정도의 우연으로 둘의 인연이 시작되는 것이다.

플래너의 마진은 보통 스드메, 예물·예단, 신혼여행 등 앞으로 신랑 신부가 결제할 서비스에 적당히 녹아 있다. 이 부분에 대해서 플래너 I는 "문구점에서 볼펜 하나만 사도 마진이 녹아 있잖아요. 그거랑 같아요. 그러니 너무 억울해할 것은 없죠."라고 설명했다. 맞다. 하물며 집 앞 편의점에서 물 한 병을 사 마셔도 그 안에는 그 물을 계산해 준 오전 아르바이트생, 얼굴도 본 적 없는 야간 아르바이트생, 그리고 운영을 책임지는 사장에게 돌아갈 마진이 녹아 있는 것이 자본주의의 인지상정이다. 그러니 스드메에 책정된 가격의 분노가 특별히 플래너만을 향할 이유는 없다. 나 역시 추가금을 유도하는 플래너 개인을 비판하고자 하는 것이 아니다. 비판하고 싶은 것은 개인이 아니라 구조다. 플래너가 평일 주말 할 것 없이 자신의 시간을 반납하며 근무하면서도 최저 시급에도 미치지 못하는 보상 체계. 그리고 같은 여성을 대상으로 인생의 가장 중요한 순간을 함께 준비하면서도 정보의 비대칭성 속에서 결국 신부를 '함께 준비하는 사람'이 아니라 '마진을 만들어내야 하는 대상'으로 착취하게 만드는 산업 구조. 이것이야말로 지금의 웨딩 산업이 가진 가장 큰 문제다. 편의점 알바생이 시급에 따른 돈을 지급받지 않고 판매되는 개별 물건에 따라오는 마진으로만 돈을 받아 간다고 상상해 보라. 그는 아주 값비싼 물건을 사는 손님만을 대접하고 생수 한 병을 사는 손님은 손님 취급도 하지 않을 것이다. 그가 나빠서가 아니라 이것이 그가 종사하는 산업의 법칙이기 때문이다.

상황이 이렇다 보니 매주 열리는 웨딩 박람회에 앉아 친절하고 상냥한 웃음으로 새 손님을 맞이하는 플래너들도 처지가 난감하다. 많게는 200여 명의 고객을 동시에 응대하면서(그들의 결혼식이 완벽하게 진행되길 도우면서) 자신이 '역량'껏 이윤을 남겨야 한다. 이 과정에서 이중적인 곤경에 처하게 된다. 신랑 신부의 가장 가까운 조력자가 되어 그들의 불안을 덜어주고 인생에서 가장 중요한 날을 함께 준비하는 존재이지만 동시에 먹고살기 위한 이윤 창출의 역할을 수행해야 한다. 가장 끈끈해야 할 신부와 플래너의 만남은 결국 신뢰와 연대의 관계가 아니라, 제휴가 낳은 가격 구조 안에서 형성된 거래 관계(심지어 한쪽이 마음만 먹으면 언제든 착취할 수 있는 관계)로 축소된다. 여기서 인간성의 왜곡이 발생한다. 동시에 웨딩 플래너 자신 역시 언제든 교체 가능한 소모품으로 취급되는 문제 상황으로 이어진다. 200명의 고객을 동시에 응대하다가도 내일 더 많은 성과를 내는

253

플래너가 나타나면 계약은 금세 끊기는 것이다.

프롬의 언어로 말하면 '존재'가 아니라 '소유'의 논리가 관계를 점령한다. 모든 것은 쉽게 접속되고 더 쉽게 교체된다. 고객은 '타깃'으로, 플래너는 교환 가능한 '부품'으로 전락한다. 플래너의 웃음과 다정함이 거짓이었다는 것이 아니다. 그 진심이 작동하는 맥락이 관계를 상품으로 환원하는 시스템 안에 갇혀 있다는 것이 문제다. 의례는 공동체의 돌봄을 회복하기는커녕, 외주화된 가격표와 가공된 이미지를 강화한다. 우리는 물어야 한다. 이 의례는 누구를 위해 무엇을 남기는가?

결혼식을 하지 않으면 모든 문제가 해결될까

처음에는 모든 결혼식을 불필요한 낭비이자 사치라고 생각했다. 생각해 보자. 인생의 어느 통과의례를 이렇게까지 준비하는가? 기꺼이 자신의 몸을 깎고, 매일 9시간씩을 헌납한 대가로 받는 1년치의 월급을 모두 지불하며, 그날만을 위해 1년의 준비 시간을 가질 만큼. 그래서 내가 성급하게 내빈 설론은 더 쉽게, 더 단순하게 치르자는 것이었다. 아예 식을 치르지 않는 것도 괜찮겠다 생각했다. 과거에나 의미가 있었지, 이혼도 흔히 하는 세상에 결혼이 뭐 대수라고? 어마어마한 돈을 써서 사람들을 초대하고 그 자리에 주인공이 되기까지? '노 땡큐' 하며 쿨하게 거절하고 싶었다. 그런 사람들이 많아진 것인지 노 웨딩 트렌드가 유행한다는 기사도 심심치 않게 보였다. 그래서 책의 제목도 정말 '결혼식을 하지 않겠습니다' 정도가 될 줄 알았다.

어쩌면 이 책을 읽고 있는 독자 중에서도 앞서 살펴봤던 것들을 읽어가며 '어휴. 나는 그냥 결혼식 같은 것 안 하고 둘이서만 약속하고 끝내고 싶어. 이게 다 뭐야.'라고 생각했는지도 모르겠다. 그러나 이쯤에서 뒤늦게 밝혀야 할 중요한 사실이 하나 있다. 결혼식은 죄가 없다. 죄가 있다면 의례의 가장 기본적인 본질, 즉 공동체와의 연결, 반복되는 의식이 주는 안정감, 삶의 전환을 사회적으로 승인하는 기능을 빼앗아 고급화와 커스터마이징, 그리고 판매와 마케팅의 언어로 치환해 버린 산업 구조에 있다. 두 사람, 그리고 두 가족이 하나되는 날은 평범한 하루처럼 지나갈 수 없는 노릇이다.

통과의례는 모든 시대, 모든 사회의 집단에 존재한다. 문화와 환경의 차이에서 오는 세부적인 형식은 다르지만, 해당 형식은 해당 문화권에서는 고유하게 작동하며 그 기능에 있어서도 어느 정도 보편성을 띠고 있다. 결혼식뿐 아니라 돌잔치, 졸업식, 성인식, 장례식처럼 생애에 주요한 탄생과 변화, 소멸의 순간이 있을 때마다 우리는 의례를 치른다. 연중 흘러가는 많은 순간에 이름을 만들어 기념하고 축하하며 흩어진 사람들을 한데 모으는 것, 이것이 의례의 역할이자 힘이다. 에바 일루즈의 말을 빌리면 "의례는 불안함과 불확실함 때문에 생겨나는 두려움을 몰아낼 가장 강력한 수

단"이 되기도 한다.[24] 의례의 사전적인 의미는 "특정한 목적을 지닌 통일된 의식 문화 행사로 다양한 예술적 구성 요소로 구성된다."라고 한다. 특히 혼례는 예로부터 중요한 의례로 여겨져 왔으며 인생에서 가장 큰 행사 중 하나로 간주된다. 인륜지대사人倫之大事는 '사람으로서 마땅히 겪어야 할 큰 일'이라는 뜻으로, 주로 혼례와 장례를 가리키는 말이다.

사회학자 디미트리스 지갈라타스는 책『인간은 의례를 갈망한다』를 통해 의례의 중요성을 더욱 강조하는데 심지어 인간으로서 살아가기 위해 반드시 필요한 '필수 요소'라고 주장한다. 삶의 모든 순간을 그저 똑같은 나날로 보낸다면 우리가 살아갈 이유는 무엇일까? 책에서는 '전환기' 상태에 있는 소비자들의 상징적 소비 행위와 심리적 현상의 모델을 설명하는 사례가 나와 있다. 연구진은 고등학교를 졸업하고 대학교 입학을 앞두고 있는 이들이 모호함, 불안함, 막연함과 같은 부정적인 심리 결과를 경험하고, 이러한 상태를 극복하기 위해 새로운 역할 전환을 상징하는 소비에 의존한다는 것을 발견했다. 예컨대 문신을 한다거나, 염색 등을 하여 헤어스타일을 바꾸거나, 귀를 뚫는 것이다. 이러한 상징적인 소비는 주요 생애 주기에 따라 자아를 재정의해 주고 새로운 역할 전환을 완료하게 도와준다. 전환기에는 누구나 심리적 불안을 겪기 때문에 심리적 지원의 공유, 즉 코뮤니타스communitas를 필요로 하게 되고 통과의례는 이때 힘을 발휘한다.[25] 그러니까 우리가 면사포와 웨딩드레스의 존재를 이해하지 못하고, 또 영원히 한결 같은 사랑을 하

256

겠다는 자신의 행위에 확신을 가지지 못하더라도, 사회 관습으로 굳어진 일련의 의식(버진로드를 걷거나 화촉에 불을 켜는 것) 자체만으로도 진정성, 성찰, 감정, 행위를 결속할 수 있다는 것이다. 만약 그러지 않는다면 약속을 지키는 일은 오로지 자아 개인의 부담이 되고 만다.

"이 사람을 영원히 사랑하겠습니까?"
"네!"

결혼은 약속이다. 혈연으로 이어진 가족 관계도 지키기 어려운 현대사회에서 서로를 영원히 사랑하겠다는 약속은 얼마나 지키기 어려운가? 따라서 우리는 소중한 사람들이 모인 자리에서 선언함으로써 그 역할에 스스로를 밀어 넣는다. 새로운 배우자를 맞이하는 생의 통과의례에 참석한 사람들 앞에서 구태여 "예" 하고 외치면서 미래를 향한 약속을 지키고자 하는 것이다. 따라서 감정과 약속을 섬기는 의식은 실로 아주 중요하다.

인간은 완성된 하나의 자아가 아니다. 굳은 결심을 하고도 내일이면 흐지부지하게 되는 경험을 통해 잘 알고 있을 것이다. 끊임없이 변화하는 오늘의 나는 어제의 내가 아닌 또 다른 어떤 사람일 수 있다. 따라서 자아실현과 의지에만 의존하려 한다면 사람들은 "사랑 없는 결혼 생활을 포기하고 명상 세미나를 찾게 만들며, 비싼 돈을 들여 오랫동안 여행을 떠나는가 하면, 심리학자에게 조언을 구하는 따위의 일"[26]을 하게 되고 말 것이다. 따라서 인생의 중대한 전환기에 들어가는 신랑 신부에게 결혼식은 그 자체로서 사치스러운 행위 이전에 필수에 가까운 의례적 행사라고 보는 것이 맞다. 하지만 현대사회에서 통과의례의 원형은 소비의 그림자에 가려 그 모습을 거의 감추었다는 게 문제다. 한 문화권에 소속되어 있더라도, 같은 통과의례를 거치더라도 경제적 상황에 따라 의례의 형태가 달라진다. 의례 자체로서 그 힘을 잃게 된 것이다.

의례의 중요성에 마냥 철학적인 이유만 있는 것은 아니다. 결혼식은 과학적으로 유효한 생존의 한 방식이라는 것이 신경과학적 측면에서 증명됐다.[27] 인간 결속의 신경화학을 연구하는 경제학자이자 신경과학자인 폴 잭은 인간 결속의 신경화학물질 옥시토신을 전문적으로 연구한다. 그는 사람들이 신뢰와 신뢰 가치를 나타낼 때 그들 뇌에서 사회적 결속에 결정적 역할을 하는 신경호르몬인 옥시토신을 더 많이 생성함을 발견했다. 옥시토신은 출산과 수유 중에 다량으로 분비되어 엄마와 아이의 유대를 맺는 데 도움을 주고, 성관계 중 급증해 상대방에 대한 공감과 애정을 키워 파트너와의 결속을 촉진하기도 한다. 잭은 연구의 연장선에서 결혼식 같은 정서적·문화적 관행의 맥락에서도 옥시토신이 분비되는지 살피고자 했다. 그는 예식 전과 맞절 직후에 한 번씩, 총 두 번 신랑과 신부, 친척, 결혼식에 참석한 친구들의 혈액 샘플을 채취했다. 감정이 북받치는 의례가 옥시토신 수치에 미치는 영향을 측정하기 위함이었다. 그 결과 연구 팀의 예상대로 결혼식은 옥시토신 수치를 급격히 높였다. 하지만 모든 사람에게서 상승 폭이 같지 않았는데 신부의 수치가 가장 크게 증가했고, 다음은 양가 부모와 신랑, 그다음은 그밖에 가까운 친구와 친척, 마지막으로 덜 친한 몇몇 친구 순으로 수치가 늘었다. 잭에 따르면 "옥시토신 증가는 행사에 대한 정서적 몰입의 강도에 비례했다."[28] 이러한 효과는 결혼식이 모든 의례 중에서도 가장 오래 살아남은 의식이 된 이유를 보여준다. 상징적인 의미뿐 아니라 그야말로 분자 수준에서 '친족 접착제'를 만들어내면서 부부를 인척 및 새로운 확대된 가족과 묶는 데 도움을 주기 때문이다.

식을 치른 신랑 신부들이 "결혼식날이 도통 기억나지 않는다"고 많이들 이야기한다. (그렇기 때문에 DVD 촬영 옵션을 필수로 결제하라는 또 다른 소비로의 권유가 이어지지만) 사실 기억이 나지 않는다는 것은 결혼식이 의례로서 제 역할을 톡톡이 해냈다는 뜻으로도 볼 수 있다. 심리학자 미하이 칙센트미하이의 연구에 의하면 의례를 수행하는 사람들은 감정 자체는 생생하지만 기억의 세부는 흐릿하다. 이러한 현상을 '지각의 협소화'라고 부르는데 이 정신 상태는 어떤 행동에 푹 빠졌을 때 마음이 주변의 모든 세부 사항을 걸러내어 그 경험에 무조건 흡수되도록 한다.[29] 사람들은 동작 자체가 목적이 되는 것을 느끼며 시간 감각이 사라지고 다른 것은 아무것도 중요하지 않을 만큼 현재 순간에만 전적으로 집중한다. 쉽게 말해 '몰입'이다. 식에 몰입한 부부들은

259

세부적인 것들을 기억하지 못한다. 이처럼 현대화되고 자본화된 결혼식일지라도 많은 사람들이 모인 자리라는 그 자체만으로도 하나의 의례로서 분명 기능하고 있다. 그러니 어깨 너머로 흘러내린 머리카락, 눈물로 무너진 메이크업, 어느 하객의 아이보리색 원피스, 친하다고 생각했던 친구의 축의금 액수가 너무나도 신경 쓰였다면, 그것들로 인해 의례로서의 결혼식에 몰입을 방해받은 것이라고 볼 수 있겠다. 이처럼 자본은 의례의 몰입을 방해하는 것을 넘어서 껍데기만 남겨 자본주의 사회의 숙주가 되게 했다. 특히 신부는 신부로서 지내는 것이 아니라 웨딩 플래너와 매니저, 디렉터이자 예산 관리자의 역할을 도맡아 하면서 결혼식이라는 의례에 온전히 즐길 수 있는 기회마저 너무도 쉽게 빼앗겼다.

그러나 의례의 중요성을 인정하는 것과 별개로, 많고 많은 의례 중 '결혼식'이라는 의례에 어마어마한 시간과 돈을 쓰는 이유에 대해서는 설명이 조금 더 필요하다. 결혼식에 관해서는 동서고금을 막론하고 패닉에 가까울 정도의 소비를 해내는 이유는 무엇일까? 그 면모를 파악하기 위해 결혼의 반대편에 서 있는 제도, 이혼을 함께 들여다보자.

이혼식을 위한 피부 관리는 없다

이혼은 분명 일생일대의 사건이다. 그런데도 진행되는 의례가 없다. 모든 시기의 모든 문화권에 정교한 결혼 의례가 있는 것과 달리 이혼 의식은 드물다. 이혼은 신분과 상황이 크게 변화하는 사건임에도, 순전히 법적 절차로만 남아 있다. 그것의 상실감은 누군가의 죽음에 준하는 것이라 여겨지는데도 그렇다. 디미트리스 지갈라타스는 "사실상 거의 모든 문화권에서 이혼은 전용 통과의례가 없는 유일한 일생일대의 전환일 것이다."라고 이야기하며 그 배경으로 역사적인 이유를 꼽았다. 이혼은 사실 20세기에 들어서 폭증한 비교적 새로운 사건이다. 그 전에는 보수적인 문화 규범, 종교와 법의 규제, 여성의 복속으로 인해 자발적 별거와 이혼이 거의 불가능했다. 이혼을 할 때 입는 옷, 공동체의 의식, 예의범절이 자리 잡지 못한 이유다.

그러나 일생일대의 전환을 법적 절차만으로, 그리고 어떠한 의식 없이 혼자서 해나가는 것은 무리다. 그래서 종교 시설과 세속 단체가 참신한 이혼 의식을 서둘러 만들어내고 있다. 예컨대 일본에서는 과거 폭력적인 남편에게서 벗어나려는 여성에게 피신처를 제공하는 비구니 절이 있었는데, 이 사찰은 오늘날 여성에게 불만을 적은 종이를 사찰의 수세식 변기에 흘려보내는 이혼 의례를 제공한다. 부부가 서약을 무르는 동안 몇몇 친구와 친척이 결혼반지를 부수는 이혼식을 치르기도 한다. 미국에서는 자본주의식 의례가 등장했다. 바로 '이혼 코치' 혹은 '이혼 플래너'의 등장이다. (결혼식의 흐름과 같이 가지 않기를 진심 다해 바랄 뿐이다.) 이혼식은 아주 간단할 수도, 대단히 성대할 수도 있는데 그 형태에 상관없이 목적은 '전환을 돕는 것'이다. 이혼식을 통해 둘에서 혼자가 된 부부는 결혼 생활의 끝을 마음껏 슬퍼하거나 기뻐하며 변화한 신분을 받아들일 기회가 주어진다.

이혼식을 생각해 보면 그 과정에서 승모근 주사를 맞는다거나, 피부 관리를 받는다거나, 이혼식 테이블에 걸어둘 사진을 찍기 위해 드레스숍 투어와 드레스 투어를 다니는 것이 상상되지 않는다. 결혼할 때는 신성시하던 제품(결혼 예물, 사진첩 등)을 이혼 소비자는 세속시하며, 그 대신 새로운 소비 패턴을 형성(자아의 강조, 자율성 회복 등)하는 특성도 발견된다.[30] 두 사람의 결합은 전 세계 패션 화보에라도 실을 듯이 풀소비, 풀소유를 하면서도, 이혼을 기념하는 단독 촬영 패키지는 없다. 결국 결혼식에 대한 집착적인 소비는 정상성에 대한 중독적인 탐닉에 가까운 것 아니었을까.

의례 중에서 현대까지 가장 잘 살아남은 것을 두 개 꼽으라면, 경사와 조사의 대표 주자 결혼식과 장례식을 꼽을 수 있을 것이다. 흥미롭게도 오늘날 인간관계가 갈리는 중요한 시기로 이야기되는 바로 그 행사들이다. 그래서일까. 우리나라에서 장례 상조 서비스를 제공하는 보람상조는 웨딩 서비스도 제공한다. 의례가 결혼식이든 장례식이든 상관없이 비슷한 방식으로 굴러간다는 것을 가장 잘 알아챈 것이 아닐까 싶다. 가장 기쁜 일과 가장 슬픈 일, 의례를 치르는 사람의 감정선에서 바라보면 받아들이기 어려울 수 있지만 의례 대행 서비스를 제공하는 기업 측면에서 바라보면 두 서비스를 한 업체가 관리하는 것만큼 효율적인 것은 또 없을 것이다. 상조 보험이 '언젠가 생길 일에 잘 대비하자' 하는 성격이라면 상조 웨딩도 마찬가지다. 어차피 언젠가 할 결혼이라면 보험처럼 미리 가입해 두고 매월 대금을 납부하여 이후 추가 금액 없이 패키지 상품을 이용할 수 있는 방식이다. 보험 가입자들은 기존 상조 상품의 계약을 유지하면서 웨딩 관련 비용을 추가하여 지불하거나, 아예 상조 상품 계약을 종료하고 웨딩 상품으로 전환하여 이용할 수 있다.

의례의 욕구는 원초적이며 인류 문명에서 중추적 역할을 했다. 앞으로도 그럴 것이다. 모든 종류의 의례는 영문 모를 행위와 목표의 괴리에도 불구하고 수천 년 동안 이어져 왔다.[31] 그러나 그러한 의례가 현재를 살아가는 사람들의 삶을 더욱 궁핍하게 만든다면, 그것은 다시 반추해 보아야 할 것이다. 인도의 NGO인 진보적마을사업과 사회복지연구소는 전체 인도 가정의 60% 이상이 자녀의 결혼 자금을 대기 위해 대금업자에게 의존한다고 추산한다.[32] 터무니없이 높은 융자를 보증할 수단이 없는 사람들은 종살이로 들어가기도 한다. 악습으로 남아 있는 비싼 신부 지참금 때문에 1시간에 한 명 꼴로 인도의 신부들이 죽어가고 있다. 본질을 잃은 의례는 자원 낭비, 환경오염, 불평등, 여성 인권 핍박 등의 모습으로 우리 곁에 남아 있었다.

반복의 미덕

의례는 공동체를 기반으로 이루어진다는 특징 외에도, 특정 행동이 반복적으로 수행된다는 것에 의미가 있다. 의례는 사회에서 쌓인 습관을 무의식적으로 반복하면서 인간의 불안을 해소하고 공동체 의식을 강화한다. 뇌는 끊임없이 정보를 처리해야 하기 때문에 108번의 절을 올리거나, 가슴과 얼굴을 오가며 성호를 긋는 등의 반복적인 행동은 스트레스와 불안을 돕는 인지 장치로 기능한다. 그러나 지금 의례에서 그 자리를 꿰차고 반복되고 있는 것은 소비다. 그리고 그 소비는 우리를 속박하고 착취하는 방식으로 취해지고 있으며, 우리가 살아가는 생태계를 빠른 속도로 망치고 있다. 이를 정녕 의례라고 말할 수 있을까?

지금까지 글을 써오면서 '통과의례'라는 말을 많이 해왔는데 학자들이 정의한 통과의례에 대해 살펴보자. 통과의례는 생애의 주요 단계와 변화를 표시하는 행사를 기술할 때 사용된다. 그중에서도 인류학자 아르놀드 방주네프는 모든 통과의례가 비슷한 구조를 따르고 비슷한 역할을 한다는 점에 처음으로 주목했다. 그는 통과의례의 세 단계를 다음과 같이 정의했다.

○ 첫째, 입문자가 이전 생활 방식과 상징적으로 분리되어 새로운 정체성과 지위를 향해 나아가기 시작한다.
○ 둘째, 흔히 '경계' 단계라 불리는 이 단계는 입문자가

이전 지위를 떠났으나 아직 새로운 지위를 얻지 않은, 다른 두 단계 사이의 과도기다.

○ 셋째, 과도기가 끝나고 입문자가 새 사람으로 사회에 다시 합쳐진다.

예컨대 학생은 졸업식을 통해 사회인이 되고, 민간인은 입소식을 거쳐 군인이 되며, 고인은 장례식과 조사弔事를 통해 조상이 된다. 졸업식, 입소식, 장례식은 각 단계에 필요한 통과의례인 것이다. 이는 단지 새로운 상태로의 전환을 축하하는 것이 아니라 사회적 관점에서 새로운 상태를 창출해 내는 장치로 역할한다.

오늘날 웨딩은 이 구조를 빌리되, 의미를 생산하는 반복 대신 옵션을 고르는 메뉴판으로 대체됐다. 반복적인 의식의 고요와 집중이 사라지고 견적표와 추가금이 자리를 채웠다. 카를 마르크스의 말처럼 "인간은 자신의 역사를 스스로 써나가지만, 자신이 선택한 상황에서 자유롭게 써나가는 게 아니라 이미 주어져 있고 예로부터 전해져 온 상황 아래서 쓸 따름"이었다.[33] 우리는 마치 자신의 주도적인 생각과 계획 아래 척척 **자유**롭게 써나간다고 착각하고 있을 뿐이었다.

의례는 원래 인과적으로 불투명하다. 그러니까 결혼식장에 먼저 도착한 화환들이 결혼식 진행은커녕 살림살이에도 도움이 되지 않더라도 그 인과관계가 불투명한 것을 구태여 주고받는 것이 하나의 의례가 된다면, 그 의례는 인간

265

을 인간답게 하는 것이라고 볼 수 있다는 것이다. 하지만 그렇다고 모든 것이 '의례'라는 이름을 가질 수는 없다. 의례에 반드시 다양한 소비가 있어야 하는 것도 아니다. 의례는 정확하게 집행되어야 하며 그 수행을 위해 반복되는 상징적 행위를 포함해야 한다. 예컨대 돌아가신 할머니에게는 두 번의 절을 하고, 세뱃돈을 받기 위해서는 절은 딱 한 번 하고 반배로 정중히 인사해야 한다. 인과관계도, 이유도, 경제적 가치도 없는 이 '쓸모없는' 절 두 번과 인사는 분명 우리의 일상을 위로하고 각박한 삶에 의미를 불어넣어 준다.

몇 년 전 사랑하는 할머니가 돌아가셨을 때 나는 그 모든 의미 없는 반복적인 행위의 의미를 비로소 깨달았다. 사람들은 할머니의 사진 앞에서 두 번 하고도 반을 절했고, 나에게는 한 번 하고 반을 절했다. 반대로 나에게 두 번 하고 반을 절하고, 할머니에게 한 번하고 반을 절해도 되는 일인데도 꼭 모두가 똑같은 행위를 반복했다. 향 끝에 불을 붙여 빙빙 돌려 꽂았다. 빈소 앞에는 명복을 비는 글귀가 담긴 화환들이 전국 방방곡곡에서 전해져 와 있었다. 평소 '이런 형식적인 것들이 다 무슨 의미가 있나 다 버려지는 쓰레기일 텐데……' 생각했을 나는 조악한 플라스틱 꽃이 만들어낸 위로의 힘을 인정할 수밖에 없었다. 공장에서 찍어낸 듯한 화환이라도 없으면, 두 번 하고도 반배를 하는 그 10여 초간의 묵례가 없으면, 장례식장은 삶에 대한 허무함이 공포감으로 번지기 쉬운 곳이라는 것을 깨달았다. 천천히 어떻게든 뭐라도 하며 사랑하는 이를 떠나보내야 했다.

생일도, 결혼식도, 장례식도, 그저 매일 똑같은 모습으로, 가장 효율적인 방법으로 살아간다면 그게 어떻게 '사람 사는 것'이라고 할 수 있을까? 그 안에서 우리는 어떻게 충만히 기뻐하고, 축하하고, 슬퍼할 수 있을까? 의례는 인간을 인간답게 하는 필수 사회·문화적 구성 요소라는 말에 이제야 고개가 끄덕여진다. 먹고 입고 사는 의식주만큼이나 꼭 필요한 것이 사람 간의 약속, 의례다. 『리추얼의 종말』에서 한병철은 "장례식은 니스 칠처럼 피부 위에 덮여 사랑하는 사람의 죽음 앞에서 피부가 참혹한 슬픔의 화상을 입지 않게 보호해 준다."고 했다.[34] 이런 보호 장치로서의 의례가 사라지면 삶은 완전히 무방비가 될 것이다. 그러니 두 사람이 옷을 깔끔하게 다려 입고 손을 맞잡으며 같은 곳을 바라보고 걸어가는 예식 역시, 그것이 아무리 고리타분하고 시대착오적인 방식이라 할지라도 인간으로 태어난 우리에게 필요한 감동과 기쁨의 의례 역할을 분명히 한다.

그러나 현실은 정반대로 가고 있다. 자본이 의례를 잠식한 것을 넘어, 자본이 의례를 만들어내기 시작했다. 삼겹살데이, 빼빼로데이, 밸런타인데이 같은 날을 만들어 소비한다. 사랑하는 마음을 증명해 내기 위해서. 사회학자 권오헌은 이러한 '데이 마케팅'이 유행하는 배경에는 낭만적 사랑과 연애혼의 위기가 있다고 지적했다. '사랑 자체'가 애써 추구해야 하는 기획이 되었다는 것이다.[35] 물론 사랑뿐 아니라 중요한 시험, 대학수학능력시험을 100일 앞두고는 수험생들의 불안을 해소하기 위해 반드시 찹쌀떡을 먹도록 유도하기도 한다. 이때 찹쌀떡은 의례용 찹쌀떡이 되기 때문에 최소 세네 겹의 과대 포장으로 쌓여 있다.

애초에 의례는 화폐를 쓰는 인간만의 전유물도 아니다. 예컨대 몇몇 해양 포유류는 죽은 동족을 며칠 동안 데리고 다니거나 그를 에워싸고 일제히 헤엄치면서 애도 의식을 치른다. 코끼리는 죽은 구성원에게 흙을 뿌리거나 잎과 꽃으로 덮어 매장한다. 죽은 동족을 애도하고 경의를 표하는 의례를 거행하는 코끼리의 사례도 보고된 적 있다. 그러니 결혼식이라는 의례에서 필요한 것이 꼭 드레스로 흉부를 꽉 조여 신부를 숨 막히게 하는 것은 아닐 것이다. 결혼 지참금에 대한 부담으로 1시간에 한 명의 신부가 죽어나가야 할 일은 더더욱 아니다.

보통 전통 의례는 변화에 저항한다. 하지만 지속성, 반복성, 그리고 그것에 담긴 진심이 이어진다면 새로운 상황에 맞게 충분히 조정될 수 있다. 예컨대 코로나19 당시, 우리는 같은 자리에 모여 이야기를 나누지는 못했지만 가상 장례식을 통해 추모했다. 결혼식에는 50명 이하의 손님밖에 부르지 못했지만, 라이브를 통해 생중계하고 댓글창을 통해 축하하는 이들이 서로 대화를 주고받으며 새로운 형태의 결혼식이 진행되기도 했다. 의례는 사라지지 않았다. 단지 형태만 바뀌었을 뿐이다. 그러니 저출생과 기후위기, 양극화의 문제가 실제로 사람들을 죽음의 문턱으로 내몰고 있는 지금, 우리의 결혼 풍습도 달라질 수 있다. 아니, 달라져야 한다.

268

의례에는 많은 시간과 에너지가 들어간다. 이렇게 낭비적인 행위가 사회적 동물 사이에서 남아 있는 이유는 근본적으로 는 의례가 "사용자가 불분명한 수단을 통해 바람직한 결과 물을 얻게 해주는 정신적 도구"이기 때문이다. 의례를 통해 짝짓기와 가족 결속을, 상실과 불안 극복을, 협력과 사회조 직을 구성할 수 있다. 이러한 관점에서 가장 지적인 동물이 누구보다 의례화된 동물이기도 하다는 사실은 전혀 놀랍지 않다.

프랑스 철학자 조르주 바타유는 인간을 본질적으로 낭 비하는 존재로 정의한다. 소비의 본질은 잉여의 해소일진대, 모든 생산된 에너지가 반드시 유용하게 사용되어야 한다는 전제 자체를 부정한다. 사치스러운 낭비, 비생산적인 소비 가 문명과 정신의 핵심 동력이라고 본다. 이러한 주장은 실 제 사례로도 확인할 수 있다. 북아메리카 태평양 연안 북서 부의 여러 토착 부족은 '포틀래치' 의식을 행했다.[36] 공동체 의 부유한 권력자가 출산, 결혼, 장례, 양도 의식 등 중요 행 사를 개최할 때 하는 호화로운 잔치다. 주최자는 참석자에 게 값비싼 선물을 주는데, 포틀래치라는 단어 자체가 치누 크어로 '주다'라는 뜻이라고 한다. 역사상 이런 포틀래치는 추장들 사이에서 전면적인 경쟁이 되기도 했다. 그들은 귀 중품을 거저 주거나 심지어 모닥불에 던져 넣어 파괴하면 서 자신의 힘을 과시하고자 했다. 극단적인 경우에는 마을 전체를 불태우고 노예를 희생시키기도 했다. 이런 포틀래치 의식은 1885년 캐나다 정부에 의해 금지됐다. 그러나 현대 자본주의 사회에서도 이러한 포틀래치는 여전히 남아 있다. 상류층이 공개적인 자원 낭비로 권력과 사회적 지위를 드러내려는 시도는 심심치 않게 관찰할 수 있다.

장 보드리야르는 "낭비가 없어지거나 사라지기를 바라는 것은 환상"이라고 지적한다. 우리는 자연의 변화무쌍한 환경과 사건에 약간 저항할 수 있도록 신체에 있는 지방, 정신 깊은 곳에 새겨진 기억과 같이 '남겨놓은' 자원들을 사용했고, 산업은 우리가 살아남은 모습을 그대로 모방한 것일 뿐이다. 그러니 체계 전체를 새롭게 방향 잡는 것이 바로 '낭비'라고 장 보드리야르는 역설한다. "지금까지 모든 사회는 엄밀하게 필요한 것 이상으로 항상 낭비하고 탕진하고 소모하고 소비하였으며, 개인이나 사회가 생존하는 것을 넘어 진정으로 '살고 있다'는 것을 느끼는 순간은 초과분과 여분을 소비할 때다."

이때 의례에 필수적으로 동반되는 낭비적인 요소는 어떻게 바라봐야 할까? 전통 혼례라고 묶기에는 그 형태가 워낙 다양하나, 그중에서도 1960년대 마을에서 식사까지 모두 순비하던 시기를 살펴보자. 전통의 상징인 '함' 또한 그러했다. 함 속에는 재물을 뜻하는 노랑 콩, 화목을 상징하는 목화씨, 자손 번창을 기원하는 차조, 절개를 상징하는 차씨가 정성스레 담겼다. 부모가 자식의 앞날에 바치는 기도이자, 물질 너머의 염원이 깃든 상자였다.[37] 천이 귀하던 시절, 가장 좋은 천으로 은수저와 은반상기를 한 묶음, 한 묶음 포장하는 행위는 허영이 아니라 '마음의 표현', 즉 풍요롭지 않던 시대가 만들어낸 정성의 미학이었다.

국수는 장수를 기원하며 대접하는 귀한 음식이었다. 먹고사는 게 어려웠던 시절, 신랑 신부와 그 가족들은 소중한 사람들이 이날 하루만큼은 배불리 먹었으면 하는 마음에서 귀한 닭과 돼지, 심지어 소까지 잡았다. 큰 가마솥을 내어 불을 팔팔 때며 끓여낸 국수를 손으로 적당히 잡아 끊어내 잔치국수를 준비했다. 그런데 이제 '잔치'국수를 먹는 것은 어떠한 예외 상황도 아니고, 쾌활한 사교도 아니며, 격한 감동도 더더욱 아니게 됐다.

문제는 시대가 바뀌며 '낭비의 본질'이 변했다는 데 있다. 공동체적 정성과 노동이 사라진 자리에 돈으로 대체된 편리한 낭비가 들어섰다. 손수 싸던 천은 백화점 포장 리본으로, 마을의 품앗이는 웨딩 업체의 견적으로 대체됐다. 의례의 본질은 사라지고 '지불 능력'이 신앙처럼 떠받들어지는 시대가 되었다. 낭비 그 자체가 사라져야 하는 것은 아니다. 사라지지 못할 것이다. 다만 무엇을 위해, 누구를 위해, 무엇을 기꺼이 낭비할 것이냐를 다시 물어야 한다.

이쯤에서 오늘날 부릴 수 있는 진정한 '사치'는 무엇인가 생각해 본다. 과거에는 천 한 필이 귀했지만 마음은 넉넉했다. 오늘날은 천은 고사하고 일회용 꽃다발과 드레스까지 넘치지만 마음은 가난하다. 그러므로 지금 마음껏 낭비해야 하는 것은 천 조각이 아니라 소중한 마음이고 관계 아닐까?

271

이 역설을 넘어설 때 우리는 비로소 풍요와 축하의 새로운 정의를 쓸 수 있을 것이다.

더 나아가 보면 모든 소비로의 도피, 드러냄과 과시로부터의 도피도 사치가 될 수 있다. 진정으로 살아가고 있다는 것을 느끼는 순간을 어딘가에 드러내지 않고 감추는 것. 자신의 얼굴, 취향, 사생활, 가치관, 심지어 가족 얼굴까지 모두 드러내고 그것이 곧 자본이 되는 시대에, 어쩌면 그 모든 것을 드러내지 않는 것이 가장 큰 사치인지도 모른다.

작가 아키코 부시는 책『존재하기 위해 사라지는 법』에서 '사라지는 행위'를 단순한 무관심이 아니라 정신을 맑게 유지하기 위한 선택으로 보았다. 그는 눈에 띄지 않는 것이 수치가 아니라 현대사회와 환경 속에서 자신을 지키기 위한 하나의 전략이라고 말한다. 깊은 침묵을 통해 우리는 비로소 내면적이고 자기만족적인 노력을 기울일 수 있고, 그럴 때 우리는 소모되기보다 오히려 더 많은 걸 얻을 수 있다고 강조한다.[38]

우리는 지나치게 풍요로워진 물질에 집착하거나 그것을 낭비하는 대신, 귀하고 소중한 존재와 관계의 힘을 마음껏 누릴 줄 알아야 한다. 우리에게 진정 필요한 것은 경외심이다. 여덟 개의 다리를 교차하며 걸어가는 거미, 지구 어디에서도 볼 수 있는 작고 아름다운 달의 움직임. 이러한 장면을 관찰할 때 우리는 우리가 더 넓은 인간 공동체이자 지구 생명체의 일부라는 사실을 새삼 깨닫게 될 것이다.

그러니 결혼식을 준비하다 너무 지치고 버거워진다면

바닥을 지나가는 개미 한 마리나 천천히 흘러가는 구름을 바라볼 여유를 가져보면 어떨까. 혼란스러운 우주에서 먼지보다 작은 두 인간이 인연이라는 이름으로 만나 평생을 약속한다는 사실 자체에 경외심을 느낄 수만 있다면 어떤 형태의 결혼식이어도 좋을 것이다. 화려한 웨딩드레스와 디즈니 노래에 맞춘 계단 입장, 손님들을 위한 코스 요리가 없어도 말이다.

사실 신부들은 이미 알고 있다. 결혼식이 끝나고 어땠냐는 질문에 한 친구는 이렇게 말했다. "너도 나중에 해보면 알 건데 정말 사람이 다 더라고. 서운한 것도, 너무 기쁜 것도 결국 다 사람이야. 준비할 때는 스드메다 뭐다 너무 피곤하고, 다 하기 싫고, 이게 다 무슨 의미가 있나 싶었거든. 결혼식 당일도 너무 정신없을 거라고 하도 얘길 많이 들어서 별로 기대도 안 됐어. 근데 결혼식을 마치고 나니까 결국엔 사람들이 내 결혼식에 이렇게 축하해 주러 왔다는 게 너무 고마워지더라. 당일에 노래가 틀리고, 뭐 사회가 어떻고, 이런 건 그냥 아무것도 중요한 게 아니더라고."

4

그럼에도
결혼

"심장이 너무 뛰어." 결국 그날이 오고야 말았다. 새하얀 백지 앞에서 결혼식을 비판하는 글을 망설임 없이 써 내려가던 내가, 새하얀 드레스와 베일을 입고 떨리는 마음으로 결혼식 단상에 섰다. (주택을 개조한 작은 식장이라 단상은 없었지만 마음만은 어디에라도 오른 듯한 느낌이었으니 단상이라고 해두자.) 이것도 저것도 문제라며 목에 핏대를 세우던 나였지만, 정작 식을 며칠 앞두고는 어울리는 중고 드레스를 찾겠다며 장대비를 뚫고 돌아다니곤 했다. 소중한 사람을 모두 초대하지 못하는 소규모 결혼식을 결심한 것을 후회하기도 했다. 그런데도 결혼 당일, 식을 마치며 단전에서부터 벅찬 감동과 충만한 행복이 차오르는 것은 정말 의외였다. 하라는 소비를 안 했음에도 꾹꾹 채워진 것이 분명히 있었다. 그것은 무엇이었으며, 어떻게 채울 수 있었을까?

사실은 우리 모두 '이모님'이 필요했다

"뭐 그런 것까지 해야 해? 머리 정돈? 드레스 정리? 됐어. 난 내가 다 할 거야."

책을 쓰며 자본화된 결혼 준비에 신물이 났던 나는 헬퍼 이모님을 고용하지 않았다. 신랑 신부가 직접 하거나 가족이 도와줄 수 있는 일(드레스를 정리하거나 메이크업, 머리 손질을 하는 일 등)에 모두 '전문가'라는 감투를 씌워 돈을 지불하게 만드는 것처럼 느껴졌다. 당일 이것저것 챙기기만큼은 내 손으로 해보자, 마음먹었다. 그러나 몰랐다. 이 얼마나 오만한 생각이었는가를.

결혼 당일. 예비신랑과 함께 메이크업숍에 쭈뼛쭈뼛 들어갔다. 가뜩이나 화장을 못하는 내가 셀프 메이크업을 하고 식에 들어서는 모습만큼은 도무지 두 눈 뜨고 지켜볼 수 없다며 친언니가 예약해 둔, 무려 청담의 메이크업숍이었다. 맞지 않은 옷을 입는 듯한 불편함이 들면서도 은근한 기대감도 이는 게 솔직한 심정이었다.

그러나 처음 숍에 들어서자마자 아름답기만 한 결혼식의 뒷면을 제대로 목격하는 느낌에 뒷골이 당겨왔다. 아침 7시, 유명한 숍 중 하나라는 이곳은 '메이크업숍'이라는 표현이 무색할 정도로 시장통 같았다. 1층 로비의 아름다운 인테리어와 달리 현장은 발 디딜 틈 없이 혼잡했다. 청담의 좁은 빌딩 세 개 층을 쓰지만 하루 100여 명의 팀(신랑 신부)이 한 숍에서 메이크업을 받으니 그 정도 혼잡도는 당연할

278

수밖에 없었다. 수십 명의 신랑 신부들은 무채색 가운을 입고 건강검진을 대기 중인 환자들처럼 빼곡히 앉아 있었고 가슴팍에는 '웨딩' 혹은 '스튜디오'라는 구분명과 함께 큰 명찰을 달고 있었다. 무전을 찬 스태프들은 지나다니면서 표와 명찰을 확인해 사람들을 이곳저곳에 배치했다. 공장형이 아니라, 공장 그 자체였다.

메이크업 소요 시간은 3~4시간 정도로 안내받았지만 실제 누군가 내 얼굴에 손을 댄 시간을 모두 합쳐보면 1시간 남짓으로 체감됐다. 대여섯 명의 전문가가 나의 피부, 눈, 목과 어깨, 머리까지 세부적으로 나누어 담당해 꾸며주었기 때문이다. 중요한 날인 만큼 다들 잔뜩 예민해진 탓인지 곳곳에서 고성이 오갔다. "지금 몇 시간째 기다리는데 왜 아무것도 안 해줘요? 낸 돈이 얼만데." 눈 화장만 완성된 채로 수십 분을 보낸 신부들이 불만을 토로했다. 인스타그램 릴스 속 차분하고 아름다운 자태를 드러내는 신부는 이곳 어디에도 없었다. 대부분은 자신의 몸을 겨우 비추어 볼 수 있을 정도의 네모난 거울 속을 불안한 눈빛으로 바라보며 자신이 완성되기를 기다리고 있을 뿐이었다. 이렇게 환한 조명 아래 오랜 시간 거울을 보고 있노라면 평소에는 눈치채지도 못한 비대칭, 중안부, 승모근, 눈 밑 지방 등에 수술(은 아니더라도 시술 정도)이 필요하게 느껴질 것 같단 섬뜩한 생각도 들었다. 나의 몸 곳곳은 숍 이곳저곳을 전전하며 결혼식에 어울리는 신부의 모습으로 '완성'되어 갔다. 자신의 결혼식장에서는 누구보다 빛나는 신부이겠지만 여기서는

279

그저 메이크업을 기다리는 신부1 정도가 된다는 것, 그리고 그것을 목격하는 것은 썩 기분 좋은 일이 아니었다. 혹시 이런 공장형 방식이 싫다면 두 배 정도 비싼 돈을 지불하고 같은 숍의 5층 VIP룸을 예약하는 방법도 있다.

그런데 이 치밀한 공장에 한 가지 함정이 있었다. 바로 이모님의 부재였다. 숍에서 만난 스태프들은 "이모님 같이 안 오셨어요?"를 다섯 번 정도 반복했고(다섯 명을 만났기에) 나도 다섯 번 반복하여 "이모님은 안 계시고 혼자 왔어요." 하고 답했다. 그리하여 메이크업을 마치고 헤어를 본격적으로 하기 전, 나와 예비신랑에게는 '드레스 잘 입기'라는 미션이 주어졌다. 메이크업을 한참 기다리는 중인 남편을 컨베이어 벨트에서 빼내 와, 피팅룸에 들어가 끙차끙차 옷을 입었다. 중고 거래로 구매한, 장대비를 뚫고 직접 사올 만큼 마음에 쏙 드는 5만 원짜리 드레스였다. 판매자가 알려준 팁과 인터넷으로 찾아본 정보를 토대로 드레스를 입었다. 집에서 몇 번이나 시뮬레이션해 보았지만, 좁은 피팅룸에서 남편과 둘이 끙끙대는 것이 웃겨 웃음이 터져 나왔다. 예민함과 긴장감만이 있던 메이크업숍에서 처음으로 터져 나온 웃음소리였다. "좋았어! 거 봐, 이모님 없어도 되잖아." 제법 신부다워진 거울 속 내 모습을 보고 우리는 속삭였다.

드디어 숍을 나서려는 순간, 자동문 버튼을 누르기 직전 정확히 네 명의 이모님이 나를 붙잡았다.

"거기 신부님!"

"네? 저요?"

"이래 갈라고요? 하이고. 잠깐 이리 들어와 봐요."

한 이모님은 앞장 서 내 손목을 잡고 빈 공간으로 끌고 가 커튼을 착 쳤다. 옆에 서 있던 이모님도 한마디 거들었다. "안 그래도 아까부터 눈에 띄어서 나도 한 번 봐주려고 했어. 꼬랑지를 빼고 다니면 어떡해." 이모님은 소매를 걷어붙이며 빛의 속도로 손을 움직였다. "우리 신부님이 화장실 가셨으니까 내가 딱 잠깐만 봐줄 수 있어요." 이모님은 먼저 나를 돌려세우고는 우리가 열심히 동여맸던 드레스의 코르셋을 단번에 풀어냈다. 그러고는 입에서 '헙' 소리가 나올 정도로 아주 힘 있게 조여냈다. 운동깨나 한다는 예비신랑에게 "이게 다 조인 거 맞아?" 되물을 때는 절대 느낄 수 없던 압박감이었다. 더 튼튼하게 고정하기 위해 안쪽으로 옷핀까지 서너 개 찔러 넣어주셨다는 것은 식이 끝나고 드레스를 벗을 때서야 알았다. 드레스가 계속 흘러내려 계속 흉곽에 힘을 주고 있던 나는 '어머. 이 옷이 이렇게 편하게 입을 수 있는 거였다니!' 감탄했다. 5만 원짜리 드레스가 50만 원, 500만 원짜리 드레스처럼 보이는 마법을 이모님이 보여주었다.

"신랑이랑 세게 묶는다고 묶은 건데, 이모님이 해주신 게 훨씬 안정감이 있어요!"

"아이고. 신부님. 이게 힘세다고 할 수 있는 게 아니에

281

요. 스킬이 다 있거든. 이따가 또 내려가면, 신랑 말고 스태프한테 도와달라고 해요. 쉬워 보여도 어려운 거 거든."

5분도 안 되는 시간 동안 이모님은 나를 빙글빙글 돌려가며 내 코르셋, 리본, 속치마까지 다듬어주셨다. 그리고 커튼을 열고 나서면서 드레스의 어느 지점을 손으로 집고 다녀야 적당히 예쁘면서도 바닥에 끌리지 않는지까지 말씀해주셨다. 이모님은 "우리 신부님 오실 때 되었다"고 손을 탁탁 털고 나섰다. "이게 예쁘게 보이려고 잡아주는 게 아니에요. 신부 다치지 말라고 하는 거지. 옷 밟고 다니다 넘어지면 정말 큰일 나요. 신부님 오늘 촬영 예쁘게 잘 하세요!"

코끝이 찡해져서 나는 "이모님. 저 울리지 마세요. 정말 감사해요!" 했다. 차마 '저 스튜디오 촬영 아니고 오늘이 본식이에요……'라는 말은 하지 못했다. 스튜디오 촬영을 알뜰살뜰하게 하려고 헬퍼 이모님을 쓰지 않는 신부 정도로 생각하게 두는 것이, 이모님의 속을 편하게 하는 일 같았다. 이모님은 이모님 없이 본식을 치르려는 신부가 있다는 것을 생각조차 하지 못하는 듯했다.

나는 이모님의 대단한 악력, 아니 다정한 손길에 인성할 수밖에 없었다. 알라딘에게 램프의 요정 지니가, 신데렐라에게 호박 마차와 요정님이 필요했다면, 신랑 신부에게는 척척 손과 발이 되어줄 이모님이 필요했다.

다른 신부의 이모님이 마무리해 준 웨딩드레스를 입고

결혼식장에 도착했다. 가족들에게 미리 헬퍼 이모님이나 메이크업 출장 같은 서비스는 없다고 당당하게 이야기해 두었지만 다급한 목소리가 곳곳에서 들려올 땐 눈앞이 아찔했다. 내가 괜한 욕심을 부려서 식을 망치면 어떡하지. 모두를 고생시키면 어떡하지.

"숙모! 나 이거 한복 입는 것 좀 도와줘요."
"고모~ 잠깐 이리 좀 와서 이것 좀 봐줄래요?"

한복을 입으러 들어간 양가 어머님을 돕기 위해 방으로 들어갔을 때 비로소 마음이 놓였다. 이모님이 없다는 소식을 미리 전해 들은 양가 어머님들은, 미리 부탁해 둔 친인척들의 도움을 받아 능숙하게 한복 고름을 슥슥 매듭 짓고 머리 장식까지 마무리하고 계셨는데 얼굴에 웃음이 가득했던 것이다. 결혼식에서 이야기 나눌 일이 없는 양가 친인척 어른들이 이런 것을 핑계 삼아 이야기를 나누는 모습도 보기 좋았다. 그제서야 책에서 글로서 써 내려갔던 결혼식의 의미가 새삼스레 다가왔다. 하나의 공동체 안에서 이루어지며, 모든 사람의 참여와 도움으로 완성되는 결혼식. 이모님이 없던 나의 결혼식은 가부장제, 자본주의, 외모지상주의 등 그 모든 것으로부터 해방되진 못할지라도 자그마한 반란을 꾀하는 시작이 될 거라는 작은 기대가 들었다.

물론 그 과정은 여전히 쉽지만은 않았다. 이제 1시간 후면 새신랑이 될 남자친구가 사색이 된 채 식장을 돌아다니기도 했다. 그의 휴대폰에는 '5초 만에 넥타이 매는 법' 쇼츠가 거듭 재생되고 있는데 황망한 표정으로 "도무지 어떻게 매는지 모르겠다."고 했다. 결국 예비신랑과 나는 식장을 돌아다니며 넥타이를 맬 수 있는 아버님 친구분들에게 도움을 청했다. 어른들은 "새신랑이 넥타이도 못 매냐"며 한마디 하시며 껄껄 웃었다. 물론 내 처지도 비슷했다. 숍을 나설 때부터 삐죽거리는 머리카락 하나가 있었는데 이번엔 나의 초등학교 시절 친구가 나섰다. 2부 헤어 변형 선생님을 부르지 않겠다는 것을 알고 미리 헤어 키트를 가져온, 디자이너가 된 친구였다. 능숙한 솜씨로 머리카락을 고정해 주며 등을 토닥토닥해 줬다. 도움을 받았다는 부채감을 기쁜 마음으로 기꺼이 껴안고 평생 감사한 마음으로 살고 싶다고 생각했다. 부족한 건 서로 돕고 나누면서 그렇게 완성시키고 싶다는, 내 결혼식의 유일한 로망이 주변 사람들 덕분에 실현됐다.

축가는 부모님의 친구분들이 맡아주었다. 전문 축가 가수를 섭외하려면 결혼식 몇 개월 전부터 발 빠르게 움직여야 한다지만, 콘서트도 아닌 이 결혼식만큼은 나의 결혼을 가장 진심으로 축하해 줄 수 있는 이들이 무대를 채워주기를 바라는 마음이었다. 부모님 친구분들께 결혼식 축사를 부탁해야겠다고 결심한 것은 언니의 결혼식 때였다. 언니의 결혼식 때, 그러니까 언니가 신부 대기실에 앉아 눈썹을 이마 위로 치켜뜨지 않으려 노력하며 손님을 환대하는 동안, 나는 언니의 가방순이로서 두 발로 여기저기 뛰어다니며 손님들을 맞이했다. 오래도록 보지 못한 친척 어르신들, 언니의 사진첩에서나 보던 언니의 소중한 친구들을 두 손으로 직접 환대하는 것은 정말 기쁜 일이었다. (식이 끝나고 '가방순이가 적성인가 봐' 싶을 정도로 좋았다.) 그런데 눈을 마주치자마자 눈물이 핑 돌아 시선을 돌려야 했던 얼굴도 있었다. 바로 부모님 친구분들이었다. 어린 시절 우리는 종종 부모님 친구분들, 그리고 나와 비슷한 또래의 그들의 자녀들과 함께 여행을 떠나곤 했다. 모르는 것이 없고 못하는 게 없는 슈퍼맨과 슈퍼우먼처럼 느껴지던 부모님과 부모님의 친구들은, 돌이켜 보면 고작 지금의 내 나이 또래였다. 나는 뭐라도 맡겨놓은 듯이 그들에게 기대어 자랐다. 그들은 결혼을 하고 아이를 낳았다는 이유로 그 막연하고도 비효율적인, 아주 비생산적인 육아의 의무와 노동을 도맡아 해내며 우리를 키웠다. 그러는 사이 세월은 무심하게도 빠르게 지났다. 언니의 결혼식장에 밝은 얼굴로 들어선 그 슈퍼맨들과 슈퍼우먼들의 머리가 희끗히끗 세어 있었다. 체격은 더 왜소해진 것 같았다. 당장 그날 아침까지만 해도 "엄마, 아빠! 여기로 오라니까!" 날카롭게 이야기할 땐 전혀 몰랐던 것처럼 굴었지만 세월이 우리 부모님만 비껴 지나갔을 리 없다. 단지 눈치를 채지 못하거나 외면하고 있었을 뿐. 결혼 축하한다며 인사를 건네오는 부모님 친구들을 보며 그제서야 그간의 세월이 눈으로 보이는 것 같았다. 언제까지고 아이였던 우리가, 이제는 부모가 될 수 있다는 그 전환이 바로 오늘 이 자리에서 시작될 터였다. 그래서 결혼식에는 나의 슈퍼맨 슈퍼우먼들이 축하해 주면 좋겠다고 생각했다. 무대에서 노래를 해본 적도 없는 분들이었지만 완벽하진 않았기에 더욱 완벽했다.

은혜 갚을 결혼식

생각해 보면 결혼식 자체뿐만 아니라 준비 과정에서부터 정말 많은 주변분들의 도움을 받았다. 웨딩 사진 촬영은 친언니와 친구 한 명이 도와주었다. 전문 촬영인이 아니었기에 우리는 분명 고생했다. 게다가 나는 스튜디오 촬영 대신 살고 있는 좁은 집과 근처 공원에서 촬영을 했기에 난도가 더욱 높았다. 하지만 신혼 생활을 시작하며 살았던 집에서 찍은 사진은 시간이 지날수록 오히려 그 가치가 더 커질 것이라는 기대가 있었기에 포기할 수 없었다. 나름대로의 회의를 통해 콘셉트를 정하고 촬영을 이어가는 것이 쉽지는 않았다. 하지만 결혼을 앞두고 친언니와 친구와 함께 촬영을 준비하는 것은, 남편 될 사람을 소개하고 함께 할 수 있는 자리가 청첩장 모임뿐이 아님을 알려주었다. 참고로 촬영에 쓰인 드레스와 신발, 베일, 조화 등 촬영 소품은 모두 숭고 거래로 구매했다 되팔았다. 드레스가 5만 원으로 가장 비싼 제품이었고 모두 다 합쳐도 10만 원도 되지 않는 가격이었다. 카메라는 친구의 것을 빌렸는데 사실 최근(도 아니고 3년 전에 출시된 것이지만) 스마트폰 성능이 워낙 좋아 결과물은 모두 스마트폰으로 촬영한 사진을 사용했다.

　다른 사람의 도움과 은혜를 기꺼이 받은 나의 결혼식은, 존경하는 아티스트 복태와 한군의 '은혜 갚을 결혼식 프로젝트'에서 많은 영감을 받았다. 둘을 처음 만난 것은 2020년 옷 수선 워크숍에 대한 인터뷰를 진행하면서였는데, 그날 우리는 옷보다도 둘의 결혼식에 대한 이야기를 더 많이 나누었다. 2011년 결혼했던 복태와 한군은 모아둔 돈도 안정적인 직업도 없었지만 그럼에도 '결혼'을 할 수 있다는 것을 몸소 보여준 부부다. 심지어 "궁상맞지" 않게, 동시에 평소 그들의 모습대로 "창조적이고 재기발랄"하게![1] 그들은 청첩장 제작부터, 축가, 축사, 촬영까지 모두 주변 지인으로부터 도움을 받아 진행했다. 식이 끝나고 남는 것이 정산 내역, 카드 빚, 공허함이 아니라 잘 살아가며 차곡차곡 갚을 은혜와 감사의 마음뿐이라면, 그것처럼 성공한 결혼식이 또 있을까?

어떻게 '결혼'할 수 있을까

이렇게까지 길고 장황하게, '지겨운 K-결혼식'이라는 그림 뒤에 숨은 사회적이고도 구조적인 문제를 드러내 보았다. "다 알겠는데 그래서 도무지 결혼 준비를 앞두고 무엇이 가장 중요하냐?"고 묻는다면, 조금은 허무하게도 자신만의 기준을 정해두는 것이라고 답하겠다. 모든 문제를 단번에

287

해결할 수 있는 열쇠는 없거니와 관련 법안이나 제도가 자리 잡을 수 있도록 관심을 가지고 청원에 참여하는 것 정도일 텐데(아니면 대통령이 되거나) 모든 것이 당장 개인이 접근할 수 있는 측면도 아니기 때문이다. 그렇다면 지금 당장할 수 있는 것은 뒤늦게라도, 아니 너무 늦지 않게 '나다움'을 찾는 것이다. 폭주하는 경쟁과 성장 중심의 컨베이어 벨트에서 뛰어내려 (아니면 그 위에 올라타 있으면서도 문득 문득) 나다움에 대해 생각해 보자.

나는 나다운 것이 무엇인지 고민하다 몇 가지 기준을 세우기로 했고, 이것이 결혼 준비에 그리고 결혼 이후의 내 삶의 방향을 잡아가는 데 정말 많은 도움이 됐다. 의사 결정 기준을 자기 안으로 가져오면 결정할 것이 너무 많은 결혼식 준비의 난도가 확 떨어진다. 나아가 문장으로 쓰기 민망할 정도로 자명하게 그 기준을 자기 안에 두는 것은, 인생을 살아감에 있어 많은 도움이 되리라 생각한다.

나의 기준을 몇 가지 소개해 보자면, 가장 첫째는 불필요한 자원이나 생명이 낭비되지 않기를 바란다는 것이었다. 따라서 식의 규모를 줄이기로 했다. 100여 명이 겨우 들어가는 작은 주택에서 하우스 웨딩으로 진행했고 그러다 보니 대형 케이터링 회사와 함께하는 컨벤션 결혼식장은 제외됐다. 버려지는 음식을 줄이기 위해 당일 아침까지도 출결 관리에 가장 힘썼다. 탄소 배출의 주범인 육식을 줄이기 위해 비건 메뉴도 준비했다. 꽃 장식을 아예 하지 않고서는 식이 불가한 장소였던 터라 꽃 장식을 최소화해 진행하되 플라스틱 및 일회용 쓰레기가 나오지 않는 형태로 진행했고, 식이 끝나면 하객에게 선물로 줄 수 있게끔 준비했다. 일회용보다는 이회용이 낫겠다는 생각이었지만 취재를 하면서는 그마저의 꽃들도 하지 않는 방식을 끝까지 논의해 봤어야 한다는 아쉬운 마음이 든다. 드레스는 중고 거래 앱으로 5만 원에 구매해 4만 원에 되팔았다. 환경을 덜 해치고 싶다는 기준 외에는, '주체적인 부부가 되고 싶다.', '축하하러 온 사람들과 진심 다해 소통하고 싶다.'는 두 가지 기준이 더 있어 예비신랑과 함께 사회를 맡아 진행했다. 그렇게 말 많고 신난 신부는 처음 봤다는 이야기도 들었으니 꽤나 성공적이었다. 축가 무대로는 노래를 한 번도 해본 적 없는 아빠 친구분들이 합창으로 노래를 불렀고 서울에 한 번도 와본 적 없는 정읍 시골의 강아지 방울이가 견생 처음으로 상경해 화견으로 참여했다. 물론 시골 강아지 방울이는 끝내 버진 로드를 다 걷지 못했고 중도 하차의 결말을 맞이했다. 그러나 그 모든 엉성한 요소가 합쳐져 비로소 '나다운' 결혼식이 완성됐다고 믿는다.

　　그러나 모든 욕망을 초월한 부처님의 마음으로 식을 준비했냐고 묻는다면, 절대 아니었다고 답하겠다. 책을 쓰며 지적한 문제들을 요리조리 피해갈 수 있었다면 얼마나 좋았을까. 키보드 위에서 날아다니듯 날카로운 비판들을 쏟아 내던 말들은 내게 화살이 되어 돌아오는 것 같았다. 고통스러웠다. 소비주의, 외모 강박, 완벽주의 그 모든 것의 유해함을 아는 것과, 그것을 거부하는 것은 어쩜 이리도 다를까?

알고리즘 최적화가 물어다 주는 많은 드레스를 살펴보며 귀신에 홀린 듯 불안이 심어졌다. 당장 이 책을 쓰고 있는 와중에 나의 결혼식에서 촬영한 사진을 받아보았다. 이 책을 쓴 저자로서 명예를 되찾을 수 있는 마지막 기회였는데 또 놓쳤다. 그저 아쉬운 마음이 들었다. '왜 저런 표정을 짓고 있지?', '다이어트를 조금이라도 할걸!' 내 모습을 습관처럼 평가했다. 물론 인간이 지닌 미적 충동, 그러니까 스스로를 아름답게 표현하고 싶은 욕망의 한 형태 자체를 부정할 수는 없다. 그러나 나의 기준으로 치러졌던 결혼식이 잘 담기기만 했으면 그만인 것을, '예쁘게' 나오지 않았다는 이유로 실패했다고 느낄 필요는 전혀 없다.

사실 처음 결혼을 마음먹고 나서는 자주적 결혼식을 준비하기 위해 몇 주 아니 몇 달 동안 덫에 걸린 사슴처럼 발버둥 쳤다. 나는 이를 '진정성 숭배의 함정 시기'라고 회고한다. 모든 요소에 진정성이 담겨 있어야 한다는, 내가 깔아둔 함정이자 덫에 스스로 걸린 것이었다. 비슷한 시기에 결혼을 준비했던 친구와 이야기를 나누다가 대뜸 그는 자신의 목표가 사실은 "더도 말고 덜도 말고 딱 공장형 결혼식을 하는 것"이라고 털어놨다. 충격이었다. 아니, 배신이었다! 그동안 자본화된 결혼식에 대한 비판적인 의견을 나와 곧잘 주고받던 친구 아니었던가. 그가 호랑이의 입인 것을 알면서도 걸어 들어간다는 것처럼 들렸다.

막상 다가오니까 결혼식이 뭐 별거라고. 다른 거 할 일

많잖아. 그냥 최대한 신경 안 쓰고 남들 하는 대로만 딱 하고 싶어. 봐봐, 지금 너 기존대로 안 하려고 엄청 신경 쓰고 있잖아. 그게 결국 우리가 가장 피하려고 했던 거 아니야?

또 충격이었다. 그의 말이 하나하나 다 맞는 말이었기 때문이다. 나는 허례허식뿐인 결혼식이 싫다고 하면서도 새로운 형태의 결혼식을 기획하고 진행하기 위해 누구보다 진땀을 빼고 있었다. 어떤 눈부신 비즈 드레스와 티아라 왕관을 고를까 고민하는 나르시시스트 신부 옆에, 어떤 틀에 박히지 않은 새로운 결혼식을 만들어볼까 고민하는 또 다른 나르시시스트 신부가 등장한 것에 다름없었다. 기존의 것을 탈피해야 한다는 새로운 강박관념에 시달리고 있었다.

소문으로만 듣던 '스몰 웨딩 빅 머니'를 체감하게 된 것도 이즈음이었다. 대학 시절 경제학원론 책에서나 보던 규모의 경제는 자신을 잊었냐는 듯 내게 손 흔들었다. 규모의 경제! 이것은 너무나도 명쾌한 자본주의의 법칙이었다. 대형 웨딩홀의 경우 동시에 여러 식이 진행되기 때문에 음식 준비도 함께 한다. 그러면서 단가는 낮아진다. 하지만 하우스 웨딩의 형식은 단독으로 한 부부만을 위한 뷔페 케이터링을 준비하기 때문에 재료 공급, 요리, 서빙, 폐기 과정에서 '덜 효율적', 그러니까 더 많은 쓰레기와 낭비가 나올 수밖에 없는 구조였다. 전형적인 틀을 벗어나기 위한 시도는 멀고도 험난했으며 또 비쌌다. 동시에 회의적인 생각도 들었다.

291

주어진 대로 신부 대기실에 앉아 있는 하얀 웨딩드레스의 고운 신부는 답습이고, 내가 스스로 발품 손품을 팔아 직접 부케를 만들고 버진로드 꽃을 꾸리는 것은 진정성인가? 평범한 결혼식은 다 가식이고 허례허식이었노라고 그러니 의미 없는 시늉일랑 집어치우고 모두가 모두의 특별한 결혼식을 준비해야 하는 것인가? 의례는 무엇이고, 진정성은 무엇인가?

예식 날 즐거운 에너지를 느끼는 게 좋아 창업을 결심했던 웨딩 디렉팅 업체 대표도 나와 비슷한 고민을 하고 있었다. 그는 심지어 웨딩 업계에 몸담은 지 어느덧 10년이 되어간다고 했다. 고등학교 시절부터 웨딩업에 크게 매력을 느꼈다고. "사실 저는 고등학교 때부터 웨딩홀 아르바이트를 하고 대학에 가고 심지어 취직을 해서도 계속 아르바이트를 했어요. 결혼식은 정말 모두가 즐거운 날이잖아요. 현장에서 즐거운 에너지를 느끼는 게 너무 좋아서 창업까지 했죠. 근데 창업한 지 3년이 되어가는 올해 상반기에는 처음으로 좀 다른 생각이 들었어요."

그 계기가 되었던 것은 문을 커스터마이징해 달라는 한 신랑 신부의 요청을 받고 나서였다. "주택 집을 빌려서 결혼식을 준비했는데 콘셉트에 맞게 각 방의 출입문을 다 교체했어요. 그 정도로 커스텀을 일일이 해줬는데 식이 다 끝나고 철거할 때 보니까 쓰레기가 100리터 종량제 봉투로 수백 개가 나오더라고요. 1톤 트럭을 꽉 채우고 또 다음 트럭을 기다려야 할 정도로요. 그걸 보면서 '이게 다 뭐지?' 싶은 생각이 들더라고요." 그리고 이내 그런 커스터마이징 결혼식의 특징은 신랑 신부가 유튜브나 인스타그램을 레퍼런스로 가지고 온다고 했다. "100% 소셜 미디어의 영향"이라고 답했다. 자신의 개인적인 취미나 취향을 이야기하듯 설명하는 사람은 한 명도 없었어요. 백이면 백, 자신이 봤던 사진이나 영상 중 하나를 골라오는 거죠. 이야기하다 보니 저도 고민이 되네요. 그런 게 과연 진짜 '커스텀'이라고 말할 수 있을까 싶은⋯⋯." 결국 그는 그해 말 예정된 자신의 결혼식은 소위 말하는 '공장형 결혼식장'에서 진행한다고 했다. "만약 웨딩 철거 과정까지 직접 보지 못했다면 저도 제가 원하는 방식대로 하려고 했을 거예요. 근데 그렇게 일일이 커스터마이징을 하면 그 과정에서 버려지는 것이 너무 많더라고요. '나답다'는 생각도 들지 않고요." 그와 나는 같은 고민을 했지만 다른 결론을 내렸다. 결국 자기다운 결혼식은 결과보다도 과정, 형태보다도 의미에서 정의되는 것이다.

싸이월드와 인스타그램, 유튜브의 시대를 살아오며 '결혼 적령기'에 결혼을 결심한 30대 초반의 여성으로서, 동시에 오늘도 침몰 중인 기후위기라는 바다의 한가운데에서 살아가는 평범한 시민으로서, 여러 격동의 마음을 겪으며 결혼식을 준비했다. 말 그대로 '인생에 한 번뿐'인 그날인 만큼, 자본의 힘이 만들어낸 굴레에서 벗어나려 했던 시도는 앞으로의 인생을 살아가는 데 큰 자양분이 되어줄 것이라고 생각한다. 행복했던 그날의 장면들을 머릿속에 떠올려본다. 세상의 기준이 아닌 나의 기준을 다시금 붙들어 본다.

좋은 결혼식을 만드는 단 한 가지 방법

다시 의례와 진정성에 대한 질문으로 돌아와 본다. 결국 결혼을 앞둔 이에게 필요한 것은 자신의 언어를 새로 정의하는 일일 것이다. 나다운 것은 뭘까? 우리는 왜 함께하려고 할까? 함께 꿈꾸는 미래의 모습은 어떤 모습인가? 소중한 사람들 앞에서 손 맞잡고 한 방향을 바라보고 함께 걷는 것, 그게 결혼식의 가장 중요한 요소가 아니었나 싶다. 부부가 함께 걷고 함께 움직이는 것만으로 결속된다는 느낌과 실제 효과를 불러일으킬 수 있다.[2] 그러니 결혼식을 준비 중인 당신이라면 그저 발 맞추어 걷는 것만으로 식을 무사히 치를 수 있을 테니 너무 염려 마시길!

가장 좋은 결혼식은, 자기 자신이 온전히 자기답게 있는 결혼식일 것이다. 치아 미백도, 윤곽 관리도, 키 높이 구두도, 코르셋 드레스도, 모두 없어도 자기답게 진행할 수 있는 그런 결혼식. 결혼식에 노래를 가장 잘하는 사람이 아니라 노래를 가장 진심으로 불러줄 이를 초대해 보자. 내가 축의를 했던 사람, 내게 축의를 할 사람 말고 내가 축의를 했지만 축의는 받지 않아도 되는 사람들을 초대해 보자. 주변에 결혼을 했다는 사람들의 조언을 한 번쯤은 무시해 보자. 기존의 문법에 어긋난 시도들은 당신의 결혼식을 더욱 다양한 색채로 빛내줄 것이다. 그날 하루가 성공했다면, 아니 성공하지 않았더라도 앞으로의 남은 시기에도 부단히 나다운 결정을 이어가 보자. 물론 모든 사회적 교류와 욕망, 계급으로부터 벗어난 고유의 나 자신을 찾는 것은 물리적으로도 철학적으로도 불가능한 것인지는 모르겠다. 하지만 노력하지 않으면 우리가 그 모든 소비와 추구 끝에 마주하게 될 결과는 자아의 상실, 생태계의 파괴일 뿐이다.

이미 두 사람이 서로 손을 맞잡은 것으로 충분하다. 웨이브를 넣은 머리카락이 자연스럽게 흘러내리지 않아도, 바지 주름을 지우기 위해 사설 업체에 추가 보정을 넣지 않아도, 결혼식 입장할 때 터져 나오는 울음을 감추고 미소를 유지하지 않아도 괜찮다. 책을 쓰며 만났던 모든 신부들은 이미 답을 알고 있었다. 신부들에게 기억에 남는 결혼식을 묻자 완벽하게 예쁜 티아라를 쓴 신부, 눈부시게 아름다웠던 베일을 썼던 신부를 기억하는 사람은 없었다. 아버지가 써준 편지, 신랑 신부가 서로 주고받은 진심 어린 편지, 둘의 인연을 소개하는 영상 등이 언급됐다. 피부 관리에, 웨딩 네일에, 승모근 주사에 목숨을 걸지 않아도 되는 이유다.

저마다의 기준대로 결혼을 하게 되면, 아마 소비는 줄어들 것이다. 그럴 때 내가 듣게 될 질책이 있다. 소비를 멈추면 경제가 다 망한다는 우려다. 내가 『옷을 사지 않기로 했습니다』라는 책을 내고 햇수로 7년째 옷을 사지 않으면서 꾸준히 받은 지적이기도 하다. 소비 안 하면 경제가 망할 텐데? 소비는 오늘날 자본주의의 기본 원칙이자 도덕이고 윤리다. 1981년 영국 찰스 왕세자와 다이애나 스펜서의 결혼식에는 세계에서 가장 가난한 일부 국가의 연간 총생산보다 더 많은 비용이 들었다고 한다. 2025년 아마존 창립자 제

프 베이조스 결혼식 비용만 최소 약 624억 원, 경제적 효과
는 1조 5000억 원으로 베네치아 연간 매출의 68% 해당한다.
그러나 나의 결혼식은? 웨딩 플래너를 고용하지 않았으니,
헤어 변형 선생님을 모시지 않았으니, 꽃 장식을 최소화하
고 싶다고 하였으니, 심지어 뿌린 돈을 거둘 수 있었던 부모
님의 단 하나(사실 언니가 있기 때문에 단 둘)의 찬스를 '스몰
웨딩'이라는 이유로 초대하지 못했으니, 돈이 되지 않는 야
속한 결혼이었다.

　　자본주의 사회에서 돈을 돌게 하지 않는 것에 대하여
생각해 본다. 돈은 돌아야 돈이다. '돈'의 어원에 대해서는
여러 이야기가 있는데 '돈다'는 말에서 유래했다는 민간어
원설이 유력하다. 미국 주간지 《타임》은 "선풍기를 에어컨
으로 바꾸는 시민들의 힘으로 경제가 성장했다"고 찬사를
남겼다. 그러니 기본금만 지불하고 소비하지 않는 결혼식은
분명 경제성장을 저해하는 행위일 거다. 그렇다면 결혼식을
소박하게 진행하려는 것, 그러니까 불필요한 지출을 최대한
줄이고 낭비를 하지 않는 것은 옷을 사지 않기로 했을 때 겪
은 것처럼 미덕이라기보다 자본주의 상도덕을 어기는 파렴
치한에 더욱 가깝다.

　　그런데 돈이 팡팡 돌아가는 지금, 우리는 삶을 잘 살고
있는가? 선진국 아이들은 글루텐이 없는 빵과 제로콜라를
먹으면서 비만 치료제 위고비를 처방받는 동안, 개발도상국
의 아이들은 음식물 쓰레기 더미를 뒤지면서 살점이 붙어
있는 닭뼈를 찾아 긁어 먹는다. 케냐에서 매일 수천 명의 여

성과 어린이가 쓰레기 매립지에서 전자 폐기물을 주워 생계를 이어가는 동안, 우리나라에서는 멀쩡한 전자 기기를 새 제품으로 바꾸기 위해 애플 매장 앞 줄이 끝도 없이 늘어선다. 행복을 논하는 것이 너무나 추상적이라면 숫자를 살펴보자. 불평등이 이토록 심했던 적은 없다. 옥스팜의 「2024년 세계 불평등 보고서」에 따르면 전 세계 부의 절반 이상이 상위 1%에게 집중되어 있으며, 하위 50%의 인구는 전 세계 부의 0.7%만을 소유하고 있다. 기술과 자본이 모든 문제를 해결해 주리라는 낙관주의가 세상을 지배하는 동안 우리의 삶은 저마다의 이유로 빠르게 불행해지고 있다. 합리적 소비와 성장만능주의의 허상도 지울 수 없는, 우리가 살아가는 현실의 모습이다.

　마지막으로 결혼을 앞둔 신랑 신부를 위해 소개하고 싶은 심리학 개념이 있다. 상황을 여러 시각에서 살펴보는 능력을 '인지적 유연성'이라고 일컫는다고 한다. 심리치료사 에스터 페렐은 이를 '이야기 재구성' 능력이라고도 표현한다. 당신이 만약 결혼식 준비에 본격적으로 돌입했다면 플래너, 그러니까 업계의 시선에서 결혼식을 바라보고 있을 가능성이 높다. 이때 한 발자국 뒤로 물러나 지금 돌아가고 있는 상황에 대해 질문해 보자. 그 누구도 아닌 나의 결혼식이라는 사건을 나의 시선에서 재구성해 보자.

　○ 무슨 결정을 하고 있는가?
　○ '이건 꼭 해야 해'라고 느끼는 순간, 그 믿음의 근거

는 어디에서 오는가?

○ 이것을 하지 못한다고 했을 때 발생할 수 있는 가장 최악의 상황은 무엇인가?

○ 지금 내가 느끼는 불안은 실제의 문제인가, 아니면 비교에서 비롯된 것인가?

○ 이 일을 완벽히 해내는 대신 '적당히 만족스러운 수준'으로 멈춘다면 어떤 문제가 생길까?

○ 이 결정이 나의 결혼 생활에 단기적, 중기적, 장기적 차원에서 구체적으로 어떤 영향을 미치는가?

○ 10년 후의 내가 이 순간을 돌아본다면 지금의 고민을 어떻게 볼까?

세부적인 투두 리스트에 숨겨진 그림자를 마주하는 데 도움이 되리라 믿는다. 만약 스스로 질문해서 답하기가 어렵다면, 아래의 세 가지 가이드만 참고해 보아도 좋겠다.

○ 선택은 어렵다. 선택할 것을 만들지 말자

신부들은 해야 할 일과 하지 않아야 할 일을 구분하지 않는다. 일단 무조건 뛰어들고 그 안에서 어떻게 하면 더 잘 할지, 더 효율적으로 할지 고민한다. 그러나 그러한 선택들은 더 많은 선택들을 요구하고 의도치 않은 결과를 야기한다. 과감히 '하지 않을 일'에 대해 선택하라.

○ 무엇을 할지 고민하지 말고 왜 하는지를 고민하라

선택을 하기로 마음을 먹으면 그것은 너무나 어려운 일이다. 당장 스냅 1인 작가냐, 2인 작가냐를 고민해야 할 때는 이미 너무 늦었다는 뜻이다. 그 많은 선택지가 내 눈앞에 다가오기 전에, '스냅을 왜 찍어야 하는지' 한번 물어보라. 오래도록 꿈꿔온 로망이었는가? 그 로망은 어떻게 만들어진 것인가? 그 로망이 지켜지지 않았을 때 가장 두려운 것은 무엇인가? 사람들의 평판인가, 나의 존재 가치가 훼손되는 일인가?

○ 일상의 화폐 단위로 치환하라

결혼 시장에서 10만 원은 아무것도 아닌 돈이 된다. 100만 원 단위를 논하고 있는 와중이니 그렇게 느껴진다. 가격대가 낮게 형성된 상품의 가격은 조금만 올라도 구매자가 이를 눈치채지만, 높은 가격의 경우 어느 정도 올라도 구매자가 이를 알아차리지 못하는 베버의 법칙이 웨딩 업계를 먹여 살리고 있다. 그러나 10만 원이 정말 아무것도 아닌 돈인가? 그렇지 않다. 웨딩 나라의 화폐 단위와 물가는 일상 수준의 것을 넘어섰다. 우리가 장을 볼 때 1000원, 2000원의 쿠폰을 사용하기 위해 번거로운 일도 마다하지 않는 것을 떠올려보자. 하객 입장에서 우리의 결혼식은 그들이 방문해야 할 수많은 결혼식 중 하나일 뿐이다. 그 관점에서 반드시 지출해야 하는 정도의 금액대인지 객관적으로 살펴보자.

위 가이드를 토대로 한 걸음이라도 좋으니 잠시 '결혼식'에서 한 걸음 떨어져 생각해 보자. 상황을 파악했다면 결혼식이라는 행사는 다시 당신의 손에 넘어왔다.

결혼식 준비를 앞두고 있는 이들을 위해 도움이 될 수 있는 대안도 몇 개 소개한다.

돌고 도는 순환의 결혼을 위하여

돈은 돌아야 한다. 바람도, 에너지도, 힘도 돌아야 한다. 있는 곳에서 없는 곳으로, 죽이는 것에서 살리는 것으로. 돈을 쓰는 것이 꼭 어쩔 수 없이 울며 겨자 먹기로 스드메를 계약하는 것만은 아닐 것이다. 대자본의 시대에 맞게 결혼을 축하할 수 있는 방법을 몇 개 소개한다.

○ 세이브더칠드런-좋아서하는기념일
전 세계 약 120개국에서 아동의 권리를 실현하고 건강한 성장을 돕고 있는 국제 아동 권리 NGO 세이브더칠드런은 결혼 혹은 결혼기념일에 진행할 수 있는 기부 프로그램 '좋아서하는기념일'을 운영 중이다. 후원금은 국내외 도움이 필요한 아이들을 위해 사용된다. 후원 감사 증서는 기념일을 맞이해 한 기부인 만큼 평소 쑥스러웠던, 미처 전하지 못했던 마음을 담을 수 있는 편지 형태로 제작된다.

○ 아름다운재단−아름다운Day

건전한 기부 문화와 이웃과 함께 사는 세상을 만드는 국내 재단법인 아름다운재단은 특별한 기념일을 위한 정기 기부 프로그램도 운영 중이다. 의미 있는 날짜를 지정하여 매년 기부할 수 있는 생애 주기 기부 '아름다운Day'가 그것이다. 탄생, 돌, 결혼 기념, 나만의 기념일, 생일에 참여한 기부자에게는 기부 금액에 따라 선물도 제공된다. 온라인에서 기부를 추억할 수 있는 사진 및 메시지를 게시하는 갤러리도 운영 중이다.

○ 월드비전−기념일후원

전 세계 가장 취약한 아동·가정·지역사회가 빈곤과 불평등에서 벗어나 자립할 수 있도록 하는 글로벌 NGO 월드비전은 사랑하는 사람과 함께하는 축복의 날, 이웃과 함께 나누며 의미를 더할 수 있는 '기념일후원' 프로그램을 운영 중이다. 후원금은 국내외 가장 취약한 아동과 가정에게 전달된다.

투명한 정보 구조 속에서의 합리적인 소비를 위하여

웨딩 업계도 분명 새로운 바람이 불고 있다. 오랜 문제의 가장 근본적인 원인으로 지적되는 불투명한 가격 구조 문제를 해결하기 위해 다양한 서비스도 등장했다.

○ 결혼을 발견하다

폐쇄적인 정보 구조 안에서의 플래너 서비스 대신 소비자가 직접 가격과 조건을 보고 선택할 수 있게 정보를 투명하게 공개하는 웨딩 코디 서비스를 제공한다. 불필요한 동행 서비스도 제공하지 않는다. 안심하고 거래할 수 있는 제휴 업체들을 소개하고, 업계에서 만연한 관행을 지적하는 콘텐츠를 제작하는 등 양질의 웨딩 서비스가 이어질 수 있도록 다양하게 힘쓴다.

○ 웨딩북

예식장, 스드메 견적을 정가로 공개해 소비자들이 합리적으로 비교할 수 있게 만든 앱이다. 특히 예식장의 날짜 예약 현황과 정가를 공개한다는 점에서 웨딩 업계에 고무적인 변화를 이끌어내고 있다.

지구를 망치지 않는 결혼을 위하여

○ 화분으로 꽃 장식

대부분의 웨딩 꽃 장식에는 플라스틱 폼 '오아시스'가 사용되는데 이 물질은 미세플라스틱을 배출하며 해양 생태계에 치명적이나. 최근에는 화분을 활용해 재사용 가능한 꽃 장식이 늘고 있다. 하객들이 식이 끝난 후 화분을 가져갈 수 있는 장점이 있고, 이때에도 탄소 발자국을 줄이기 위해 수입 꽃보다 국내산 꽃을 활용해 달라고 요청하면 더욱 좋다.

○ 뷔페보다 코스 요리로

결혼식 잔반의 약 30~40%가 그대로 폐기된다. 뷔페 형식은 확정되지 않은 수를 '보증 인원'이라는 이름으로 담보하게 강요하고 그만큼의 음식물 쓰레기를 야기한다. 인원 수를 철저하게 관리하여 실제 수요에 맞게 음식을 준비하는 단품 메뉴 혹은 코스 요리가 환경적인 측면에서도, 하객의 편리성 측면에서도 더욱 좋다.

○ 마음은 알맹이만

미래를 약속하는 부부에게 미래를 생각하는 선택만큼 아름다운 선물이 또 있을까. 답례품은 플라스틱 용기나 과도한 포장 대신, 마음을 온전히 담은 내용물만 전하는 것만으로 충분하다. 축의금 역시 일회용 봉투 대신 계좌 송금으로 안내하면 버려지는 수백 장의 종이 쓰레기를 아낄 수 있다. 정산도 빠르게 할 수 있다는 사실.

에필로그

처음에 책을 쓰기 시작했을 때에는 다양한 모습의 결혼식이 필요하다고 생각했다. 그러나 결국 다양한 모습의 삶이 필요하다는 결론에 다다랐다. 이 책은 화려한 결혼식이 야기하는 환경문제에 대한 탐구에서 시작했다가 도대체 나는, 여성은, 한국사회는, 우리는 왜 이러나에 대한 질문으로 끝이 났다. 아마도 결혼식이 그 자체로 삶의 한 단면이기 때문일 것이다. 너무 중요하고, 너무 피곤하고, 그럼에도 완전히 없앨 수는 없는 어떤 것.

'인생에 한 번뿐인', 그 지독한 한마디 때문에 여기까지 왔다. 그 한마디에 정신을 잃고 소비하는 이들이, 식음을 전폐하며 건강을 기꺼이 버려가며 다이어트하는 이들이, 아이의 젠더 리빌과 백일 사진을 올리는 낙이라도 없으면 육아에는 절망뿐이라는 이들이, 신랑 신부의 소중한 날에 도움이 되고 싶어 플래너가 되었다는 이들이, 다 나의 눈부신 친

305

구이기 때문이다. 그들의 결혼식에 진심 어린 눈물을 흘렸으며 그들의 사랑을 가슴 깊이 응원하기 때문이다.

저마다의 이유로 결혼을 하고, 또 결혼을 하지 않고 살아간다. 그것이 모두 괜찮은 사회가 되기를 바란다. 웨딩드레스를 입을 사람은 입고, 안 입을 사람은 안 입을 수 있기를 바란다. 피부 관리, 미백 관리, 시술, 그 모든 것을 다 해내고 회사에 대학원에 유튜브까지 해내는 이들만이 대단한 사람이 아니라 그런 유튜브를 보며 혼자 밥을 먹고, 그릇을 설거지하고(혹은 하지 않고 내일로 미뤄두고), 갓생을 계획하다 포기하는 우리도 이미 대단한 삶을 살고 있다. 이 폭주하는 경쟁사회를 살아가다 결혼마저 완벽한 프로젝트로 수행하게 된 당신, 그리고 나, 우리 모두에게, 먼 길을 돌아왔지만 결국은 이 말이 하고 싶었다.

책을 시작하며 언어화되지 않은 것이 언어화될 때 생기는 힘이 있다며, 이 책이 그런 역할을 해주기를 기대한다고 썼다. 그러나 얼마나 오만한 생각이었나? 그런 힘을 주고 싶었으나 오히려 그런 힘을 받았다. 결혼을 준비하는 신랑 신부, 부모가 되어가는 사람들, 그리고 결혼을 준비하는 과정을 돕는 업계 관계자들로부터 받은 에너지와 힘이 독자에게도 잘 전달되기를 바란다. 책을 쓰는 과정에 노움을 주신 모든 분들께 진심으로 감사의 말씀을 전한다. 인생에 한 번뿐인 매일을 살아가고 있는 이들에게, 이 책이 조금이나마 위로가 되었기를 바란다.

306

주

1 결혼 준비의 풍경들

1 최재호, 「"이러면 누가 결혼하겠나"…대한민국 평균 결혼비용 3억 돌파」,《동아일보》, 2024년 2월 3일, https://www.donga.com/news/Society/article/all/20240203/123369550/2?gid=123390784&srev=1&regdate=20240205.

2 Victoria Namkung, "Wedding without waste: how I got married without the usual 400lb of trash", *The Guardian*, May 27, 2024, https://www.theguardian.com/environment/article/2024/may/27/wedding-waste-environment-eco-friendly.

3 Dasl Yoon, "Pricy Hurdle Before the Wedding: A Splashy, $4,500 Proposal", *The Wall Street Journal*, June 14, 2023, https://www.wsj.com/lifestyle/relationships/pricey-hurdle-before-the-wedding-a-splashy-proposal-7b4f414b?reflink=desktopwebshare_permalink.

4 이미나, 「프러포즈에 돈 얼마나 써야할까? 男 102만원 vs 女 104만원」,《한국경제》, 2018년 5월 29일, https://www.hankyung.com/article/2018052960197.

5 최재호, 앞의 기사.

6 이재경, 『한국 가족: 신가족주의에서 포스트가부장제로』, 이화여자대학교출판문화원, 2022년 2월 25일, 70쪽.

7 민경하, 「알리·테무 지난해 국내에서 4.3조 팔았다…3년 만에 4배 '껑충'」, 《전자신문》, 2025년 2월 11일, https://www.etnews.com/20250211000060.

8 "Ecommerce Statistics 2025 | Online Shopping Stats", The Global Statistics, June 23, 2025, https://www.theglobalstatistics.com/ecommerce-stats.

9 이수환, 「고물가 시대, 테무로 꾸민 집에서의 셀프 백일잔치」, 《글로벌에픽》, 2025년 5월 28일, https://www.globalepic.co.kr/view.php?ud=2025 052813155534996cf2d78c68_29.

10 박찬수, 「알리·테무 등 C커머스 어린이제품에 환경 호르몬·발암물질 범벅」, 《뉴스1》, 2024년 4월 30일, https://www.news1.kr/local/daejeon-chungnam/5401168.

11 "Plastic pollution is growing relentlessly as waste management and recycling fall short, says OECD", OECD, February 22, 2022, https://www.oecd.org/en/about/news/press-releases/2022/02/plastic-pollution-is-growing-relentlessly-as-waste-management-and-recycling-fall-short.html.

12 "Global plastic waste set to almost triple by 2060, says OECD", OECD, June 3, 2022, https://www.oecd.org/en/about/news/press-releases/2022/06/global-plastic-waste-set-to-almost-triple-by-2060.html.

13 김현목, 「재활용률 70%의 허상, 분리수거의 민낯」, 《오마이뉴스》, 2025년 4월 19일, https://www.ohmynews.com/NWS_Web/View/at_pg.aspx?CNTN_CD=A0003120485.

14 김정수·정봉비, 「플라스틱 재활용 고작 16.4%…분리배출은 뭐하러 했나」, 《한겨레》, 2024년 9월 30일, https://www.hani.co.kr/arti/society/environment/1160270.html.

15 *Annual Report 2019*, European Environmental Bureau, 2019.

16 이진옥, 「영국 여성들 백화점에 가다: 자본주의와 페미니즘의 어떤 만남」, 《호모미그란스》 26권, 2022, 134~160쪽.

17 Amanda Rapacz, "Eco-friendly wedding flowers: Carbon footporing of fresah vs. faux", The Silkstem Collective, June 20, 2021, https://silkstemcollective.com/eco-friendly-wedding-flowers-carbon-footprint-study/.

18 Angela Coulton, "The carbon footprint of flowers", Flowers From The Farm, https://www.flowersfromthefarm.co.uk/learning-resources/the-

carbon-footprint-of-flowers.

19 최은주, 「결혼식은 돈만 아니라 환경 파괴행위?」, 《한겨레》, 2019년 10월 20일 수정, https://www.hani.co.kr/arti/international/international_general/111408.html.

20 Emma Brown, "Sustainable Wedding Waste Management Practives for Eco-Conscious Couples: Low-Waste Strategies and Zero-Waste Reception Ideas", No Waste Wedding, February 12, 2025, https://www.nowastewedding.com/articles/sustainable-wedding-waste-management.

21 장 보드리야르, 『소비의 사회』, 이상률 옮김, 문예출판사, 2015, 50쪽.

22 성미애·기쁘다·진미정, 「어떤 가족의례가 살아남는가?: 결혼과 임신·출산의례의 젠더 및 세대 비교」, 《가족정책연구》 3권 2호, 2023, 85~99쪽.

23 권태혁, 「"평생 남잖아" 예식 비용 줄여도 웨딩사진은 꼭…셀프촬영은 5.2% 뿐」, 《머니투데이》, 2025년 9월 17일, https://www.mt.co.kr/policy/2025/09/17/2025091712594889802.

24 권상화, 「한국 근·현대 예식장의 문화사: 서울 지역을 중심으로」, 이화여자대학교 국제대학원 석사학위논문, 2014.

25 대니얼 카너먼, 『생각에 관한 생각: 우리의 행동을 지배하는 생각의 반란!』, 이창신 옮김, 김영사, 2018.

26 방제일, 「퍼스트웨어·얼리스타트·레이트아웃…이 단어들에 예비부부 가슴은 '철렁'」, 《아시아경제》, 2024년 2월 5일, https://www.asiae.co.kr/article/2024020510120325561.

27 이지현·간호섭, 「한지의 특성을 이용한 웨딩드레스 소재 연구: 미니멀 웨딩드레스 제작을 중심으로」, 《패션 비즈니스》 25권 1호, 2021, 80~95쪽.

28 "Microplastics from textiles: towards a circular economy for textiles in Europe", EEA, February 10, 2022, https://www.eea.europa.eu/en/analysis/publications/microplastics-from-textiles-towards-a-circular-economy-for-textiles-in-europe.

29 윤태석, 「[사회적기업 2.0] 웨딩드레스의 수명을 아시나요? 친환경 착한 드레스 만들어요」, 《한국일보》, 2019년 7월 8일, https://www.hankookilbo.com/news/article/201906290497311665.

30 홍나영·이은진·박선희, 「20세기 한국의 혼례 문화 변천에 관한 연구:

서울과 경상도의 지역의 사례를 중심으로」,《대한가정학회지》40권 11호, 2002, 141~156쪽.

31 홍나영·이은진·박선희, 앞의 논문.

32 홍나영·이은진·박선희, 앞의 논문.

33 박철,『소비의례』, 고려대학교출판문화원, 2018, 100쪽; D. W. Rajecki, Sharon B. Bledsoe, and Jeffrey Lee Rasmussen, "Successful Personal Ads: Gender Differences and Similarities in Offers, Stipulations, and Outcomes", *Basic and Applied Social Psychology*, 12, 1991, pp. 457~469

34 김경희,「결혼 전 청첩장 모임에 평균 예산은 '116만 원'… "부담 느낀다"」,《디지틀조선일보》, 2016년 8월 3일, https://digitalchosun.dizzo. com/site/data/html_dir/2016/08/03/2016080311789.html.

35 김은경 기자,「결혼정보회사 가연, 결혼 전 '청첩장 모임' 미혼남녀 조사」,《중앙이코노미뉴스》, 2023년 10월 28일, https://www.joongangenews. com/news/articleView.html?idxno=352167.

36 성해미,「결혼식장 1인 식대 중간가격 5만8천원…강남은 8만3천원」,《연합뉴스》, 2025년 7월 29일, https://www.yna.co.kr/view/ AKR20250728125800030.

37「인구로 보는 대한민국」, 국가통계포털.

38 최경진,「[MZ로드] "결혼 할까요?" "아니요!"…MZ세대 혼인 기피 심화, 왜?」,《강원도민일보》, 2024년 7월 7일, https://www.kado.net/ news/articleView.html?idxno=1253419.

39 정지윤,「코로나 뒤 영세·공공식장 줄폐관… "돈 없인 결혼 못해요"」,《국제신문》, 2023년 10월 5일, https://www.kookje.co.kr/news2011/asp/ newsbody.asp?code=0300&key=20231006.22003001344.

40 정지윤, 앞의 기사.

41 정시행,「토요일 3시? 애매한 결혼식 시간에 대처하는 우리의 자세」,《조선일보》, 2025년 4월 8일, https://www.chosun.com/national/ weekend/2025/04/05/BP3VQEVKFNBMHHU76LVQNFZMRM/.

42「"여기서 결혼 하면 돈이 더 들어요"…'무료 대관' 공공예식장 가보니」, MBN, 2024년 11월 12일, https://mbn.co.kr/vod/programView/1373373.

43 신호경,「한은 "수도권 인구 비중 OECD 1위…저출산 문제의 원인"(종합)」 연합뉴스, 2023년 11월 2일, https://www.yna.co.kr/view/AKR 20231102091751002.

44 정양환, 「[요즘 살림살이/예식장]사라진 '5월 대목'」, 《동아일보》, 2009년 10월 4일, https://www.donga.com/news/Economy/article/all/20040520/8063732/1.

45 서지영, 「"예상했지만 이 정도일줄"…'하고 싶은 거 다 했다'는 호텔 결혼 비용, 얼마길래」, 《아시아경제》, 2025년 8월 14일, https://www.asiae.co.kr/article/2025081315524999086.

46 박홍주, 「예식장 줄폐업인데…고급호텔 웨딩 풀예약」, 《매일경제》, 2024년 3월 17일, https://www.mk.co.kr/news/business/10966393.

47 이지원, 「텅빈 대강당에 줄 긋는다고 '예식장' 될까요? [視리즈]」, 《더스쿠프》, 2024년 11월 5일, https://www.thescoop.co.kr/news/articleView.html?idxno=303749.

48 홍승주, 「공공예식장 절반이 '실적 제로'인데, 되레 숫자 늘리 정부 [視리즈]」, 《더스쿠프》, 2024년 11월 6일, "https://www.thescoop.co.kr/news/articleView.html\?idxno=303712.

49 「지역별 결혼서비스 선택품목 가격정보」, 한국소비자원, 2025년 7월.

50 「2024 한국의 소비자시장평가지표」, 한국소비자원, 2025년 7월 31일.

51 오경묵, 「스드메 계약 5시간 뒤 취소해도… 업체는 "환불 안 된다"」, 《조선일보》, 2025월 4월 29일, https://www.chosun.com/national/welfare-medical/2025/04/29/DJGQSTML7FBL3CYE57T6AYMO7U/.

52 「"너무 비싸 포기합니다, 결혼/출산/육아" 2030 울리는 스/드/메, 산후조리원, 영어유치원 세무조사」, 대한민국 정책브리핑, 2025년 2월 11일, https://www.korea.kr/news/policyNewsView.do?newsId=156673790.

53 오유진, 「강제 아닌 권고 수준 가격 공개 정책에… '깜깜이 스드메' 여전」, 《조선일보》, 2025년 4월 16일, https://www.chosun.com/national/welfare-medical/2025/04/16/UNHWFFN5A5C5VFINSFB6FPWFMU/.

2 결혼식의 주인공은 정녕 신부인가?

1 낸시 초도로우, 『모성의 재생산』, 김민예숙·강문숙 옮김, 한국심리치료연구소, 2008.

2 주디스 버틀러, 『젠더 트러블: 페미니즘과 정체성의 전복』, 조현준 옮김, 문학동네, 2024.

3 이후남,「퍼펙트한 '육각형 인간'···그 뒤에 숨은 MZ세대 좌절감」,《중앙일보》, 2023년 10월 6일, https://www.joongang.co.kr/article/25197546.

4 「결혼준비대행업(웨딩플래너) 표준계약서 제정」, 공정거래위원회, 2025년 4월 8일, https://www.ftc.go.kr/www/selectBbsNttView.do?pageUnit=10&pageIndex=1&searchCnd=all&key=12&bordCd=3&searchCtgry=01,02&nttSn=45967.

5 이재경, 앞의 책.

6 엄기호,『단속사회: 쉴 새 없이 접속하고 끊임없이 차단한다』, 창비, 2014.

7 최하얀,「'경력 단절' 여성 121만5천명···30대 후반은 4명 중 1명 꼴」,《한겨레》, 2024년 11월 19일, https://www.hani.co.kr/arti/economy/economy_general/1168170.html.

8 이재경, 앞의 책 125쪽.

9 「여성 고용지표 국제비교 및 시사점」,《한국경제인협회》, 2025년 1월 6일, https://www.fki.or.kr/kor/news/statement_detail.do?bbs_id=00035960&category=ST.

10 소장섭,「워킹맘 퇴사 고민 이유 1위는 '일·육아 병행'···2위, 3위는?」,《베이비뉴스》, 2025년 9월 9일, https://www.ibabynews.com/news/articleView.html?idxno=138931.

11 김세원,「맞벌이 부부라도 여성이 남성보다 집안일 112분 더 한다」,《여성신문》, 2025년 9월 2일, https://www.womennews.co.kr/news/articleView.html?idxno=266934.

12 최나실,「"여성 절반이 비정규직"···양대노총, 총선 앞두고 '여성·돌봄 노동 정책' 요구」,《한국일보》, 2024년 3월 5일, https://www.hankookilbo.com/news/article/A2024030514100003206.

13 박완서,『박완서의 말: 소박한 개인주의자의 인터뷰』, 마음산책, 2018, 52쪽.

14 김제민,「결혼정보회사 듀오 "신혼부부 48%, 부모 도움 없이 자립 결혼 가능"」,《핸드메이커》, 2025년 3월 12일, https://www.handmk.com/news/articleView.html?idxno=28934.

15 에리히 프롬,『자유로부터의 도피』, 김석희 옮김, 휴머니스트, 2020, 170쪽.

16 홍주희,「지하철에 얼굴 없는 성형광고 늘어난다는데···」,《중앙선데

이》, 2013년 10월 20일, https://www.joongang.co.kr/article/12903344.

17 Karen Hock, Lana Vanderlee, Christine M. White, and David Hammond, "Body Weight Perceptions Among Youth From 6 Countries and Associations With Social Media Use: Findings From the International Food Policy Study", *Journal of the Academy of Nutrition and Dietetics*, 125(1), 2025, pp 24~41.

18 León, María Pilar, Irene González-Martí, and Onofre Ricardo Contreras-Jordán, "What do children think of their perceived and ideal bodies? Understandings of body image at early ages: A mixed study", *International Journal of Environmental Research and Public Health*, 18(9), 4871, 2021.

19 Alyson Krueger, "Giving Away the Bride: What to Know About the Classic Wedding Tradition", *Brides*, November 3, 2025, https://www.brides.com/giving-away-the-bride-tradition-5072586.

20 윤병화, 「혼례 양상과 절차 고찰」, 《차문화산업학》 42권, 163~186쪽.

21 조은·이정옥·조주현, 『근대가족의 변모와 여성문제』, 서울대학교출판부, 1997, 19~36쪽.

22 "Editorial: Rape and marriage", *The Guardian*, August 1, 2009, https://www.theguardian.com/theguardian/2009/aug/01/from-the-archive-rape-marriage.

23 A. 브론스키, 『결혼의 기원과 역사』, 나희선 옮김, 진화당, 1986, 23쪽.

24 김원철, 「대법, 부부강간죄 첫 인정…여성계 환영」, 《한겨레》, 2013년 5월 16일, https://www.hani.co.kr/arti/society/society_general/587836.html.

25 Chung, Min-Su, and Keunjae Lee, "Hypergamy among South Korean women and its implications for the marriage rate." *Population Research and Policy Review*, 41(3) 2022, pp. 929~951.

26 지타 판데이, 「'지참금 때문에 수십명에게 거절당했습니다'… 인도의 여전한 '사회악'」, BBC News 코리아, 2023년 7월 4일, https://www.bbc.com/korean/articles/c3gmx8g8r0xo.

27 김현경, 「프로젝트로서의 '연애'와 여성 주체성에 관한 연구: 여자대학생의 경험을 중심으로」, 이화여자대학교 대학원 여성학과 석사학위논문, 2003, 19쪽.

28 시몬 드 보부아르, 『제2의 성』, 조홍식 옮김, 을유문화사, 1993, 410~
460쪽.

29 김현경, 앞의 논문, 21쪽.

30 Rachael Lennon, *Wedded Wife: A Feminist History of Marriage*, Aurum,
May 23, 2023.

31 최고야, 「"난 못생겼어" "살 더 빼야해"…나도 외모 상박?[최고야의
심심(心深)토크]」, 《동아일보》, 2025년 4월 26일, https://www.donga.
com/news/It/article/all/20250425/131495641/2.

32 신혜민, 「[NOW] 여학생들의 '붉은 입술' · '라인' 지켜준다는 교복업
체들」, 《조선에듀》, 2018년 2월 20일, https://edu.chosun.com/m/edu_
article.html?contid=2018022001101.

33 왕윤주, 「MZ 세대 여성의 외모 강박 어디까지인가?」, 《아주대
학보사》, 2025년 6월 11일, https://press.ajou.ac.kr/news/articleView.
html?idxno=10901.

34 김동식 · 김영택 · 동제연 · 정다은 · 김숙이, 「한국사회의 젠더와 건강
불평등 연구(Ⅲ): 외모강박과 미용성형을 중심으로」, 《한국여성정책연
구원》, 2019.

35 김미향, 「20년전이나 지금이나…꿈쩍않는 '외모 지상주의'」, 《한겨
레》, 2016년 2월 15일, https://www.hani.co.kr/arti/society/society_
general/730527.html.

36 박철, 앞의 책, 81쪽.

37 권영미 기자, 「성형대국 한국 '1000명당 8.9명' 수술받아…세계
1위」, 《뉴스1》, 2024년 1월 22일, https://www.news1.kr/world/northeast-
asia/5297786.

38 「2024년 산후조리 실태조사 결과 발표」, 보건복지부, 2025년 2월 5일,
https://www.mohw.go.kr/board.es?mid=a10503000000&bid=0027&list_
no=1181525&act=view.

39 손락훈, 「산모 90.5%, 산후우울감 느낀 적 있다」, 《메디포뉴스》, 2015년
12월 7일, https://www.medifonews.com/news/article.html?no=113306.

40 Diane M Quinn, Rachel W. Kallen, "Body on My Mind: The
Lingering Effect of State Self-objectification", *Sex Roles*, 55(11), 2006, pp.
869~874.

41 윤병기, 「[국감]산후조리원 5년 새 34% 인상… 최고 4천만원 넘는 곳

도」,《후생신보》, 2025년 10월 12일, https://www.whosaeng.com/164548.

42 김진선, 「"안 빼고 나가면 부기가 그대로 살 돼"…산모는 마사지까지 긁었다 [헛다리경제]」,《아시아경제》, 2024년 4월 7일, https://www.asiae.co.kr/article/2024040314232593531.

43 Lauretta Charlton, "For New Moms in Seoul, 3 Weeks of Pampering and Sleep at a Joriwon", *The New York Times*, Jan 28, 2024, https://www.nytimes.com/2024/01/28/world/asia/south-korea-joriwon-postpartum-care.html.

44 찰스 두히그, 『습관의 힘: 반복되는 행동이 만드는 극적인 변화』, 강주헌 옮김, 갤리온, 2021, 269쪽.

45 Aron Smith, Monica Anderson, "Social Media Use in 2018", *Pew Research Center*, March 1, 2018, https://www.pewresearch.org/internet/2018/03/01/social-media-use-in-2018/.

46 Esteban Ortiz-Ospina, "The rise of social media", *Our World in Data*, September 18, 2019, https://ourworldindata.org/rise-of-social-media.

47 Hamide Avci, Laura Baams, and Tina Kretschmer, "A systematic review of social media use and adolescent identity development", *Adolescent Research Review*, 10(2), 2025, pp. 219~236.

48 Gary Goldfield, "Reducing social media use significantly improves body image in teens, young adults", *American Psychological Association*, February 23, 2023, https://www.apa.org/news/press/releases/2023/02/social-media-body-image.

49 이종석, 「SNS·미디어 플랫폼들의 '커머스 전쟁'」,《어패럴뉴스》, 2024년 6월 19일, https://www.apparelnews.co.kr/news/news_view/?idx=211820&cat=CAT100.

50 장 보드리야르, 앞의 책, 43쪽.

3 결혼식은 죄가 없다

1 임정빈·강은주, 「경제성장 발달에 따른 혼례비용의 변화」,《한국가족자원경영학회지》2권 2호, 1998, 135~145쪽.

2 김은혜, 「미풍양속 실종된 결혼문화, 함의 상징」, MBC, 1996년 3월 4일, https://imnews.imbc.com/replay/1996/nwdesk/article/1968895_30712.

html.

3 「성인 4명 중 1명, 평생 한번 이상 정신질환 겪는다」, 대한민국 정책브리핑, 2017년 4월 12일, https://www.korea.kr/briefing/policyBriefingView.do?newsId=148831718.

4 반기웅, 「"결혼 반드시 해야" 4.7%뿐, 여성·저소득·2030 '결혼·출산' 부정적」, 《경향신문》, 2024년 12월 20일, https://www.khan.co.kr/article/202412201408001#ENT.

5 최경진, 앞의 기사.

6 James M. Raymo, et al., "Marriage and family in East Asia: Continuity and change", *Annual review of sociology*, 41(1), 2015, pp. 471~492.

7 황희규·안대훈·최경호·문희철·박진호·김정석, 「"나 결혼했던 곳서 부모 장례 치렀다"…예식장 276곳 폐업[저출산이 뒤바꾼 대한민국]」, 《중앙일보》, 2024년 1월 16일, https://www.joongang.co.kr/article/25222179.

8 유효송, 「"결혼도 출산도 싫어" 한·일·중 2030 왜 이럴까…한 목소리로 꼽힌 원인」, 《머니투데이》, 2024년 9월 3일, https://www.mt.co.kr/economy/2024/09/03/2024090315323882348.

9 이현재, 「재생산과 젠더 권력」, 《페미니즘 연구》, 21권 2호, 2021, 47~69쪽.

10 심우삼, 「저출생 극복엔 '케겔 댄스'?…국힘 시의원이 내놓은 황당한 대책」, 《한겨레》, 2024년 6월 5일, https://www.hani.co.kr/arti/society/society_general/1143222.html.

11 에리히 프롬, 앞의 책, 183쪽.

12 『거울 나라의 앨리스』, 루이스 캐럴, 이소연 옮김, 펭귄클래식코리아, 2010, 50~53쪽.

13 장 보드리야르, 앞의 책, 130쪽.

14 장윤서, 「"참석비 60만원" 1.3억 결혼식 청구서 받은 美커플의 자구책 [세계한잔]」, 《중앙일보》, 2024년 8월 31일, https://www.joongang.co.kr/article/25274500.

15 이영재, 「21세기 초 한국의 혼인제도와 혼인관례」, 《실천민속학연구》 12권, 2008, 5~42쪽.

16 Odo Marquard, "Dankrede zum Sigmund-Freud-Preis", *Deutsche Akademie für Sprache und Dichtung*, 1984.

17 Chezy Ofir, Itamar Simonson, "The effect of stating expectations

on customer satisfaction and shopping experience", *Journal of Marketing Research*, 44(1), 2007, pp. 164~174. 에바 일루즈, 『사랑은 왜 아픈가』, 김희상 옮김, 돌베개, 2013, 186쪽에서 재인용.

18 Barry Schwartz, "The paradox of choice: Why more is less HarperCollins Publishers", *New York*, 2004. 에바 일루즈, 『사랑은 왜 아픈가』, 김희상 옮김, 돌베개, 2013, 189쪽에서 재인용.

19 에바 일루즈, 『사랑은 왜 아픈가』, 김희상 옮김, 돌베개, 2013, 91쪽; Katy Piess, *Hope in a Jar: The Making of America's Beauty Culture*, Owl Books, U.S., 1999.

20 에리히 프롬, 앞의 책, 271쪽.

21 에바 일루즈, 『낭만적 유토피아 소비하기: 사랑과 자본주의의 문화적 모순』, 박형신·권오헌 옮김, 이학사, 2014.

22 에바 일루즈, 『사랑은 왜 아픈가』, 김희상 옮김, 돌베개, 2013, 353쪽.

23 Gary Klein, *The Power of Intution: How to Use Your Gut Feelings to Make Better Decisions at Work*, Crown Currency, 에바 일루즈, 앞의 책, 351쪽에서 재인용.

24 에바 일루즈, 『사랑은 왜 아픈가』, 김희상 옮김, 돌베개, 2013, 62쪽.

25 Charles H. Noble, Beth A. Walker, "Exploring the relationships among liminal transitions, symbolic consumption, and the extended self", *Psychology & Marketing*, 14(1), 1997, pp. 29~47. 디미트리스 지갈라타스, 『인간은 의례를 갈망한다: 삶을 의미 있게 만드는 리추얼의 모든 것』, 김미선 옮김, 민음사, 2024에서 재인용.

26 Zygmunt Bauman, *Consuming Life*, Polity, 2007. 에바 일루즈, 앞의 책,, 197쪽에서 재인용.

27 디미트리스 지갈라타스, 『인간은 의례를 갈망한다: 삶을 의미 있게 만드는 리추얼의 모든 것』, 김미선 옮김, 민음사, 2024, 333쪽.

28 디미트리스 지갈라타스, 앞의 책, 198쪽.

29 Mihaly Csikszentmihalyi, *Flow: The Psychology of Optimal Experience*, HarperPerennial, 1990. 디미트리스 지갈라타스, 앞의 책, 210쪽에서 재인용.

30 James McAlexander, "Consumer Behavior and Divorce", *Research in Consumer Behavior*, 1993.

31 디미트리스 지갈라타스, 앞의 책, 17쪽.

32 디미트리스 지갈라타스, 앞의 책, 14쪽.

33 에바 일루즈, 앞의 책.

34 한병철, 『리추얼의 종말: 삶의 정처 없음을 어떻게 극복할 것인가』, 전대호 옮김, 김영사, 2021, 26쪽.

35 권오헌, 「낭만적 사랑의 기념문화와 친밀성의 상업화: 발렌타인데이와 화이트데이를 중심으로」, 《사회사상과 문화》 22권 2호, 2019, 269~304쪽.

36 Aldona Jonaitis, "Chiefly Feasts: The Enduring Kwakiutl Potlatch——From Salvage Anthropology to a Big Apple Button Blanket", *Curator: The Museum Journal*, 35(4), 1992, pp. 255–267. 디미트리스 지갈라타스, 앞의 책, 266쪽에서 재인용.

37 주영애, 「한국전통혼례문화의 계승을 위한 혼례절차에 대한 미혼남녀의 인식연구」, 《가족자원경영과 정책》 14권 1호, 2010, 57~71쪽.

38 아키코 부시, 『존재하기 위해 사라지는 법』, 이선주 옮김, 멜라이트, 2024, 24쪽.

4 그럼에도 결혼

1 https://tumblbug.com/bokteahangun

2 Scott S. Wiltermuth, Chip Heath, "Synchrony and cooperation", *Psychological science*, 20(1), 2009, pp. 1~5. 디미트리스 지갈라타스, 앞의 책, 148쪽에서 재인용.

수상할 만큼 완벽한 결혼식
― 소비 경쟁 시대의 K-웨딩 르포르타주

초판 1쇄 발행 2026년 3월 31일

지은이 이소연

발행인 김희진
편집 황혜주, 조연주
마케팅 장유라
디자인 상록
제작 제이오
인쇄 민언프린텍
발행처 돌고래

출판등록 2021년 5월 20일
등록번호 제2021-000173호
주소 서울시 강남구 선릉로 704 12층 282호
이메일 info@dolgoraebooks.com

ISBN 979-11-993127-8-4 03330

- 이 도서는 2025 문화체육관광부의 '중소출판사 성장부문 제작지원' 사업의 지원을 받아 제작되었습니다.